KB013889

반디랑 블록 한자

닮은꼴 끼리끼리!

2

매일 4字씩 1000字 완성

블록한자 학습 효과

한자와 학습 능력

문해력文解力(literacy, 문장해석력)이 높은 아이가 우등생이 됩니다. 어려운 개념들로 이루어진 교과서 속 문장들을 이해하지 못하고 잘할 수 있는 과목은 하나도 없습니다. 한자어 아닌 개념 어휘는 거의 찾아볼 수 없는 한국어의 특성상, 교과서 학습 능력을 키우는 데 한자의 이해가 필수라는 점은 불변의 사실입니다. 최근 많은 청소년들이 SNS에 빠져 독서를 멀리하며 문해력이 저하되고 있는 현시점에서 한자교육의 중요성은 역설적으로 더욱 커지고 있습니다.

일석삼조의 효과, 블록한자!

블록한자는 '기본자 1자 + 파생자 3자'로 구성됩니다. 쉬운 기본자 1자를 익히면 복잡한 파생자 3자를 함께 익힐 수 있습니다. 하루 4자의 부담 없는 학습량을 원리에 따라 재미있게 익히며, 혼자서도 효율적으로 자기주도학습을 실천할 수 있습니다.

급수의 효율적 재구성

급수가 낮다고 쉬운 한자일까요? 절대 그렇지 않습니다. '語(낮은 급수) / 言(높은 급수)'처럼 낮은 급수의 한자가 오히려 더 복잡한 경우는 무척 많습니다. 게다가 급수가 높아질수록 외워야 할 한자의 수는 기하급수적으로 늘어나서, 앞에서 익힌 한자와 새로 배우는 한자를 연계하여 이해하지 못하면 급격히 늘어나는 학습량을 감당할 수가 없습니다. 그래서 무조건 낮은 급수부터 시작하다 8, 7급의 낮은 단계에서 한자 공부를 포기하는 경우가 대부분입니다.

반디랑 블록한자는 다릅니다. 반디랑 블록한자는 급수를 효율적으로 재구성하여 총 128블록으로 만들었습니다. 하루 1블록씩 꾸준히 학습한다면, 128일만에 교육부 권장 한자 포함 1000자를 다 익히게 됩니다. 쉬운 기본자를 중심으로 어려운 파생자들을 함께 익혀, 급격한 학습량의 증가나 지나친 학습 기간의 부담 없이 중고등학교 수준의 한자까지 마스터할 수 있습니다. 또한 초등 교과서에서 어휘 용례를 엄선하여, 한자로 구성된 어려운 개념어들도 똑똑하게 이해할 수 있습니다.

길고 긴 초등학교 시절, 하루 10분씩 딱 반 년만 반디랑 블록한자에 투자하세요! 중학교 가기 전 한자 공부를 다 끝내고 탄탄한 어휘력과 문해력을 다질 수 있습니다!

급수를 딛고 성큼성큼

각 권당 블록한자 32개를 기본 구성으로 수록하고, 권말에 추가 구성으로 더블록한자 32개를 붙여 학습의 효율을 높였습니다.총 4권 전질로, 낮은 급수의 한자들을 중심축으로 하되, 높은 급수이지만 중요한 한자를 효율적으로 함께 배치하여 통합적 학습이 가능하도록 배려하였습니다.

반디랑 블록한자를 마스터하다 보면 한자 급수도 성큼성큼, 학업 성적도 성큼성큼 오릅니다.

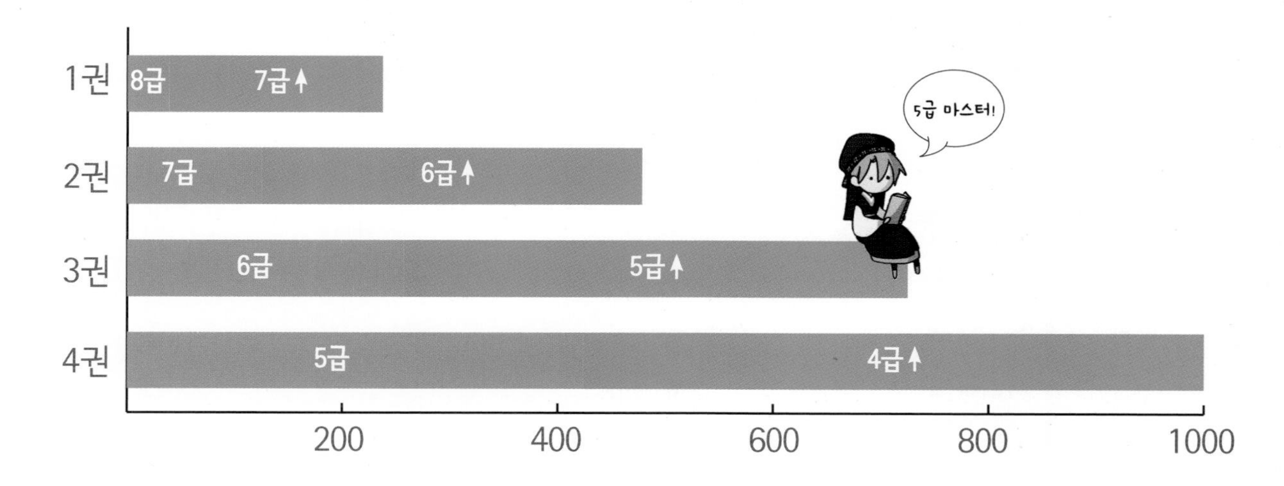

반디랑 블록 한자

2권 한자

블록	기초글자 7~6급	파생글자 8~3급		P.10~65
33 블록	元 원	玩 완	完 완	院 원
34 블록	首 수	道 도	導 도	領 령
35 블록	公 공	松 송	翁 옹	私 사
36 블록	主 주	注 주	住 주	往 왕
37 블록	市 시	柿 시	姉 자	肺 폐
38 블록	井 정	形 형	刑 형	型 형
39 블록	孔 공	乳 유	浮 부	妥 타
40 블록	方 방	放 방	防 방	訪 방

블록	기초글자 7~6급	파생글자 8~3급		P.66~121
41 블록	工 공	功 공	空 공	江 강
42 블록	品 품	區 구	嘔 구	樞 추
43 블록	去 거	法 법	怯 겁	却 각
44 블록	來 래	麥 맥	麵 면	爽 상
45 블록	雨 우	雪 설	雲 운	電 전
46 블록	田 전	界 계	果 과	課 과
47 블록	春 춘	泰 태	奉 봉	棒 봉
48 블록	秋 추	愁 수	秀 수	和 화

1~4권 1000字 보기

1권 128자 + 더블록 128자 부록

日白昌晶　月明朋崩　山岩仙幽　川州洲訓
火災炎淡　水氷永泳　土吐士王　木未末本

人仁休代　生姓性星　男加協脅　女如好安
母每海梅　子字仔學　兄兌說稅　弟梯涕第

大太犬夭　小尖少沙　上止齒步　下卞不杯
千肝刊竿　萬愚偶遇　車轟連蓮　舟丹船航

內丙納訥　夕外多侈　中忠串患　心必志情
東凍棟鍊　西要票栗　南幸譯擇　北背乘乖

2권 128자 + 더블록 128자 부록

元玩完院　首道導領　公松翁私　主注住往
市柿姉肺　井形刑型　孔乳浮妥　方放防訪

工功空江　品區嘔樞　去法怯却　來麥麵爽
雨雪雲電　田界果課　春泰奉棒　秋愁秀和

克兢剋競　己已巳記　文紋紊蚊　化花貨靴
平評坪萍　行街衝術　合給答塔　同洞銅興

衣依表初　食飮飯蝕　家豚逐遂　族旗旅遊
手拜看着　足促捉蹴　口因困菌　角用解觸

3권 128자 + 더블록 128자 부록

羊 洋 美 善　豆 頭 短 登　甘 柑 某 謀　泉 原 源 線
弓 弔 引 弘　矢 知 智 失　刀 刃 忍 認　斤 斥 折 近

耳 茸 恥 聖　目 見 盲 眉　骨 滑 體 禮　肉 育 胃 肋
半 伴 畔 判　分 盆 粉 忿　正 定 是 歪　反 返 板 販

古 苦 固 故　今 念 令 冷　門 問 聞 間　戶 房 扁 篇
作 昨 炸 詐　勇 通 桶 痛　身 射 躬 窮　病 疾 症 痴

死 葬 列 烈　亡 忘 妄 望　退 恨 限 根　各 落 路 露
見 規 現 親　則 測 側 惻　音 意 憶 億　樂 藥 礫 轢

4권 128자 + 더블록 128자 부록

鳥 鳴 島 烏　蟲 蜀 獨 濁　魚 漁 魯 鮮　貝 財 買 貧
無 舞 撫 蕪　谷 俗 浴 欲　良 浪 娘 郎　奴 努 怒 駑

比 批 昆 混　率 卒 猝 悴　尙 常 堂 掌　識 職 織 熾
專 傳 轉 團　充 銃 統 流　自 臭 息 鼻　爭 錚 淨 靜

犬 伏 拔 髮　馬 篤 駐 騎　培 倍 部 剖　養 義 議 儀
酉 酒 酋 尊　句 苟 敬 警　吉 結 喜 臺　凶 兇 匈 胸

臣 臥 監 覽　民 眠 氏 紙　每 毒 悔 敏　周 週 調 彫
約 的 酌 釣　束 速 揀 練　觀 權 勸 歡　能 熊 罷 態

핵심 한자

월 일

5급

으뜸 원

元 알아 보기

옛 한자

元으뜸 원은 머리에 장식을 많이 한 연장자의 모습을 표현한 글자입니다. 가장 높다고 하여 으뜸, 처음이라는 뜻을 가지게 되었습니다.

4획 一 二 テ 元

元	元	元	元
으뜸 원			

찍으면 획순 영상이 나옵니다.

교과서 핵심 단어

33블록
元

교과서에 나온 내용을 소리 내어 읽어 보아요.

사회 4

元來
으뜸 원 올 래
원래

뜻 전하여 온 가장 처음

元來 우리나라는 모든 사람이 자유롭게 남과 북을 오고 갈 수 있었습니다. 그러나 6·25 전쟁 이후 남과 북으로 갈라져 이제는 서로 오갈 수 없게 되었습니다.

사회 5

紀元
해, 세월 기 으뜸 원
기원

뜻 처음이 되는 해

紀元이란 햇수를 세는 기준이 되는 해로 紀元전 (BCE)과 紀元후(CE)로 나뉜다. 이것은 서양의 기준을 따른 것으로, 서양은 예수가 태어난 해를 기준으로 삼고 있다.

핵심한자 완성하기!

*정답 : 244쪽

(1) 우리나라는 원래(☐ 來) 모든 사람이 자유롭게 남과 북을 오고 갈 수 있었습니다.

(2) 기원(紀 ☐)이란 햇수를 세는 기준이 되는 해로 예수가 태어난 해를 기준으로 하였다.

블록 한자

元

으뜸 원

玉 → 玩

가지고 놀 완

愛玩 애완

宀 → 完

완전할 완

完全 완전

阝 → 院

큰집 원

學院 학원

* 玉 구슬 옥, 宀 집 면, 阝 언덕 부, 愛 사랑할 애, 全 온전할 전, 學 배울 학

玩 가지고 놀 완 

元으뜸 원에 玉옥 옥을 붙이면 玩가지고 놀 완이 됩니다. 옥구슬 등을 가지고 논다는 뜻으로, 愛玩애완, 玩具완구 등의 단어에 쓰입니다.

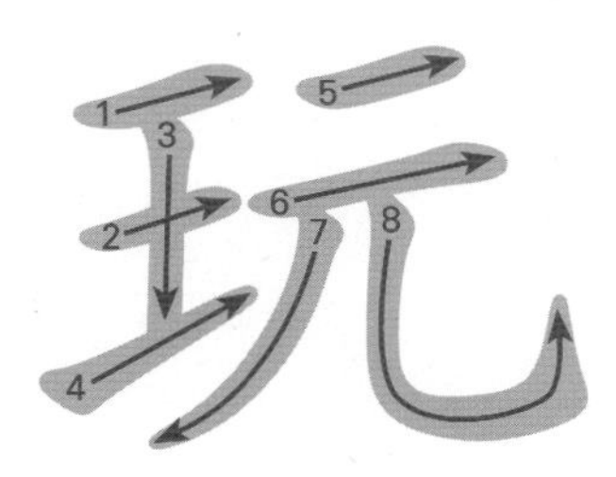

愛玩 애 완

뜻 사랑하고 즐김

예 그들 부부는 자식들이 모두 자라자 愛玩견을 돌보며 지낸다.

玩	玩		
가지고 놀 완			

完

완전할 완 5급

元으뜸 원에 宀집 면을 씌우면 完완전할 완이 됩니다. 집안에 있어 모자라는 것 없이 완전하다는 뜻입니다.

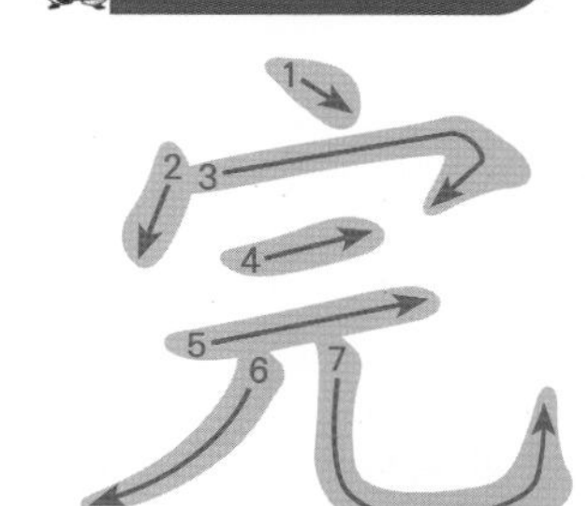

完全
완 전

완전, 온전함

곤충의 한살이에서 번데기 단계를 거치는 것은 完全탈바꿈입니다.

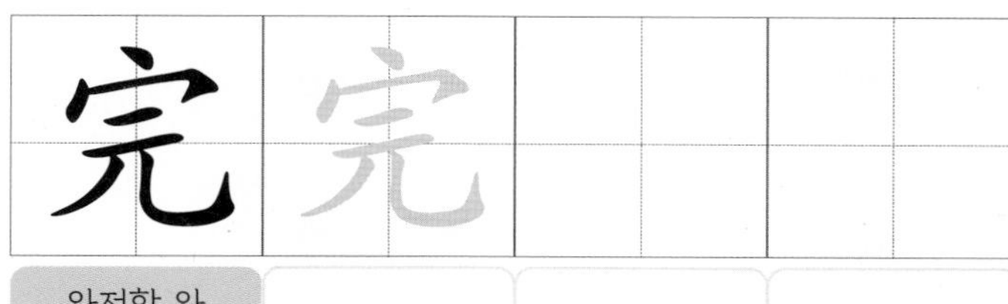

완전할 완

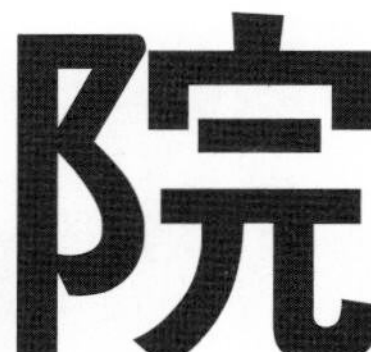

큰집 원 5급

完완전할 완에 阝언덕 부를 붙이면 院큰집 원이 됩니다. 언덕 높이 완전하게 잘 지어져 있는 집으로 비교적 큰 건물을 가리킵니다. 현대에는 病院병원, 學院학원 등의 단어에 들어갑니다.

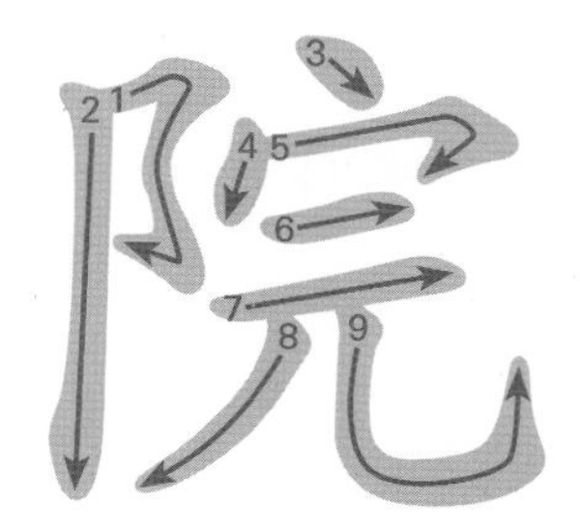

學院
학 원

배우는 건물

그는 요리 學院을 다니며 일식 조리사의 꿈을 키우고 있다.

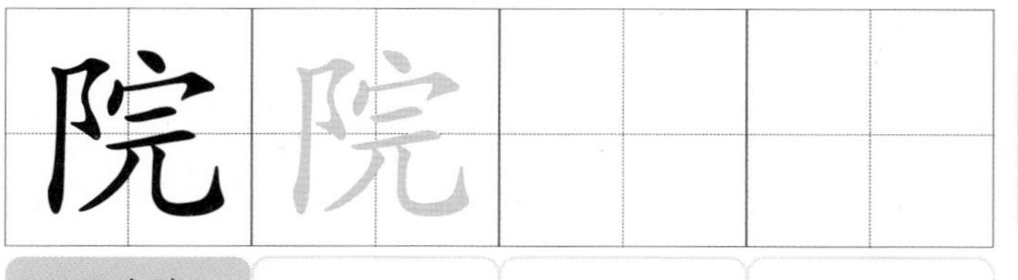

큰집 원

문제 풀기

1 네모칸에 알맞은 글자를 넣어 보아요.

2 한자의 음과 뜻을 알맞게 이어 보아요.

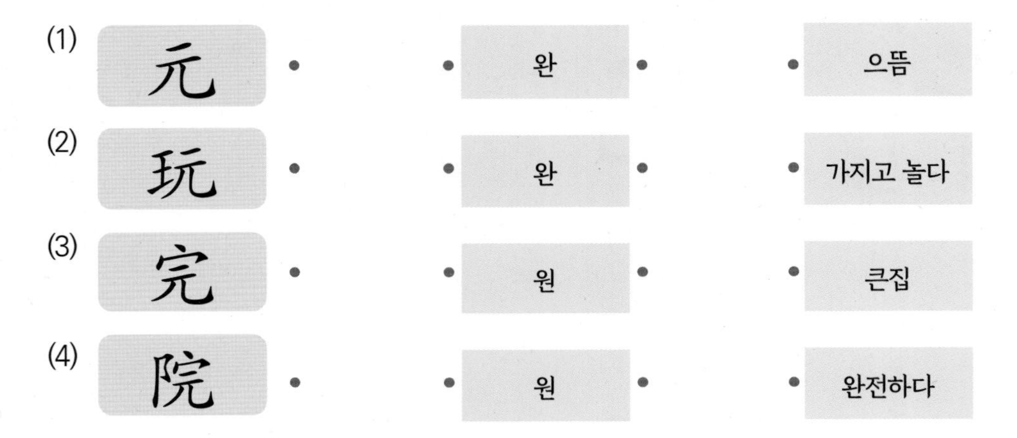

3 빈칸에 알맞은 한자를 써 보아요.

(1) 당나귀는 원래(　來)짐을 싣거나 사람을 태우는 동물이잖아.

(2) 그들 부부는 자식들이 모두 자라자 애완(愛　)견을 돌보며 지낸다.

(3) 곤충의 한살이에서 번데기 단계를 거치는 것을 완전(　全) 탈바꿈이라고 합니다.

(4) 그는 요리 학원(學　)을 다니며 일식 조리사의 꿈을 키우고 있다.

*정답 : 244쪽

4 내용을 소리 내어 읽고 한자를 한글로 써 보세요.

배추흰나비는 번데기 단계가 있는 完全탈바꿈을 한다.

*과학 3

5 열쇠의 뜻 풀이를 이용하여 가로 세로 단어 퍼즐을 완성해 보세요.

[가로열쇠 ①] 처음이 되는 해

[세로열쇠 ②] 전하여 온 가장 처음

6 QR코드를 찍어 영상을 본 후, 문제를 풀어 보아요.

(1) 음: __________ 뜻: __________

관련단어: __________

핵심 한자

월 일

5급

머리 수

首 알아 보기

옛 한자

首머리 수는 뿔과 눈을 강조하여 머리의 모습을 본뜬 글자입니다. 옛 글자에서도 뿔과 눈의 모습이 선명하게 드러납니다.

首 따라 쓰기

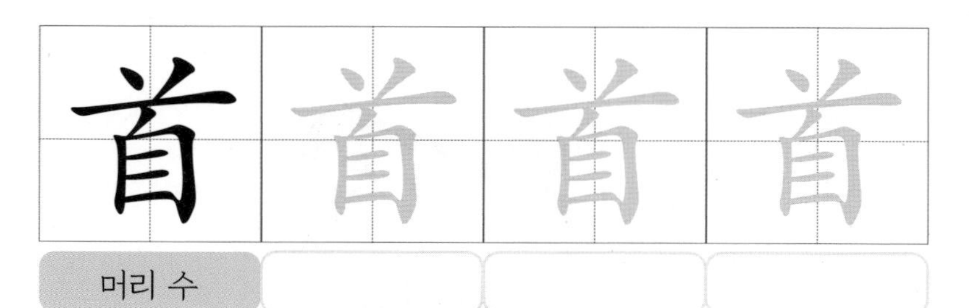

9획 丶 丷 䒑 䒑 丫 产 首 首 首 首

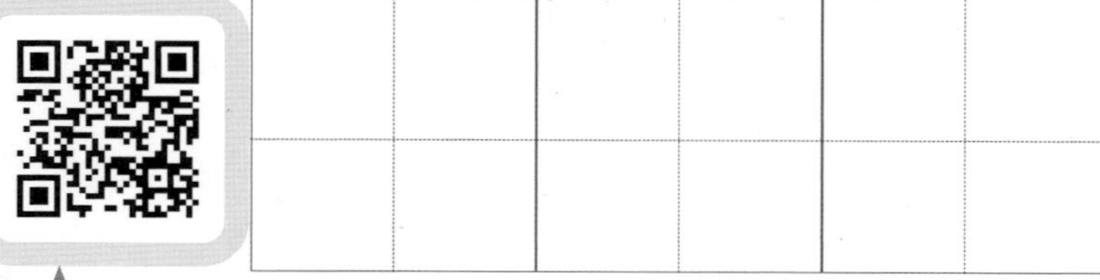

찍으면 획순 영상이 나옵니다.

교과서 핵심 단어

34블록
首

교과서에 나온 내용을 소리 내어 읽어 보아요.

사회 4

首都
머리 수 도읍, 서울 도
수도

뜻 한 나라의 머리가 되는 도시

대한민국의 首都인 서울특별시와 태국의 首都 방콕은 자매결연 후 경제와 문화 분야에서 다양한 교류를 하고 있습니다.

교과서 밖

鶴首苦待
학 학 머리 수 괴로울 고 기다릴 대
학수고대

뜻 학의 머리처럼 목을 길게 빼고 간절히 기다림

손 꼽아 기다리다, 목을 빼고 기다리다 : 기대에 차 있거나 안타까운 마음으로 날짜를 기다릴 때, "손 꼽아 기다린다"라고 하거나 "鶴首苦待"한다고 표현합니다.

핵심한자 완성하기!

*정답 : 244쪽

(1) 대한민국의 수도(　　都)인 서울특별시와 태국의 수도 방콕은 자매결연을 하였다.

(2) 할머니가 내 동화책을 학수고대(鶴　　苦待)하고 계실 텐데.

블록 한자

머리 수

辶

길 도

車道 차도

寸

이끌 도

導體 도체

令

목, 거느릴 령

領土 영토

* 辶 움직일 착, 寸 마디 촌, 令 명령할 령, 體 몸 체

道

길 도

首머리 수에 辶움직일 착을 붙이면 道길 도가 됩니다. 머리를 움직여 걸어간다는 뜻으로, 물리적인 길 또는 관념적인 길 모두를 뜻합니다. 가령, 道路도로와 같은 것은 물리적인 길이고, 道理도리와 같은 것은 관념적인 길입니다.

車道 뜻 차가 다니는 길

차 도 예 골짜기를 벗어날 즈음 갑자기 사슴 한 마리가 車道로 뛰어들었다.

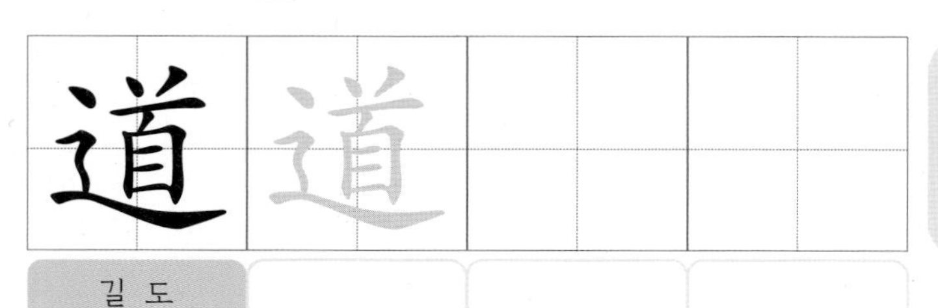

34블록
首

導

이끌 도 4급

道길 도 아래에 손마디를 뜻하는 寸마디 촌을 쓰면 導이끌 도가 됩니다. 손을 뜻하는 寸을 붙여 손으로 이끄는 뜻을 나타내었습니다. 主導주도, 半導體반도체 등의 단어에 들어갑니다.

導體 뜻 (전기를) 이끄는 물체
도 체 예 철, 구리 등 전류가 잘 흐르는 물질을 導體라고 합니다.
반만 흐르면 半導體입니다.

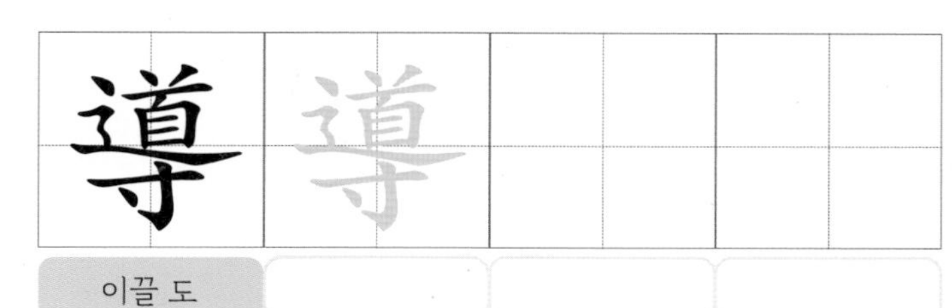

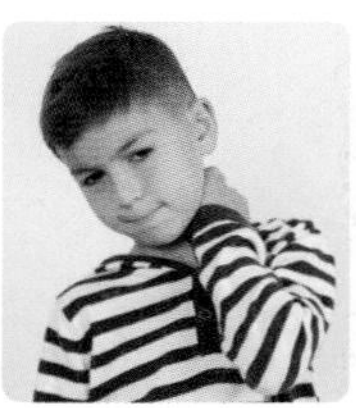

領

목, 거느릴 령 5급

한편 首머리 수의 윗부분을 아래쪽으로 옮겨 둔 頁머리 혈은 홀로 쓰이지는 않고 머리 부근의 신체 부위를 나타내는 글자에 자주 들어갑니다. 領목, 거느릴 령과 같은 글자가 한 예입니다. 목을 잡으면 꼼짝할 수 없다는 점에서 '거느리다'라는 뜻으로도 쓰입니다.

領土 뜻 거느리는 땅, 다스리는 땅
영 토 예 세계 여러 나라의 領土 모양은 매우 다양하다.

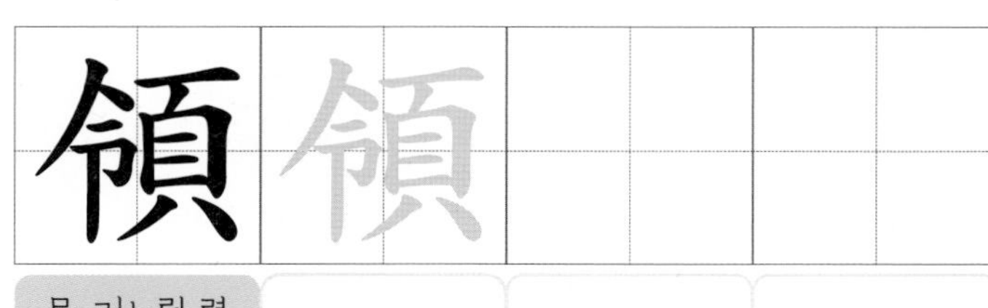

문제 풀기

1 네모칸에 알맞은 글자를 넣어 보아요.

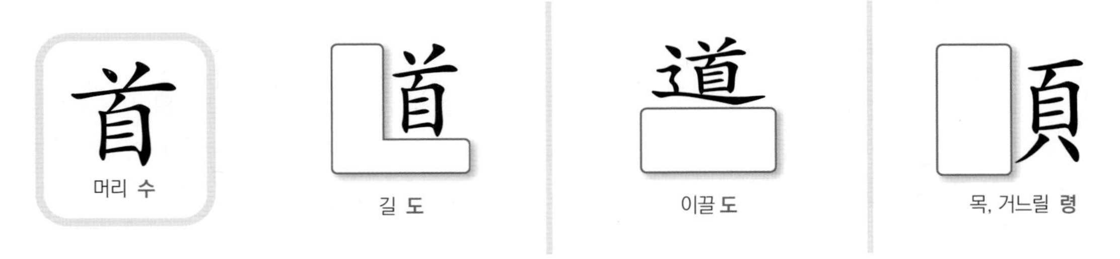

2 한자의 음과 뜻을 알맞게 이어 보아요.

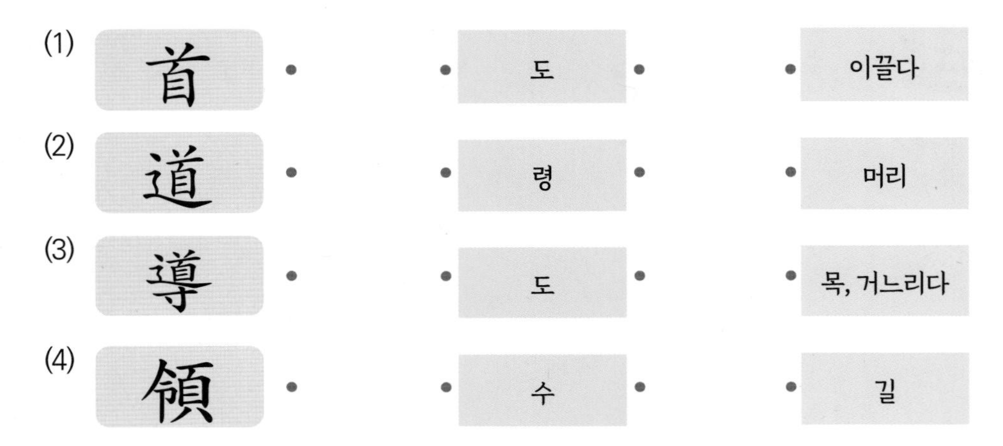

3 빈칸에 알맞은 한자를 써 보아요.

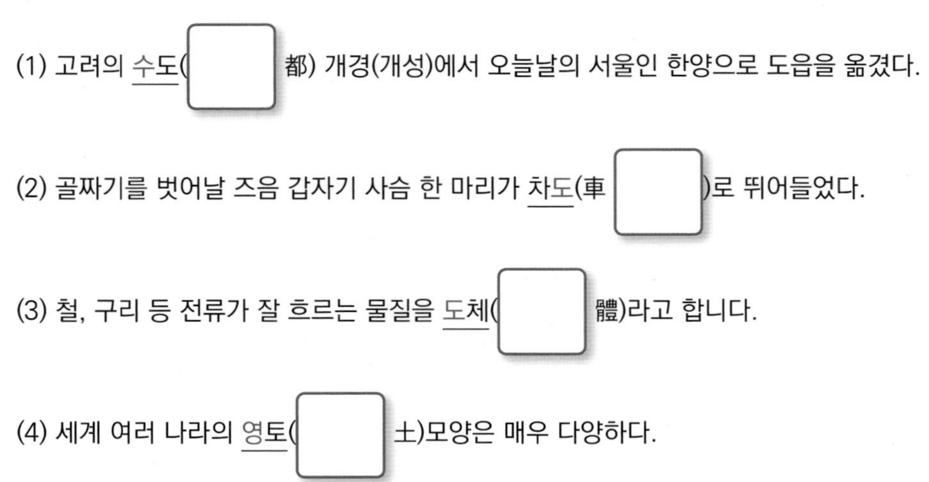

34블록 首

*정답 : 244쪽

4 내용을 소리 내어 읽고 한자를 한글로 써 보세요.

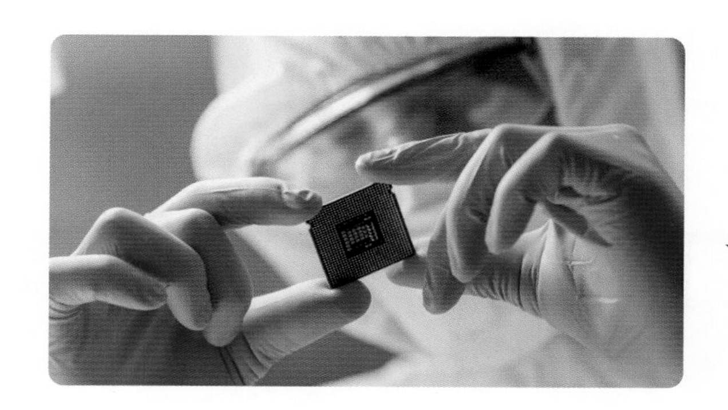

1970년대부터 반도체를 연구하기 시작했던 우리나라 기업들은 꾸준한 노력으로 1990년대에는 세계적으로 성능이 뛰어난 半導體를 생산할 수 있게 되었다.

*사회 6

5 열쇠의 뜻 풀이를 이용하여 가로 세로 단어 퍼즐을 완성해 보세요.

① 鶴	②	苦	待
	都		

[가로열쇠 ①] 학의 머리처럼 목을 길게 빼고 간절히 기다림

[세로열쇠 ②] 한 나라의 머리가 되는 도시

6 QR코드를 찍어 영상을 본 후, 문제를 풀어 보아요.

(1) 음: ________ 뜻: ________

관련단어: ________

만화로 배우는

한자성어

학수고대 (鶴首苦待)

학처럼 머리를 길게 빼고 간절히 기다림.
[학 鶴, 괴로울 苦, 기다릴 待]

동영상으로 익히는

블록한자

* 아래 QR을 찍으면 동영상이 나옵니다. 동영상을 따라서 한눈에 정리해보아요.

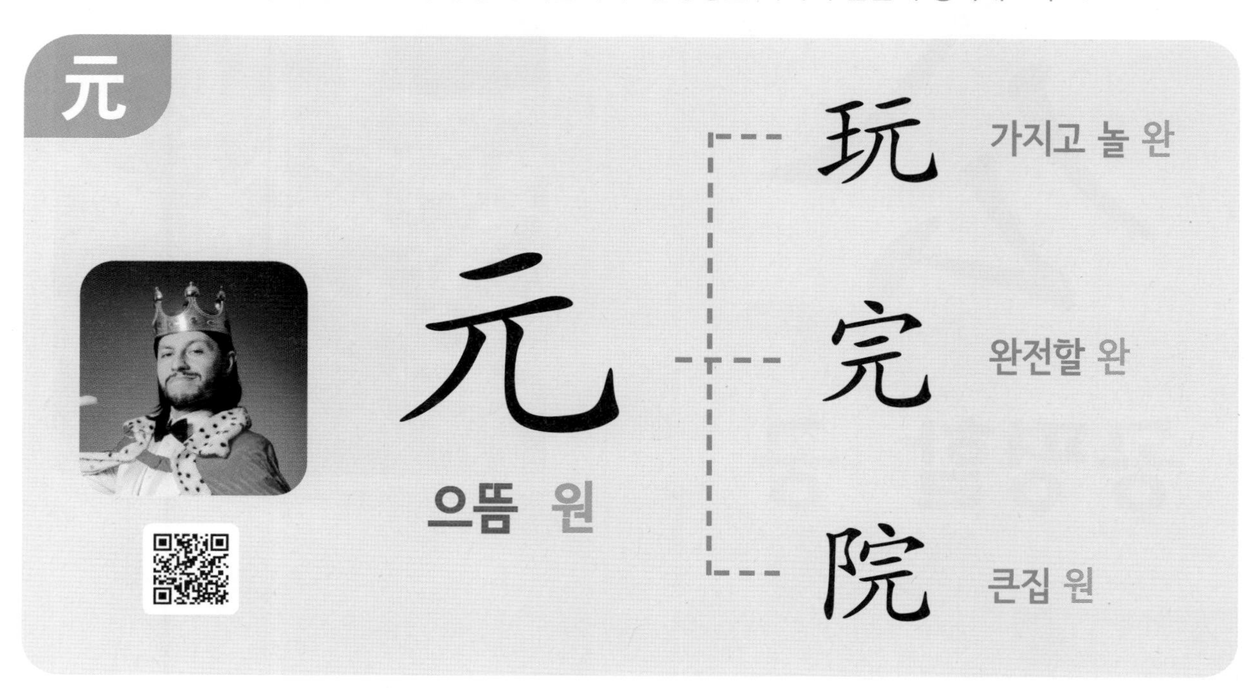

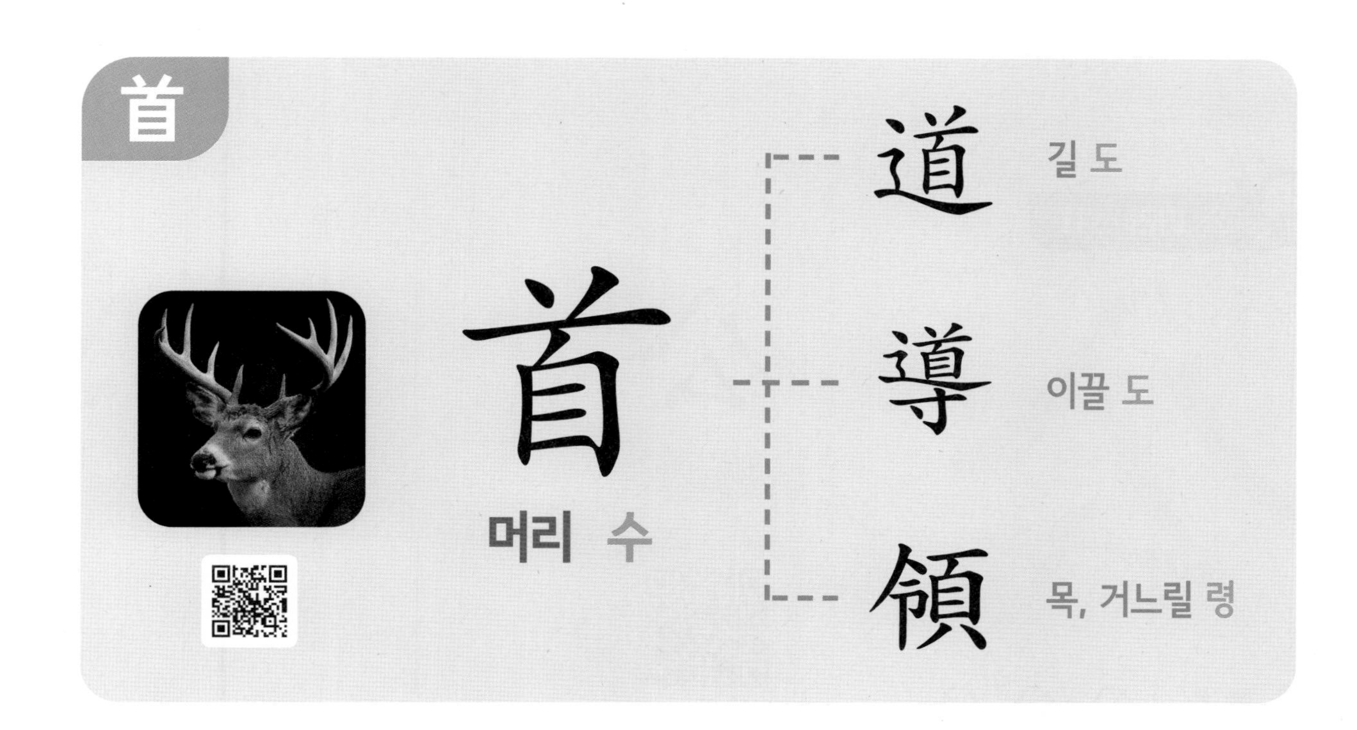

핵심 한자

월 일

6급

공평할 공

公 알아 보기

公공평할 공은 '공평하게 나누는 모습'을 뜻하는 글자입니다. 八여덟 팔은 8부분으로 나누어진 어떤 물건이고, 厶나 사는 '나'를 뜻하는 글자입니다. 사사로운 마음을 버리고 8개로 나눈다는 뜻입니다. 그러고 보면 8은 나누기 좋은 퍽 공정한 숫자입니다.

公 따라 쓰기

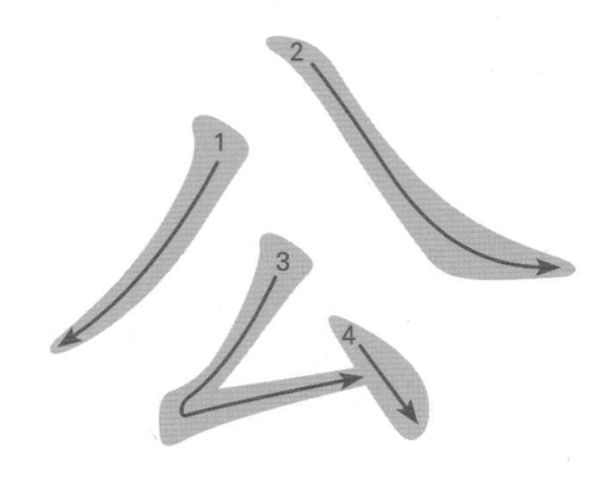

4획

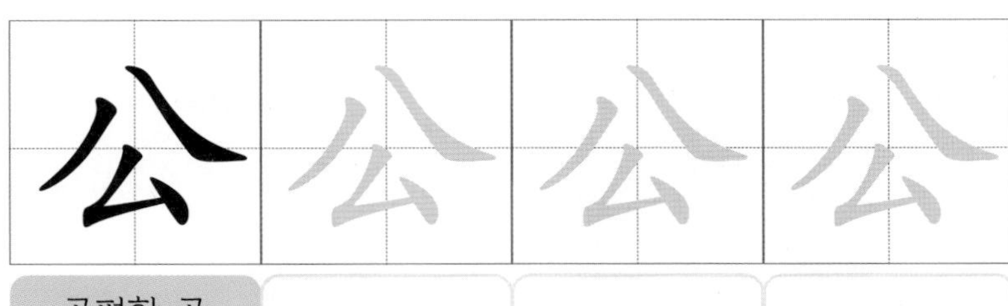

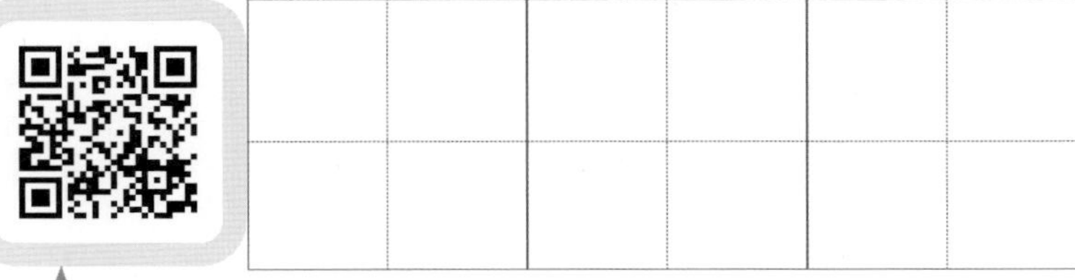

찍으면 획순 영상이 나옵니다.

교과서 핵심 단어

35블록
公

교과서에 나온 내용을 소리 내어 읽어 보아요.

사회 6

公正
공평할 공 바를 정
공정

뜻 공평하고 올바름

법은 모든 사람에게 公正하게 적용되어야 한다. 公正한 재판으로 국민의 자유와 권리를 보장하고자 법원은 외부의 영향이나 간섭을 받지 않아야 한다.

국어 6

公式
공평할 공 법 식
공식

뜻 모두에게 적용되는 공평한 방식

公式적인 말하기는 여러 사람 앞에서 발표하는 상황이기 때문에 큰 소리로 또박또박 말해야 해. 公式적인 말하기 상황에서 듣는 사람은 집중해서 들어야 해.

핵심한자 완성하기!

*정답 : 244쪽

(1) 법은 모든 사람에게 공정(☐ 正)하게 적용되어야 한다.

(2) 공식(☐ 式)적인 말하기 상황에서 듣는 사람은 집중해서 들어야 해.

블록 한자

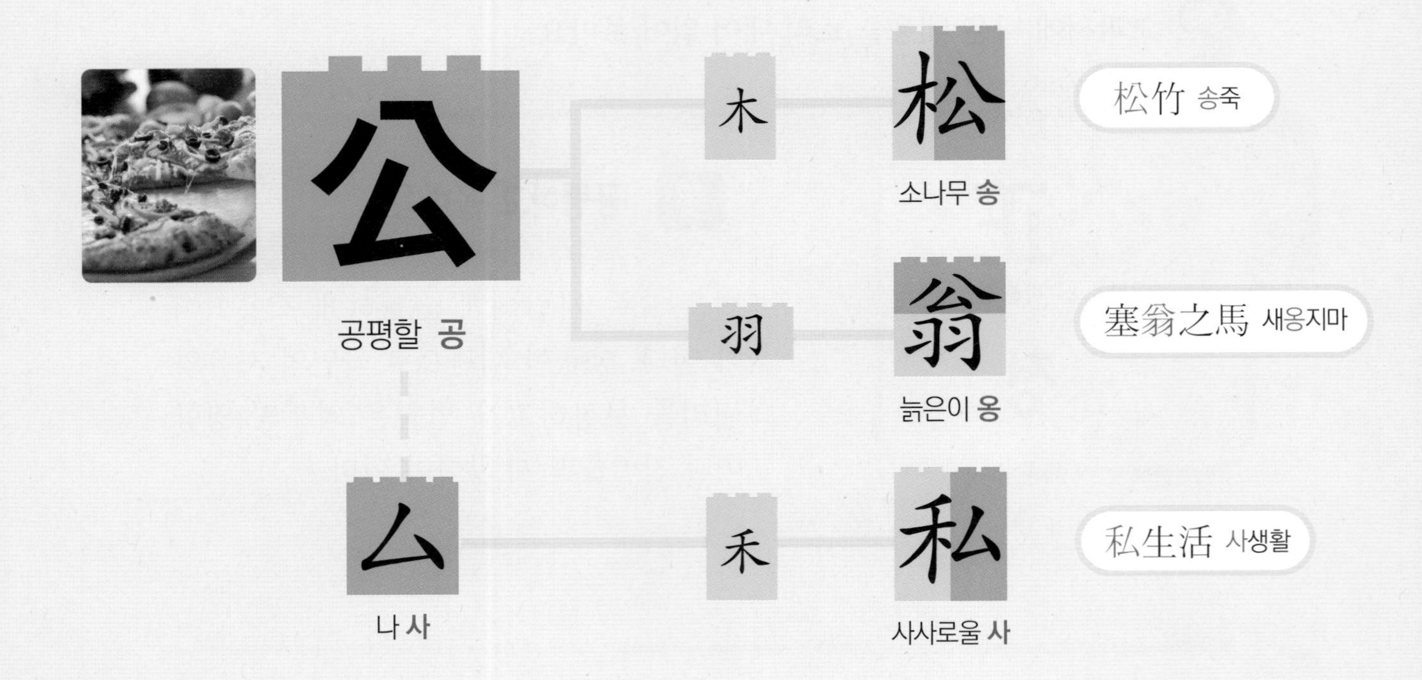

＊羽 깃털 우, 禾 벼 화, 竹 대나무 죽, 塞 변방 새, 之 갈지, 馬 말 마, 活 살 활

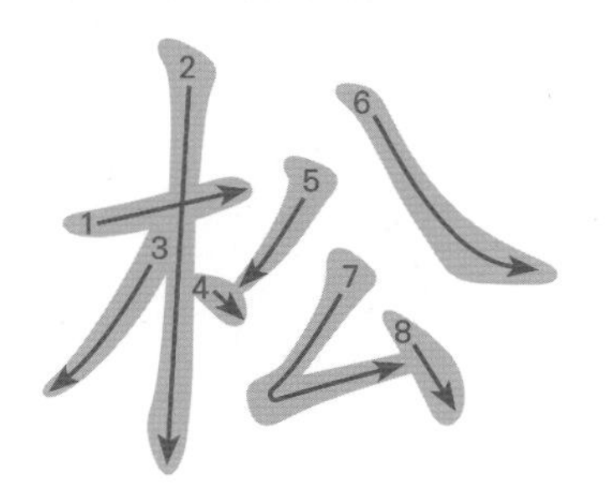

소나무 송 4급

公공평할 공에 木나무 목을 붙이면 松소나무 송이 됩니다. 아마 소나무가 안 자라는 곳이 없는 나무이기에 '공정하다'는 뜻의 公을 그 나무에 준 것이 아닐까 합니다. 松竹송죽, 正二品松정이품송 등의 단어에 쓰입니다.

松竹 뜻 소나무와 대나무

송 죽 예 우리 선조들은 겨울을 이겨 내는 松竹을 사랑하였다.

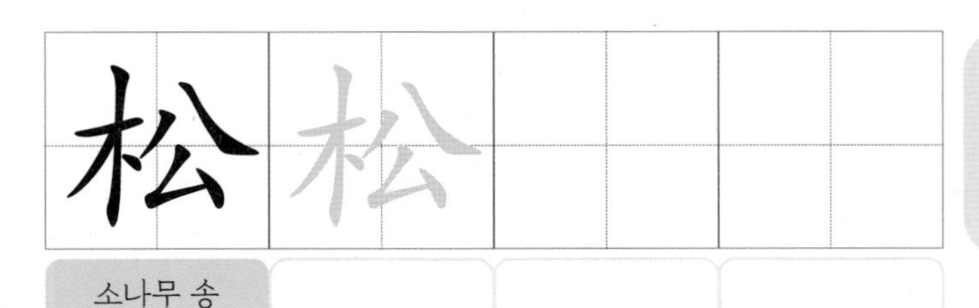

늙은이 옹 3급

翁

公공평할 공 아래 羽깃 우를 쓰면 공과 발음이 비슷한 翁늙은이 옹이 됩니다. 노인의 수염이 깃털처럼 달린 모습을 본뜬 글자입니다. 발음은 살짝 바뀌어 '옹'으로 변했습니다.

塞翁之馬  뜻 변방 늙은이의 말

새 옹 지 마  예 인간의 모든 일들이 塞翁之馬라더니, 일이 이렇게 풀리는구나!

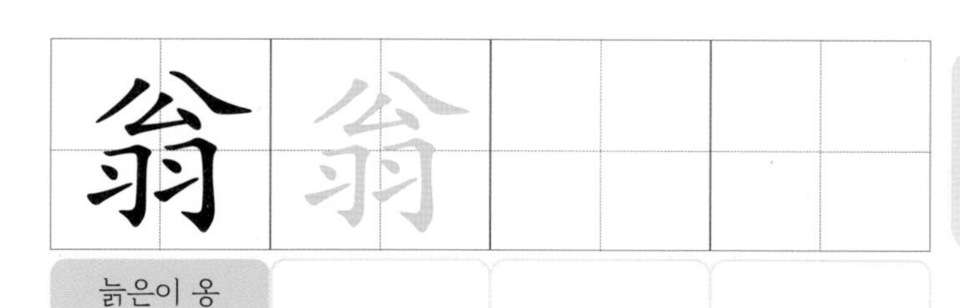

사사로울 사 4급

私

公공평할 공과 반대되는 뜻인 私사사로울 사도 알아 두면 좋습니다. 개인적인 것이라는 뜻입니다. 八여덟 팔자 아래에 厶나 사를 넣으면 公이고, 禾벼 화 옆에 厶를 넣으면 私사사로울 사입니다. 벼를 나 혼자 처리하는 모습을 나타내었습니다.

私生活 뜻 개인의 생활

사 생 활 예 私生活 침해는 개인의 인권을 존중하지 않아서 생긴다.

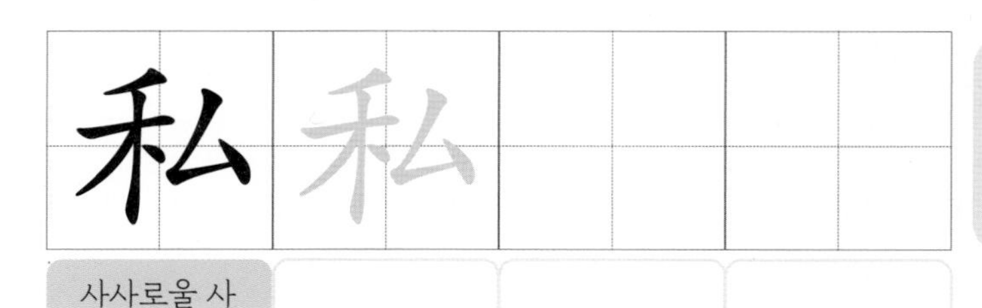

문제 풀기

1 네모칸에 알맞은 글자를 넣어 보아요.

2 한자의 음과 뜻을 알맞게 이어 보아요.

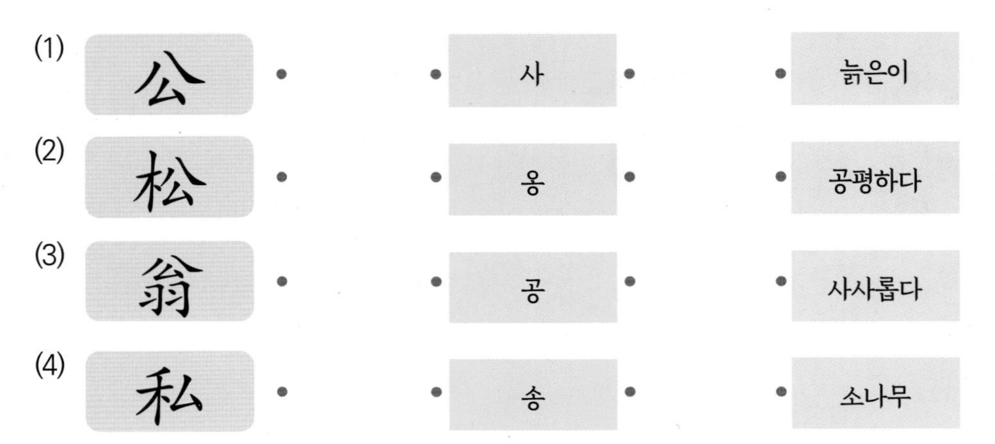

3 빈칸에 알맞은 한자를 써 보아요.

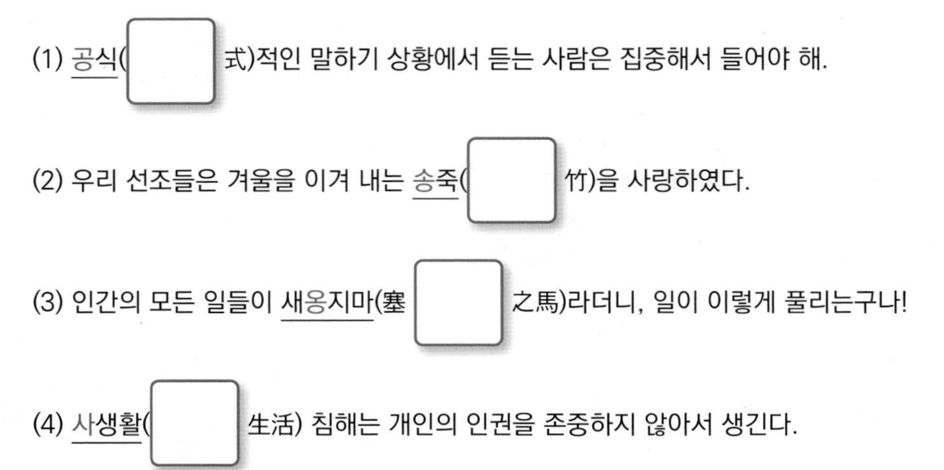

(1) 공식(　　式)적인 말하기 상황에서 듣는 사람은 집중해서 들어야 해.

(2) 우리 선조들은 겨울을 이겨 내는 송죽(　　竹)을 사랑하였다.

(3) 인간의 모든 일들이 새옹지마(塞　　之馬)라더니, 일이 이렇게 풀리는구나!

(4) 사생활(　　生活) 침해는 개인의 인권을 존중하지 않아서 생긴다.

*정답 : 244쪽

4 내용을 소리 내어 읽고 한자를 한글로 써 보세요.

公正 무역이란 생산자의 노동에 정당한 대가를 지불해 생산자가 경제적 자립과 발전을 하도록 돕는 무역입니다.

*사회 6

5 열쇠의 뜻 풀이를 이용하여 가로 세로 단어 퍼즐을 완성해 보세요.

[가로열쇠 ①] 모두에게 적용되는 공평한 방식

[세로열쇠 ①] 공평하고 올바름

6 QR코드를 찍어 영상을 본 후, 문제를 풀어 보아요.

(1) 음: 뜻:
관련단어:

핵심 한자

월 일

7급

주인 주

主 알아 보기

옛 한자

主주인 주는 등잔에 피어난 불의 모습을 본뜬 글자입니다. 불 켜진 등불을 중심으로 사람들이 모이므로 '주되다, 주인'이란 뜻으로 확장되었습니다.

主 따라 쓰기

5획 丶 亠 二 キ 主

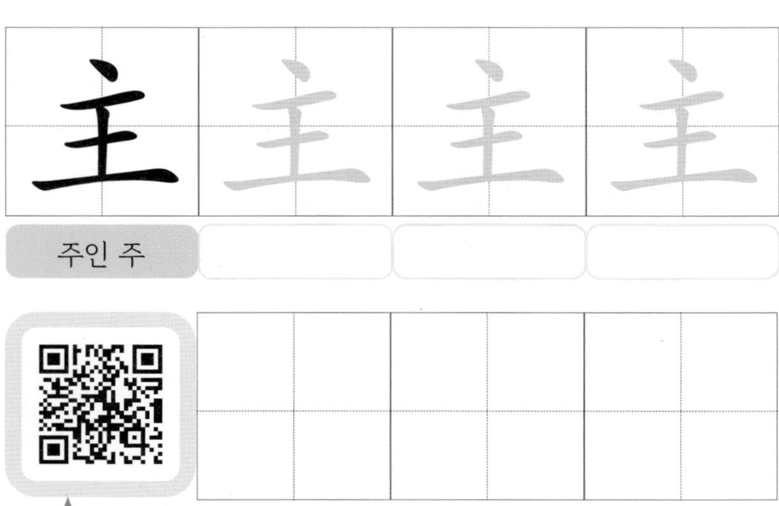

찍으면 획순 영상이 나옵니다.

교과서 핵심 단어

36블록
主

교과서에 나온 내용을 소리 내어 읽어 보아요.

국어 4

主人公
주인 주 사람 인 공평할 공

주인공

뜻 주된 역할을 하는 사람

저는 『아낌없이 주는 나무』를 읽었습니다. 이 책의 나무는 主人公에게 무엇을 해 줄 때 무척이나 행복해합니다.

국어 5

主語
주인 주 말씀 어

주어

뜻 주인이 되는 말

문장에서 동작이나 상태의 주체가 되는 말을 主語라고 하고, 主語의 움직임, 상태, 성질 따위를 풀이하는 말을 서술어라고 해요.

*하늘이[주어] 맑다[서술어]

핵심한자 완성하기!

*정답 : 244쪽

(1) 이 책의 나무는 주인공(　　人公)에게 무엇을 해 줄 때 무척이나 행복해합니다.

(2) 문장에서 동작이나 상태의 주체가 되는 말을 주어(　　語)라고 한다.

블록 한자

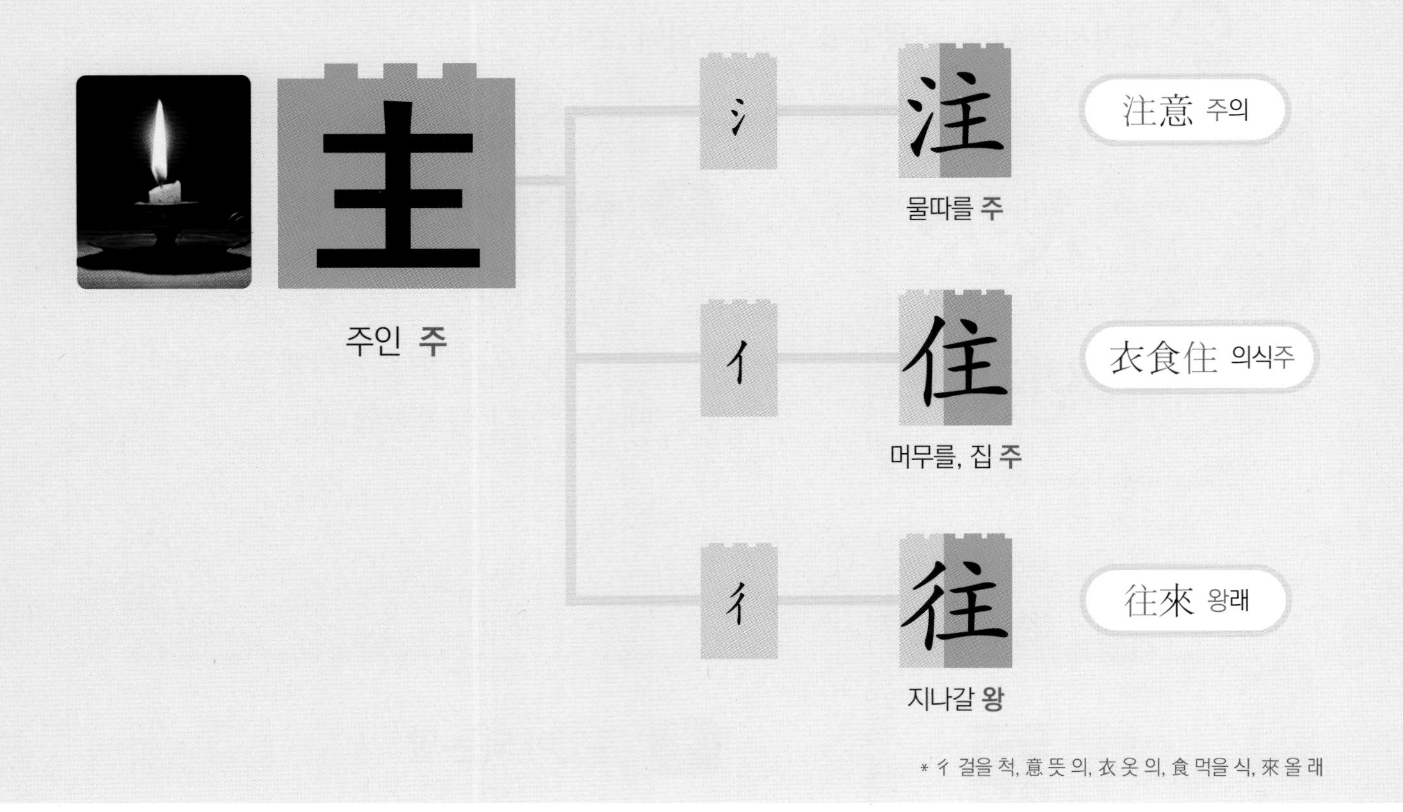

* 彳 걸을 척, 意 뜻 의, 衣 옷 의, 食 먹을 식, 來 올 래

注 물따를 주 6급

主주인 주 앞에 氵물 수를 쓰면 注물따를 주가 됩니다. 注射주사는 '물을 쏜다'는 뜻이고, 注意주의는 '물을 따르듯, 생각을 어떤 지점에 기울인다'는 뜻입니다.

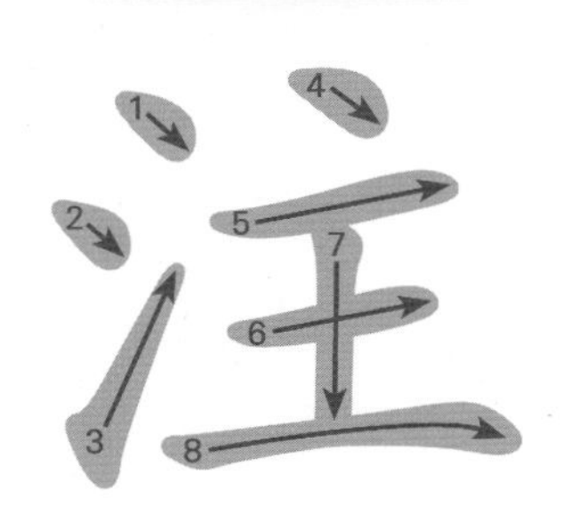

注意 주의

뜻 뜻을 한곳에 집중하여 기울임

예 날카로운 재료를 사용할 때에는 다치지 않도록 注意하세요.

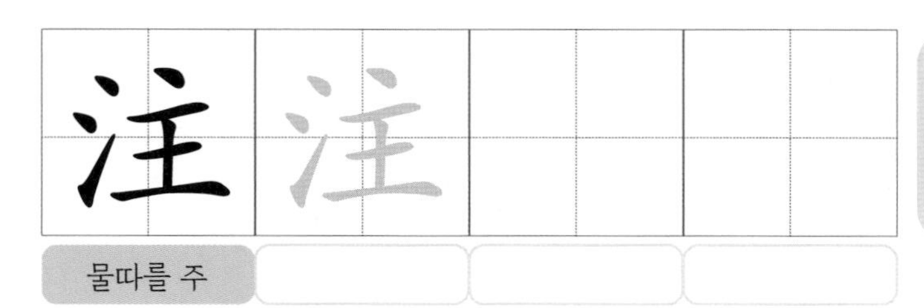

머무를, 집 주 7급

住

主주인 주를 亻사람 인과 함께 쓰면 住머무를, 집 주가 됩니다. 사람이 주인이 되어 한 곳에 머물러 있는 것을 나타내었습니다.

衣食住 뜻 옷과 음식과 집

의 식 주 예 경제 성장은 衣食住를 비롯한 다양한 분야에서 변화를 가져왔다.

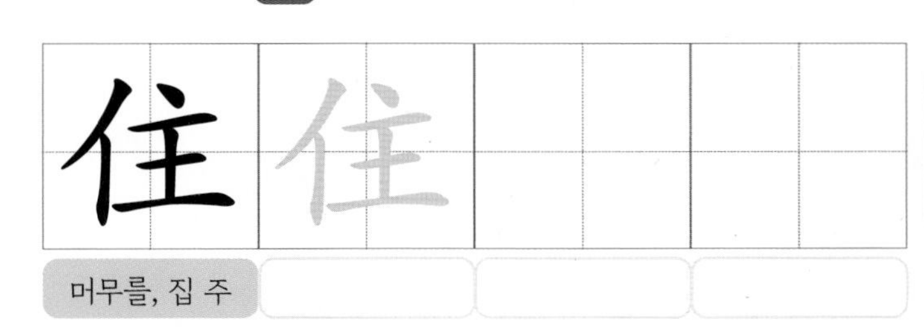

머무를, 집 주

지나갈 왕 4급

往

움직임을 뜻하는 彳걸을 척과 함께 쓰면 往지나갈 왕이 됩니다. 往年왕년이라고 하면 지난날을 뜻하고, 往來왕래는 가고 옴을 뜻하는 말입니다.

往來 뜻 가고 옴

왕 래 예 거리는 시간이 늦은 탓인지 행인들의 往來도 뜸해졌다.

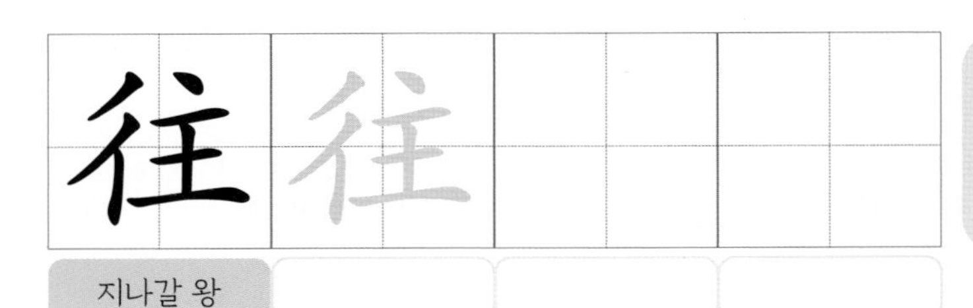

지나갈 왕

문제 풀기

1 네모칸에 알맞은 글자를 넣어 보아요.

2 한자의 음과 뜻을 알맞게 이어 보아요.

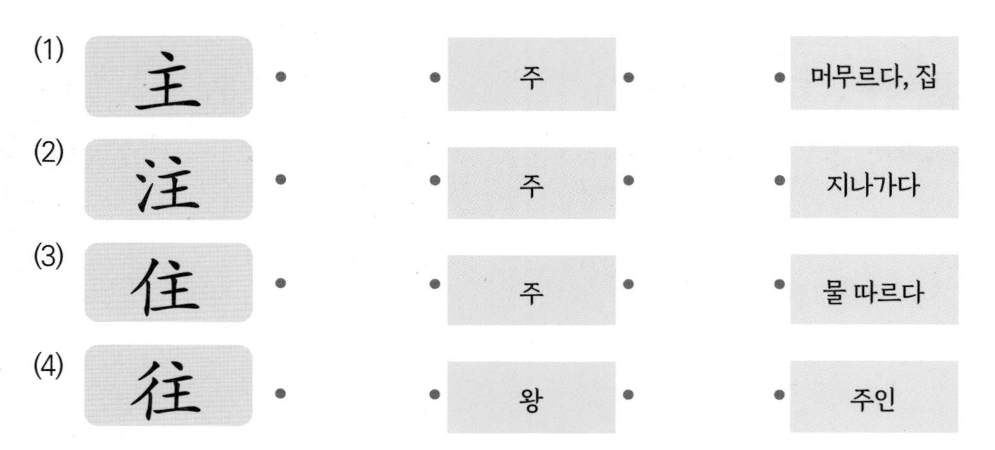

3 빈칸에 알맞은 한자를 써 보아요.

(1) 만화 주인공(□人公) 사오정과 비슷한 사람이 우리 주변에 많이 생겨나고 있습니다.

(2) 날카로운 재료를 사용할 때에는 다치지 않도록 주의(□意)하세요.

(3) 경제 성장은 의식주(衣食□)를 비롯한 다양한 분야에서 변화를 가져왔다.

(4) 거리는 시간이 늦은 탓인지 불들이 모두 꺼졌고 행인들의 왕래(□來)도 뜸해졌다.

*정답 : 244쪽

4 내용을 소리 내어 읽고 한자를 한글로 써 보세요.

미세 먼지는 자동차의 배기가스, 공장 등에서 배출하는 매연 때문에 발생하므로 황사처럼 자연재해로 분류하지는 않지만 사람의 건강에 해를 끼치므로 注意해야 한다.

*사회 5

5 열쇠의 뜻 풀이를 이용하여 가로 세로 단어 퍼즐을 완성해 보세요.

[가로열쇠 ①] 주된 역할을 하는 사람

[세로열쇠 ①] 주인이 되는 말

6 QR코드를 찍어 영상을 본 후, 문제를 풀어 보아요.

(1) 음: ______ 뜻: ______

관련단어: ______

만화로 배우는

한자성어

새옹지마 (塞翁之馬)

변방 늙은이의 말, 인생에서는 좋은 일과 나쁜 일이 번갈아 찾아옴.
[변방 塞, ~의 之, 말 馬]

동영상으로 익히는

블록한자

* 아래 QR을 찍으면 동영상이 나옵니다. 동영상을 따라서 한눈에 정리해보아요.

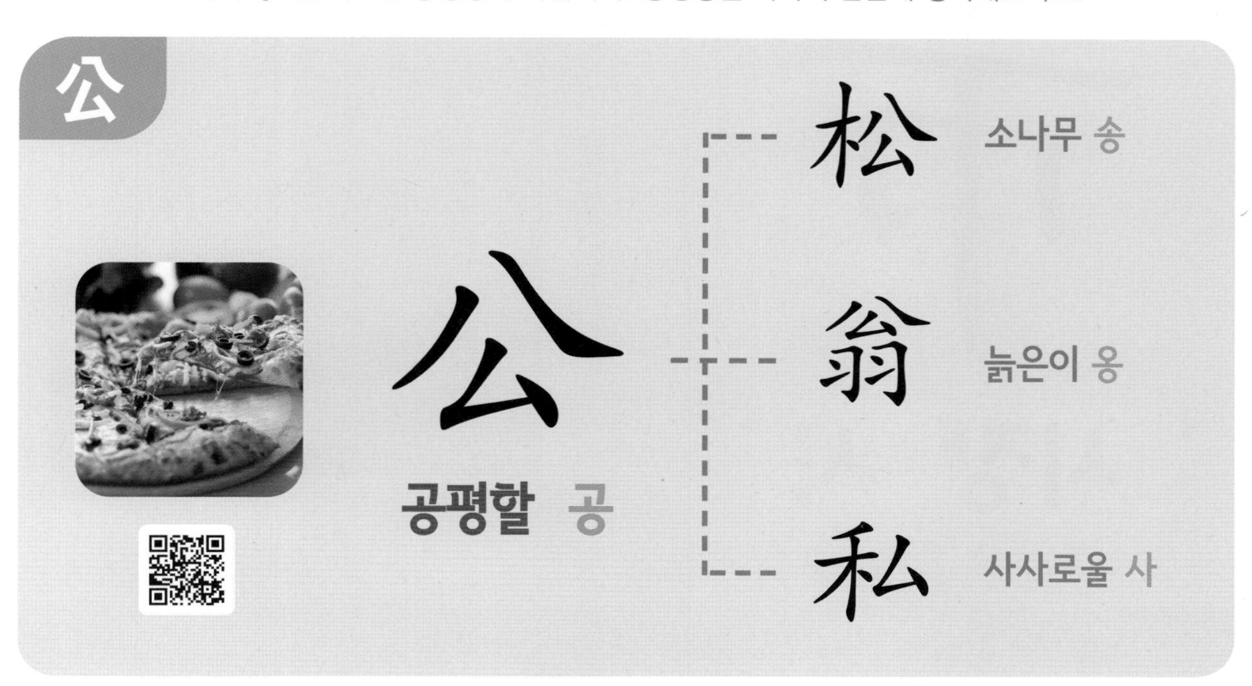

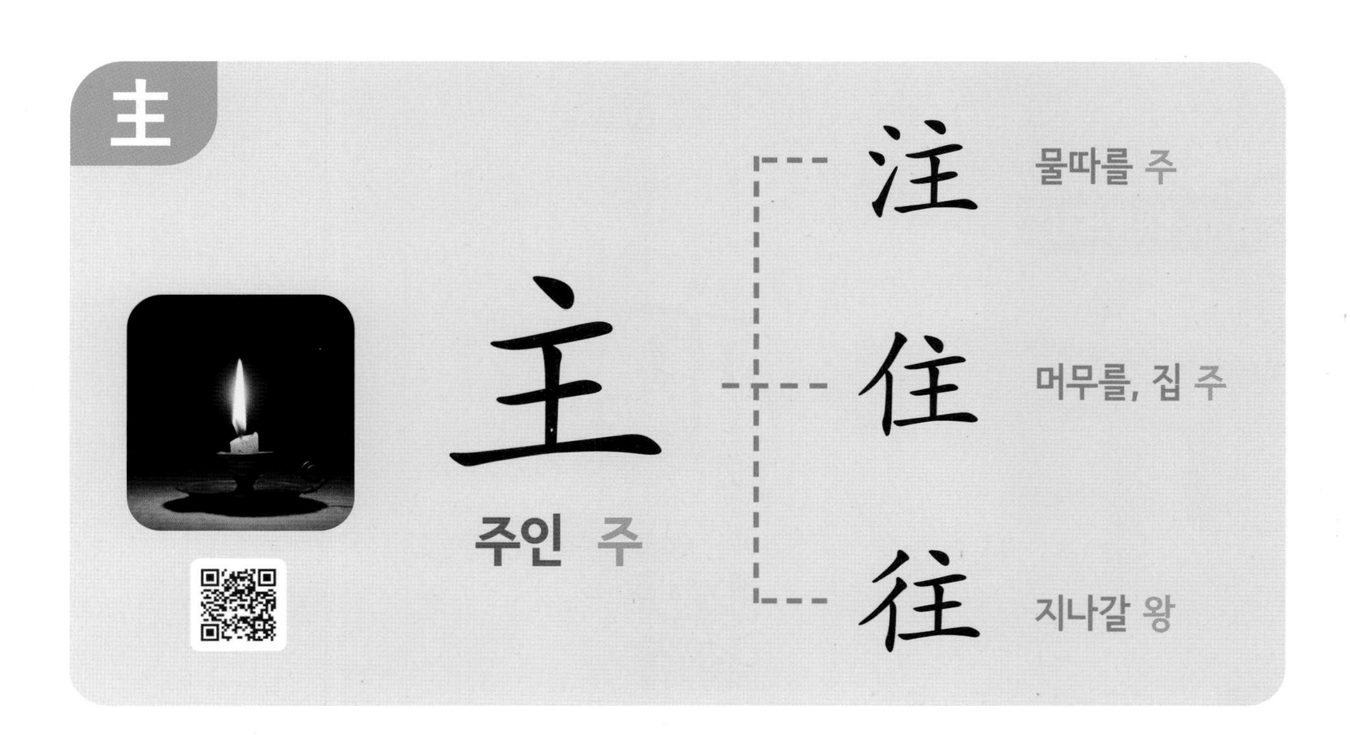

핵심 한자

월 일

7급

시장 시

市 알아 보기

옛 한자

市시장 시는 시장의 장대 끝에 걸린 깃발의 모양을 본뜬 글자입니다. 市의 亠은 장대의 끝, 巾수건 건은 매달린 깃발을 표현한 것입니다.

市 따라 쓰기

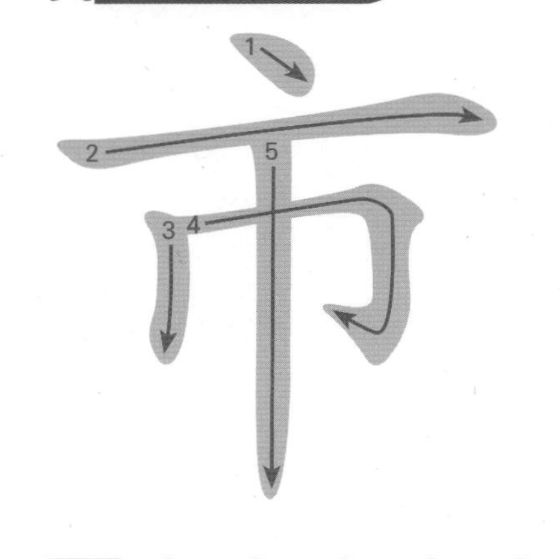

5획 丶 亠 广 冇 市

市	市	市	市
시장 시			

찍으면 획순 영상이 나옵니다.

교과서 핵심 단어

37블록
市

교과서에 나온 내용을 소리 내어 읽어 보아요.

사회 6

市場
시장 시 마당 장
시장

뜻 장이 열리는 곳

市場은 사려고 하는 사람과 팔려고 하는 사람이 정보를 주고받으며 거래하는 곳이다. 市場에서 물건만 거래하는 것은 아니다.

국어 6

都市
도읍 도 시장 시
도시

뜻 사람이 많이 모이는 큰 마을

왕가리 마타이는 그곳에서 테레사 수녀와 마거릿 미드에게 큰 감명을 받고, 나무와 숲이 있는 더 푸른 都市를 만들기로 결심했다.

핵심한자 완성하기!

*정답 : 244쪽

(1) 시장(場)에서 물건만 거래하는 것은 아니다.

(2) 나무와 숲이 있는 더 푸른 도시(都   )를 만들기로 결심했다.

블록 한자

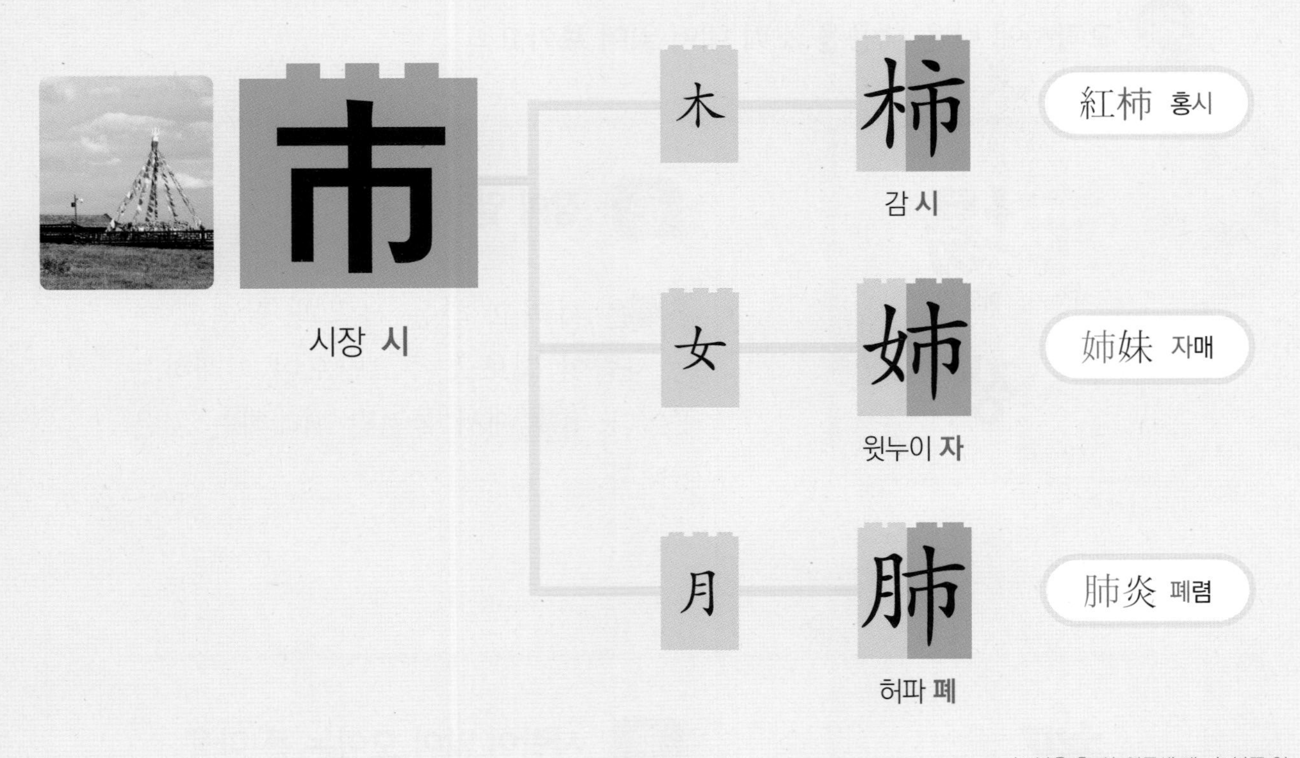

* 紅 붉을 홍, 妹 여동생 매, 炎 불꽃 염

柿 감 시 1급

市시장 시 앞에 木나무 목을 붙이면 柿감 시가 됩니다. 원래 감을 뜻하는 글자는 柹처럼 썼었는데 요즘은 더 쉽게 柿로 씁니다. 紅柿홍시는 빨간 감이라는 뜻입니다.

紅柿 홍시

뜻 붉게 익은 감

예 우리 마을의 할머니들이 빨갛게 물든 紅柿를 보냅니다.

윗누이 자 4급

姉

市시장 시 앞에 女여자 녀를 붙이면 누나, 언니를 뜻하는 姉윗누이 자가 됩니다. 원래는 姊처럼 썼었는데 요즘은 더 쉽게 姉로 씁니다. 姉妹자매라는 말을 만듭니다.

姉妹 뜻 언니와 여동생. 여자형제

자 매 예 나의 부모와 형제姉妹 언제나 내 곁에 있네.

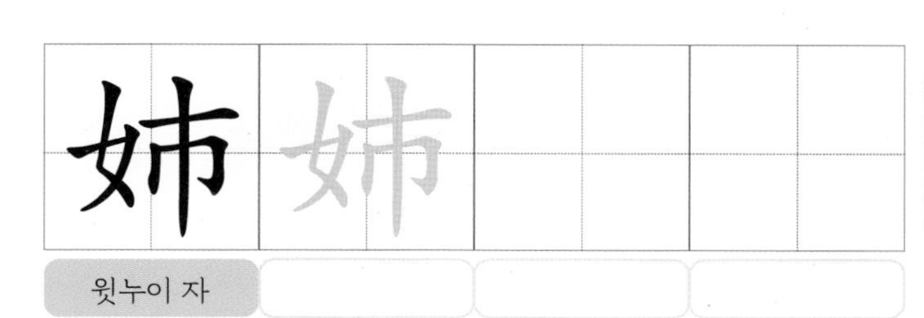

허파 폐 3급

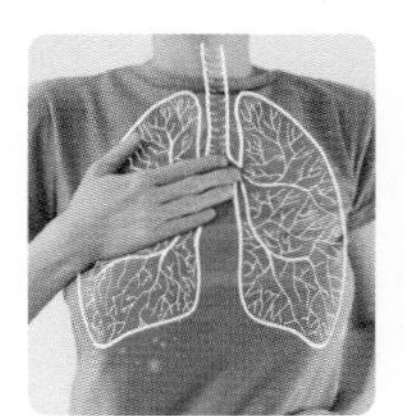

肺

市시장 시 앞에 月고기 육을 붙이면 肺허파 폐가 됩니다. 市와 직접적인 관계는 없지만 글자의 모양처럼 양쪽으로 갈라져 있는 신체 기관이라는 데서 폐, 허파를 뜻하는 말이 되었습니다.

肺炎 뜻 폐에 생기는 염증

폐 렴 예 페니실린은 肺炎 등의 질병을 치료하는 데 효과가 있었습니다.

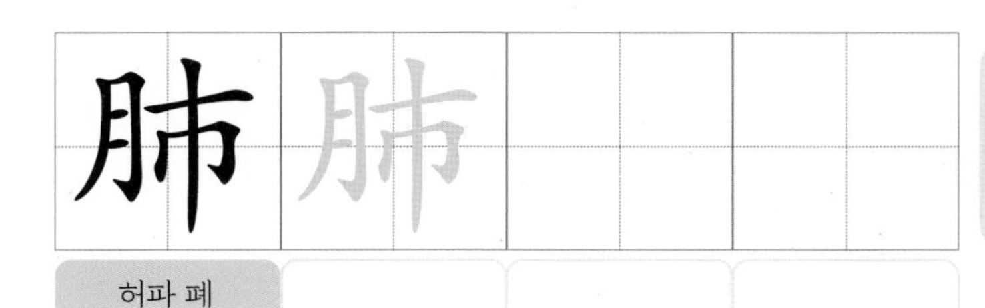

문제 풀기

1 네모칸에 알맞은 글자를 넣어 보아요.

2 한자의 음과 뜻을 알맞게 이어 보아요.

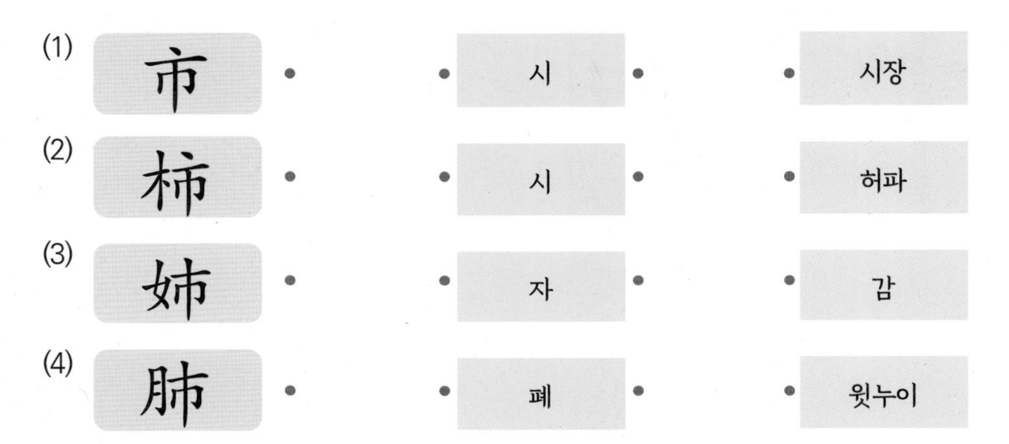

3 빈칸에 알맞은 한자를 써 보아요.

(1) 지도를 봐도 시장(　場)에 찾아갈 수가 없어요.

(2) 우리 마을의 할머니들이 정성을 들여 볕에 말린 나물과 빨갛게 물든 홍시(紅　)를 보냅니다.

(3) 나의 부모와 형제자매(　妹) 언제나 내 곁에 있네.

(4) 페니실린은 폐렴(　炎), 수막염 등의 질병을 치료하는 데 효과가 있었습니다.

4 내용을 소리 내어 읽고 한자를 한글로 써 보세요.

우리나라 사람들은 어디에 많이 모여 살까요? 100명 중 92명은 都市에 살고 8명은 촌락에 삽니다.

*사회 5

5 열쇠의 뜻 풀이를 이용하여 가로 세로 단어 퍼즐을 완성해 보세요.

[세로열쇠 ①] 사람이 많이 모이는 큰 마을

[가로열쇠 ②] 장이 열리는 곳

6 QR코드를 찍어 영상을 본 후, 문제를 풀어 보아요.

(1) 음: 뜻:

관련단어:

핵심 한자

월 일

3급

우물 정

井 알아 보기

옛 한자

井우물 정은 우물의 모양을 본뜬 글자입니다. 우물 입구에 나무로 井자 모양으로 쌓는데 그것을 글자로 표현한 것입니다.

井 따라 쓰기

4획 一 二 井 井

井	井	井	井
우물 정			

찍으면 획순 영상이 나옵니다.

교과서 핵심 단어

38블록
井

교과서에 나온 내용을 소리 내어 읽어 보아요.

사회 6

油井
기름 유 우물 정

유정

뜻 석유가 나오는 우물

한대 기후 지역의 주민들은 이끼나 풀이 자라는 땅에서 순록을 기르는 유목 생활을 하기도 한다. 또 이 지역은 油井을 통하여 석유와 천연가스를 개발하기도 한다.

교과서 밖

井中之蛙
우물 정 가운데 중 갈 지 개구리 와

정중지와

뜻 우물 안 개구리, 시야가 좁은 사람

살다 보니 사람이 치사해지고 井中之蛙처럼 세상 보는 눈이 좁아지고 여러 가지로 김 형한테 부끄럽소.

핵심한자 완성하기!

*정답 : 244쪽

(1) 이 지역은 유정(油 ☐)을 통하여 석유와 천연가스를 개발하기도 한다.

(2) 살다 보니 사람이 치사해지고 정중지와(☐ 中之蛙)처럼 세상 보는 눈이 좁아진다.

블록 한자

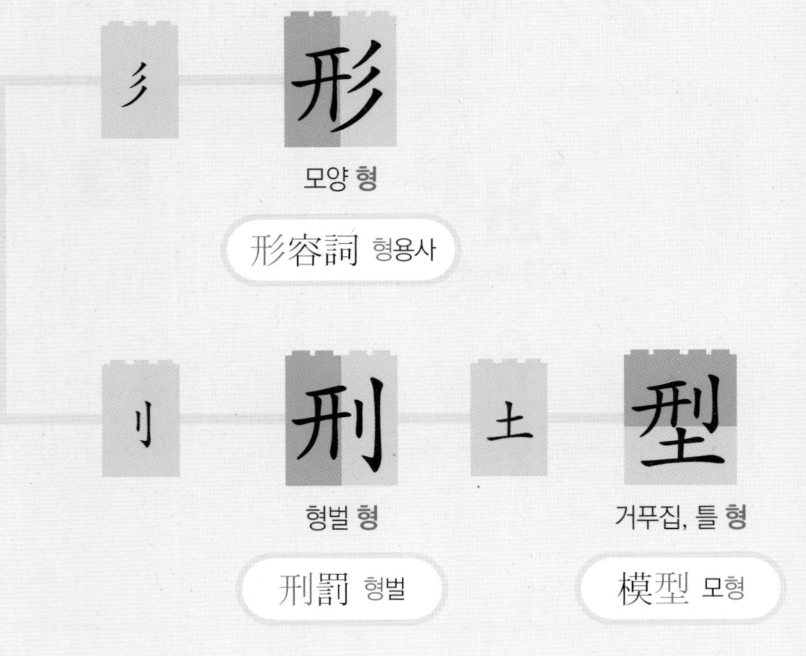

* 彡 터럭 삼, 刂 칼 도, 容 얼굴 용, 詞 말씀 사, 罰 벌줄 벌, 模 본뜰 모

形 모양 형 6급

幵은 井우물 정의 윗부분을 깔끔하게 잘라낸 모양입니다. 幵에 彡터럭 삼을 붙이면 形모양 형이 됩니다. 彡이 들어가는 글자는 늘 빛, 소리, 냄새 등이 퍼지는 것과 관계되는데, 여기서는 빛이 퍼지는 모양을 뜻합니다.

形容詞 뜻 모양을 나타내는 말

형 용 사 예 뛰다 · 날다 등을 동사, 하얗다 · 밝다 등을 形容詞라고 한다.

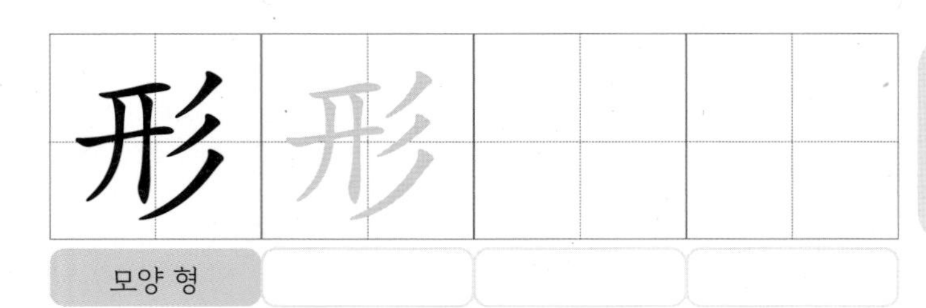

刑

형벌 형 4급

幵우물 정에 刂칼 도를 붙이면 刑형벌 형이 됩니다. 幵은 발음을 담당하고 刂는 칼로써 엄하게 형벌을 집행하는 모습을 나타내었습니다.

죄인에게 주는 벌

형 벌

무거운 刑罰을 내릴 때는 세 번의 재판을 거치도록 했다.

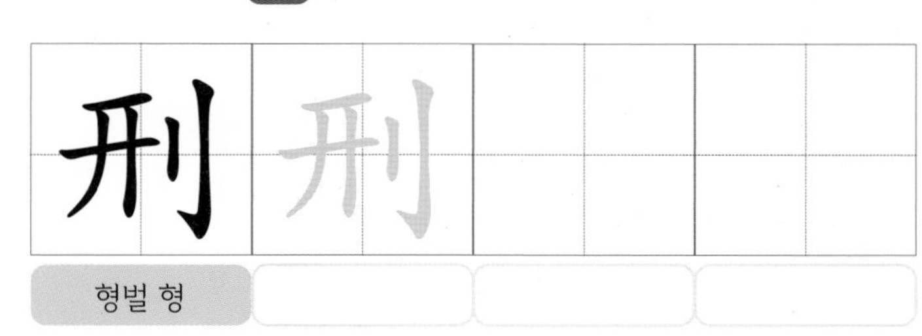

型

거푸집, 틀 형 2급

刑형벌 형 아래에 土흙 토를 쓰면 型거푸집, 틀 형이 됩니다. 옛날에는 흙으로 거푸집을 만들고 그곳에 쇳물을 부어서 칼 등을 만들었는데 그것을 표현한 글자입니다. 거푸집의 모양 그대로 물건이 만들어지므로 '본보기'라는 뜻도 가집니다.

模型 뜻 실물을 본떠서 만든 물건

모 형 예 지층이 만들어지는 과정을 지층 模型 만들기 실험으로 설명했다.

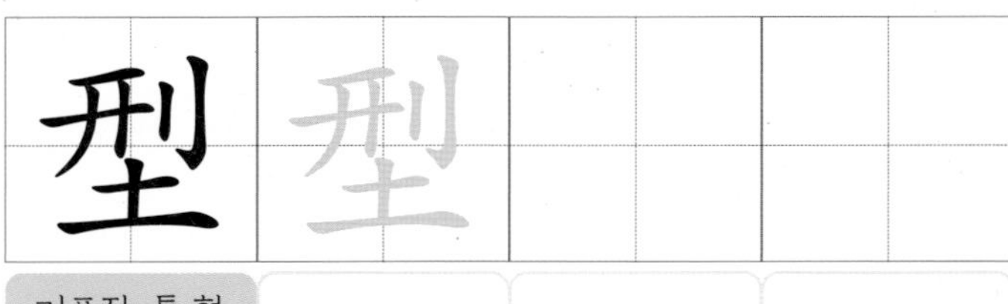

문제 풀기

1 네모칸에 알맞은 글자를 넣어 보아요.

2 한자의 음과 뜻을 알맞게 이어 보아요.

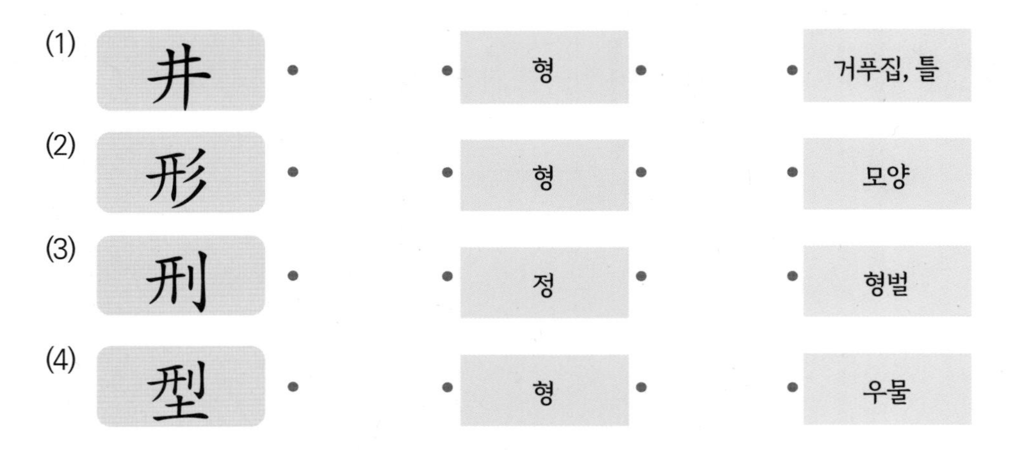

3 빈칸에 알맞은 한자를 써 보아요.

(1) 여행과 독서를 많이 하면 정중지와(□ 中之蛙)를 벗어날 수 있다.

(2) 뛰다 · 날다 등을 동사, 하얗다 · 밝다 등을 형용사(□ 容詞)라고 한다.

(3) 무거운 형벌(□ 罰)을 내릴 때는 신분과 관계없이 세 번의 재판을 거치도록 했다.

(4) 지층이 만들어지는 과정을 지층 모형(模 □) 만들기 실험으로 설명했다.

*정답 : 244쪽

4 내용을 소리 내어 읽고 한자를 한글로 써 보세요.

한대 기후 지역의 주민들은 이끼나 풀이 자라는 땅에서 순록을 기르는 유목 생활을 하기도 한다. 또 이 지역은 油井을 통하여 석유와 천연가스를 개발하기도 한다.

*사회 6

....

5 열쇠의 뜻 풀이를 이용하여 가로 세로 단어 퍼즐을 완성해 보세요.

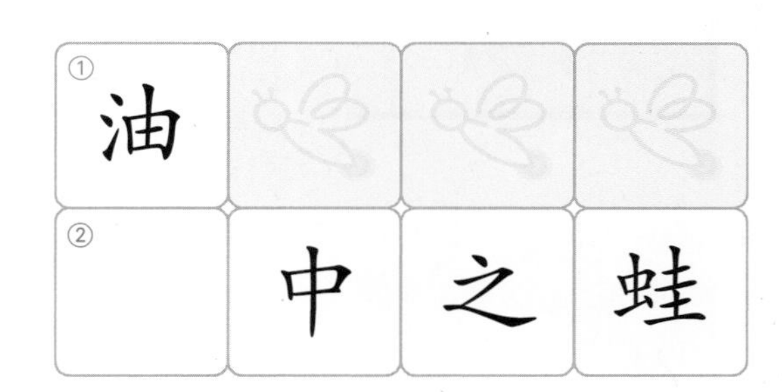

[세로열쇠 ①] 석유가 나오는 우물

[가로열쇠 ②] 우물 안 개구리, 시야가 좁은 사람

6 QR코드를 찍어 영상을 본 후, 문제를 풀어 보아요.

(1) 음: .... 뜻: ....

관련단어: ....

만화로 배우는

한자성어

문전성시
(門前成市)

문 앞이 시장이 됨, 앞에 많은 사람들이 모임.
[문 門, 앞 前, 이룰 成]

동영상으로 익히는

블록한자

* 아래 QR을 찍으면 동영상이 나옵니다. 동영상을 따라서 한눈에 정리해보아요.

市

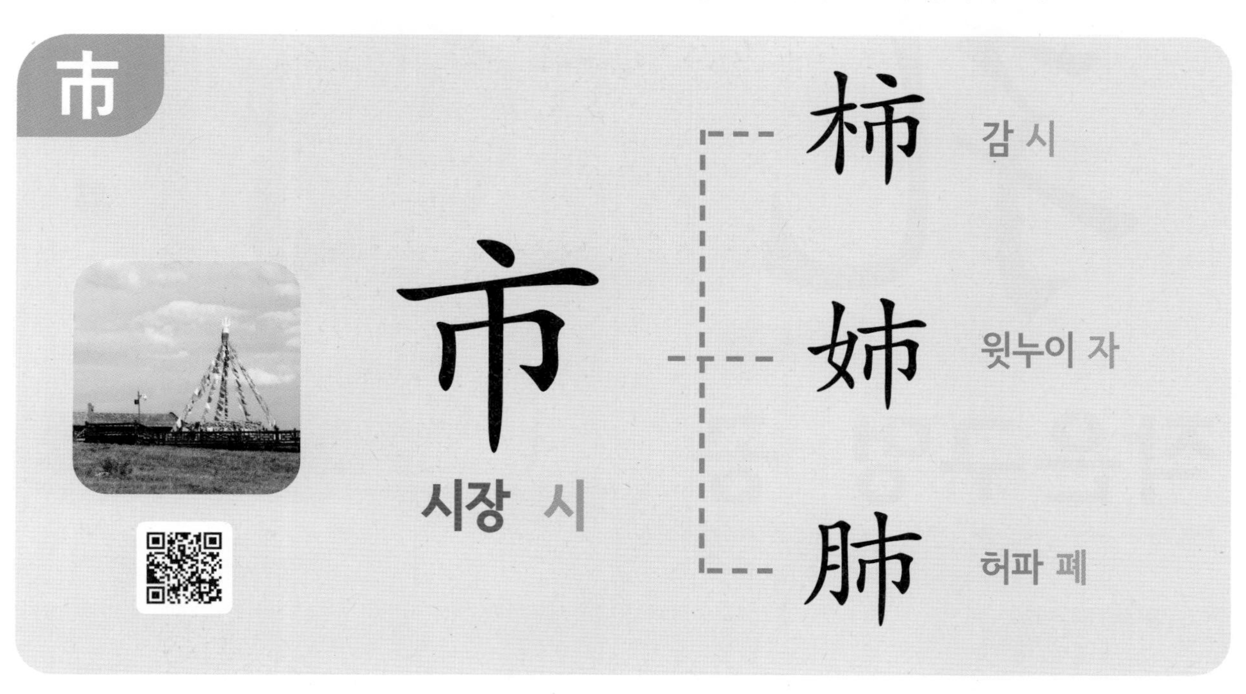

市 시장 시

- 柿 감 시
- 姊 윗누이 자
- 肺 허파 폐

井

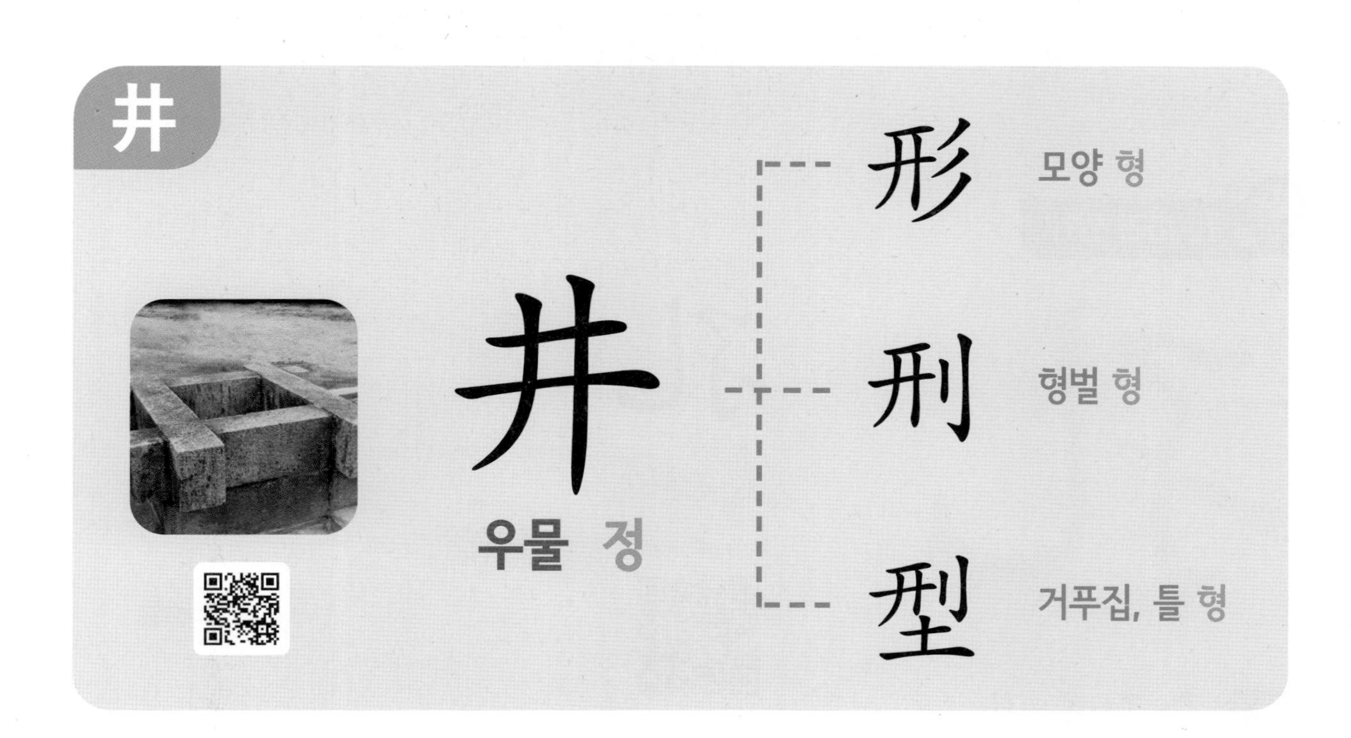

井 우물 정

- 形 모양 형
- 刑 형벌 형
- 型 거푸집, 틀 형

핵심 한자

월 일

4급

작은구멍 공

孔 알아 보기

옛 한자

孔작은 구멍 공은 엄마의 둥근 젖을 먹는 아이의 모습을 본뜬 글자입니다. 옛 한자를 보면 머리가 큰 아이가 엄마의 가슴에 얼굴을 대고 있는 모습이 보입니다. '둥글다, 작은 구멍'의 뜻을 지닙니다.

孔 따라 쓰기

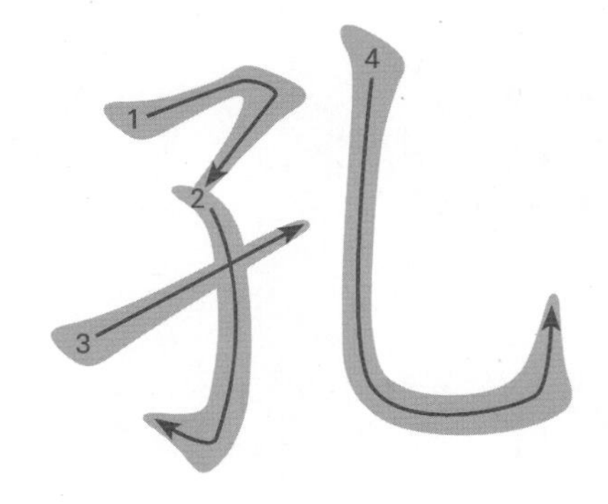

4획 ㇖ 了 子 孔

孔	孔	孔	孔
작은구멍 공			

찍으면 획순 영상이 나옵니다.

교과서 핵심 단어

39블록 孔

교과서에 나온 내용을 소리 내어 읽어 보아요.

사회 5

孔子
작은구멍 공 아들 자
공자

뜻 유교의 창시자 이름

유교는 孔子의 가르침을 따르며 나라에 충성하고 부모에게 효도하는 것을 중요시하는 학문이었다. 조선은 유교 정치 이념을 내세우며 세운 나라로서 백성을 나라의 근본으로 삼았다.

과학 6

氣孔
공기 기 작은구멍 공
기공

뜻 공기 구멍

잎의 표면에는 우리 눈에 보이지 않는 작은 구멍인 氣孔이 있습니다. 잎에 도달한 물이 氣孔을 통해 식물 밖으로 빠져 나가는 것을 증산 작용이라고 합니다.

핵심한자 완성하기!

*정답 : 244쪽

(1) 유교는 공자(☐子)의 가르침을 따르며 나라에 충성하고 부모에게 효도한다.

(2) 잎의 표면에는 우리 눈에 보이지 않는 작은 구멍인 기공(氣☐)이 있습니다.

블록 한자

孔
작은구멍 공

爫

젖 유

牛乳 우유

乚

믿음직할 부

온당할 타

妥協 타협

氵

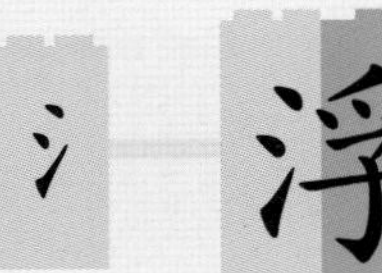

뜰 부

浮力 부력

*爪 손톱 조, 牛 소 우, 力 힘 력, 協 힘합할 협

乳

젖 유 

4급

孔작은 구멍 공은 어린아이가 빠는 엄마의 젖에서 생겨난 글자인데, 비슷한 모양의 글자에 乳젖 유가 있습니다. 孔에 爪손톱 조를 덧붙여 아이를 손으로 받쳐 든 엄마의 모습을 구체적으로 그려내었습니다. 母乳모유, 牛乳우유 등의 단어에 들어갑니다.

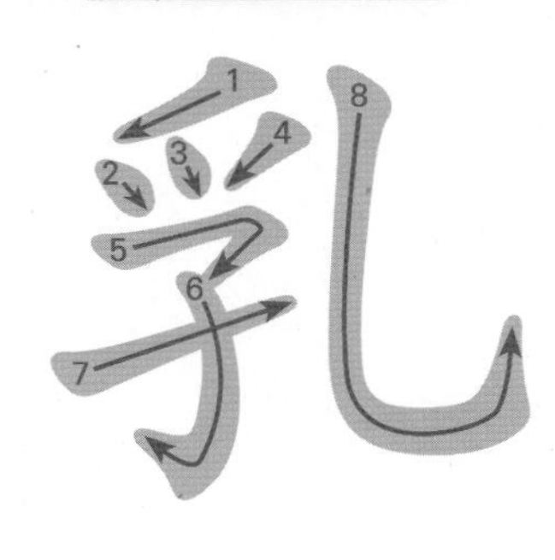

牛乳  뜻 소의 젖

우 유  예 젖이 부족해서 아기에게 물을 탄 牛乳를 먹였다.

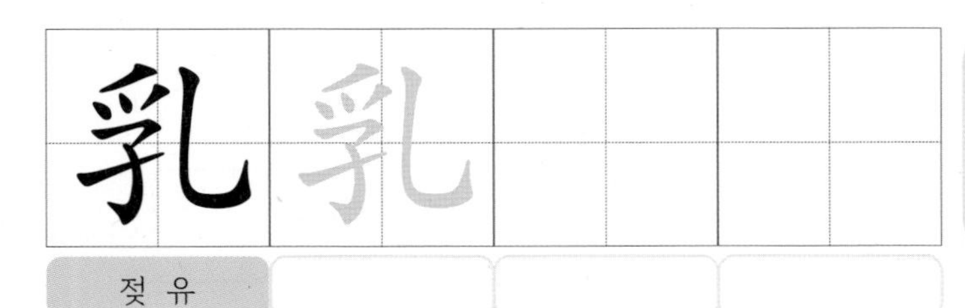

浮

뜰 부 3급

사내아이[子아들 자]를 손[爪손톱 조]으로 붙잡고 있는 장면을 그린 孚믿음직할 부도 있습니다. 이 글자에 氵물 수를 붙이면 浮뜰 부가 됩니다. 물 위에 둥둥 떠있는 모습을 나타냅니다. 孚는 단어가 없으므로 여기서는 많이 쓰이는 浮만 배웁니다.

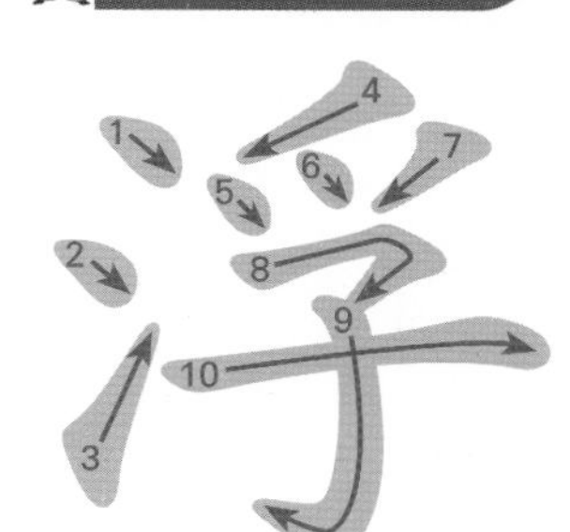

浮力 뜻 떠오르는 힘

부 력 예 浮力은 물속에 가라앉은 물체를 수면 위로 띄우는 작용을 한다.

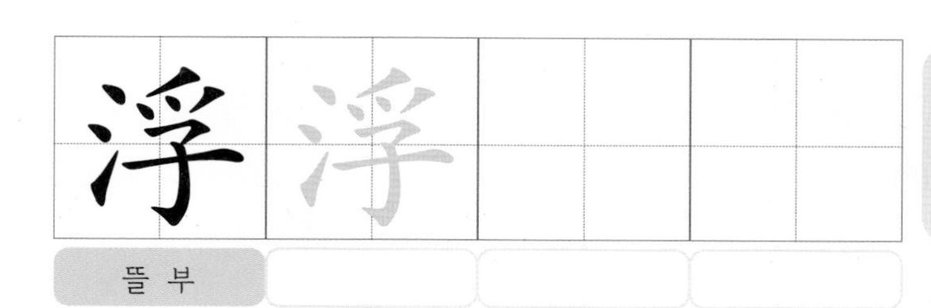

온당할 타 3급

子아들 자 대신에 女여자 녀를 넣은 글자도 있습니다. 妥온당할 타는 손으로 잡은 여자 아이의 모습을 본떠 '알맞다, 온당하다'는 뜻을 나타냅니다. 妥當타당, 妥協타협 등의 단어에 들어갑니다.

妥協 뜻 알맞도록 협의함

타 협 예 아무리 어려운 상황이 닥쳐도 우리는 불의와 妥協하지 않으리라.

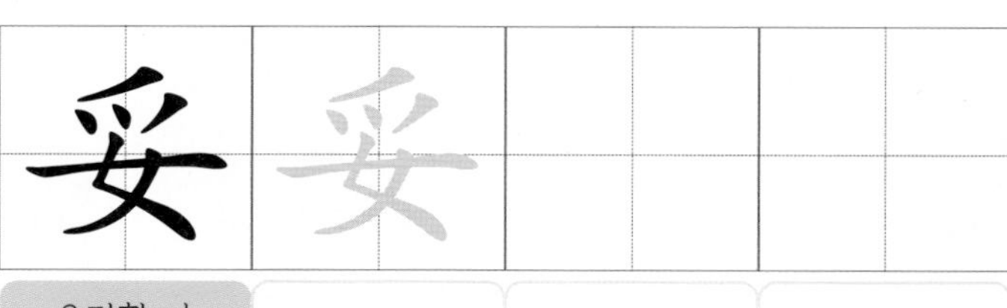

문제 풀기

1 네모칸에 알맞은 글자를 넣어 보아요.

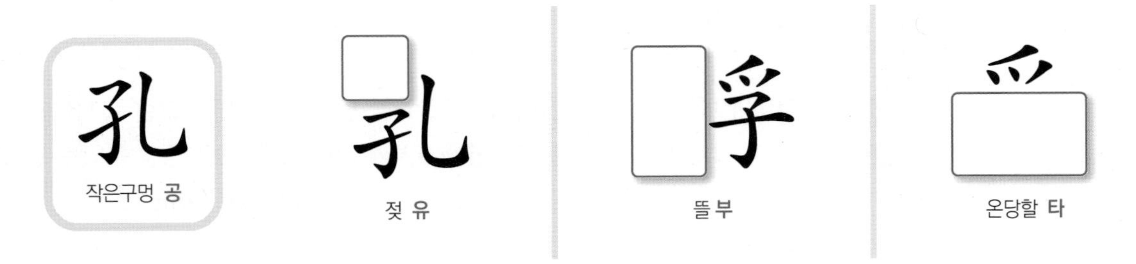

2 한자의 음과 뜻을 알맞게 이어 보아요.

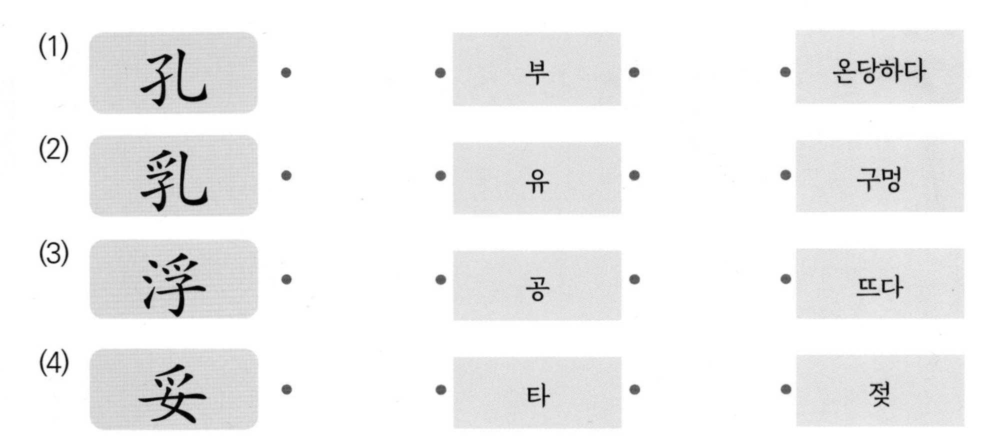

3 빈칸에 알맞은 한자를 써 보아요.

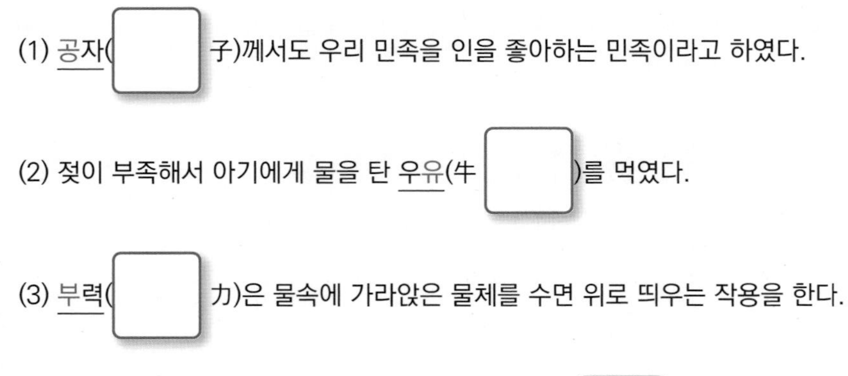

4 내용을 소리 내어 읽고 한자를 한글로 써 보세요.

우리 지역에는 사람들이 편히 쉴 수 있는 공원이 없습니다.

이제 어느 정도 妥協점을 찾은 것 같습니다. 쓰레기 매립장을 건설하고 편히 쉴 수 있는 공원을 함께 만들어드리겠습니다. 동의하십니까?

*사회 6

....

5 열쇠의 뜻 풀이를 이용하여 가로 세로 단어 퍼즐을 완성해 보세요.

[가로열쇠 ①] 공기 구멍

[세로열쇠 ②] 유교의 창시자 이름

6 QR코드를 찍어 영상을 본 후, 문제를 풀어 보아요.

(1) 음: .... 뜻: ....

관련단어: ....

핵심 한자

월 일

7급

모 방

方 알아 보기

옛 한자

方모 방은 쟁기의 모습을 본뜬 글자입니다. 지금은 뜻이 많이 변하여 '모서리, 방향, 방법'의 뜻으로 흔히 쓰입니다.

方 따라 쓰기

4획

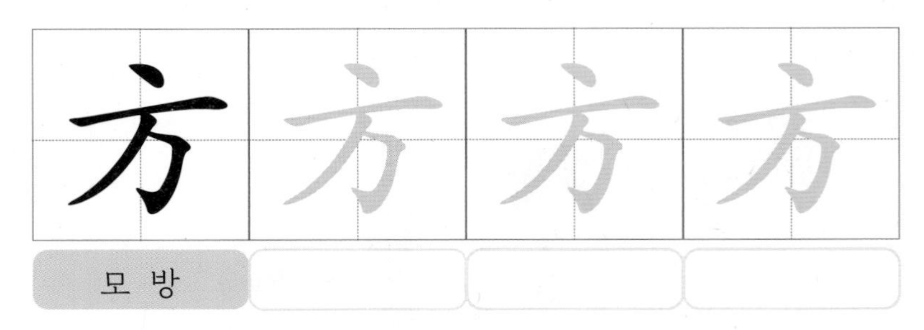

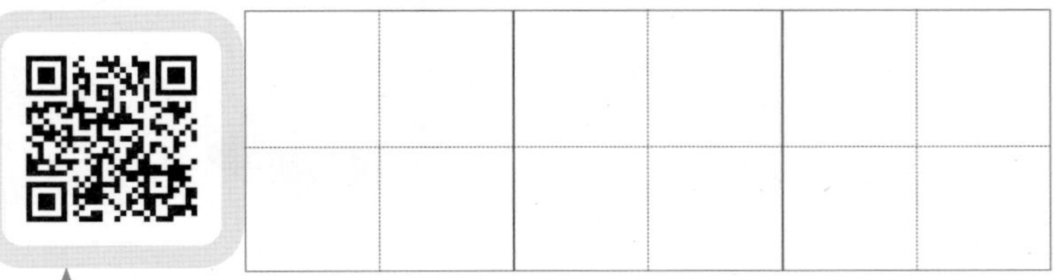

찍으면 획순 영상이 나옵니다.

교과서 핵심 단어

40블록
方

교과서에 나온 내용을 소리 내어 읽어 보아요.

과학 3

方向
모 방 향할 향
방향

뜻 모서리의 향함, 향한 쪽

일반적으로 스피커 소리는 서향으로 퍼집니다. 하지만 과학 기술의 발달로 한 方向으로만 소리를 전달할 수 있는 특수 스피커가 개발되었습니다.

사회 4

方位
모 방 위치 위
방위

뜻 모서리의 위치, 방향의 위치

방향의 위치를 方位라고 합니다. 方位에는 동서남북이 있고 方位표로 나타냅니다. 方位표를 이용하면 사람이나 건물이 향한 방향에 관계없이 위치를 나타낼 수 있습니다.

핵심한자 완성하기!

*정답 : 244쪽

(1) 한 방향(向)으로만 소리를 전달할 수 있는 특수 스피커가 개발되었습니다.

(2) 방향의 위치를 방위(位)라고 합니다.

블록 한자

方 모 방

- 攵 → 放 놓을 방 — 放火 방화
- 阝 → 防 둑, 막을 방 — 防火 방화
- 言 → 訪 방문할 방 — 訪問 방문

＊攵 칠 복, 阝 언덕 부, 言 말씀 언, 問 물을 문

放 놓을 방 6급

方모 방에 攵칠 복을 붙이면 放놓을 방이 됩니다. 손동작을 뜻하는 攵의 의미와 연관되어 '놓다, 보내다'라는 뜻을 지니게 되었습니다. 放學방학 좋아하시죠? 방학은 '공부를 놓다'라는 뜻이니까 좋아할 만합니다.

放火 뜻 불을 놓음

방 화 예 지난밤, 숭례문에 放火로 추정되는 불이 났다.

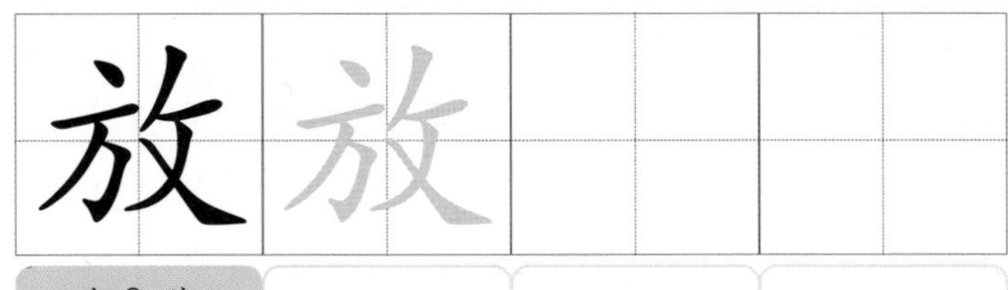

防

둑, 막을 방 4급

方모 방의 왼쪽에 언덕을 뜻하는 阝언덕 부를 쓰면 防둑, 막을 방이 됩니다. 언덕[阝]을 붙여 막는다는 뜻을 나타내었습니다.

防火  불을 막음

방 화  나는 건물의 防火 책임을 맡고 있어 소화기의 위치를 점검한다.

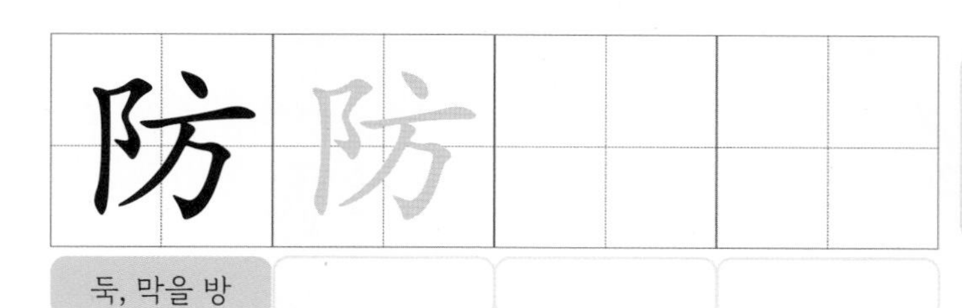

둑, 막을 방

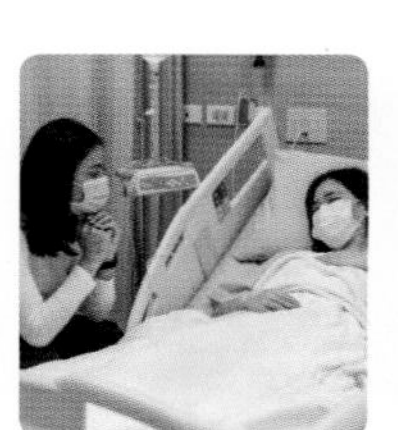

訪

방문할 방 

方모 방의 왼쪽에 言말씀 언을 붙여도 글자가 됩니다. 訪방문할 방은 '누군가를 찾아가 말하다'라는 뜻입니다.

訪問  찾아가 안부를 물음

방 문  제자의 訪問을 받은 선생님은 무척 기뻐하셨다.

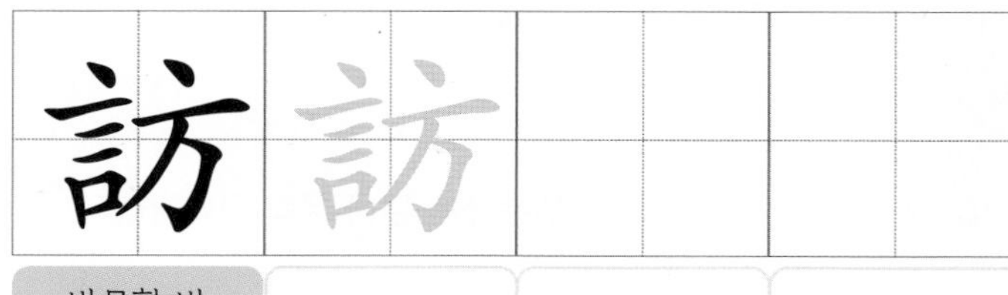

방문할 방

문제 풀기

1 네모칸에 알맞은 글자를 넣어 보아요.

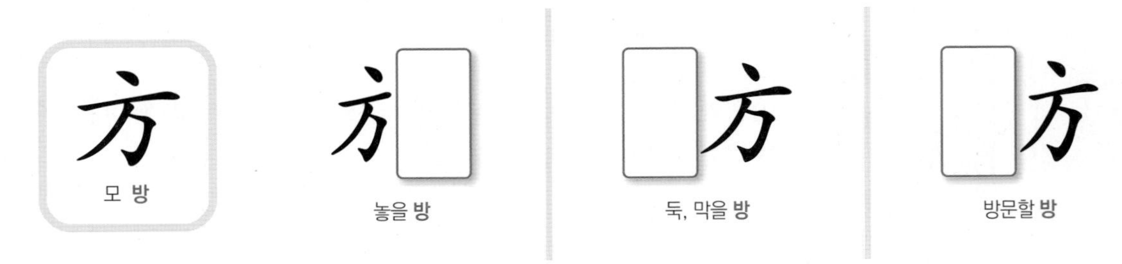

2 한자의 음과 뜻을 알맞게 이어 보아요.

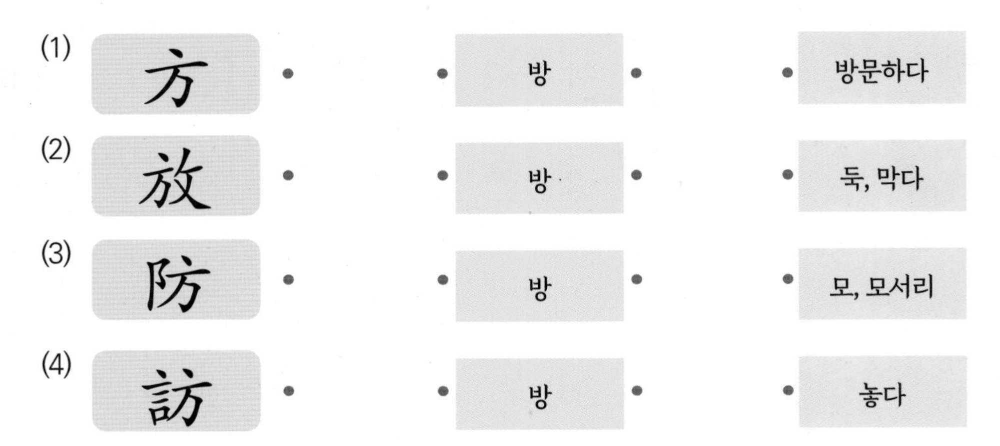

3 빈칸에 알맞은 한자를 써 보아요.

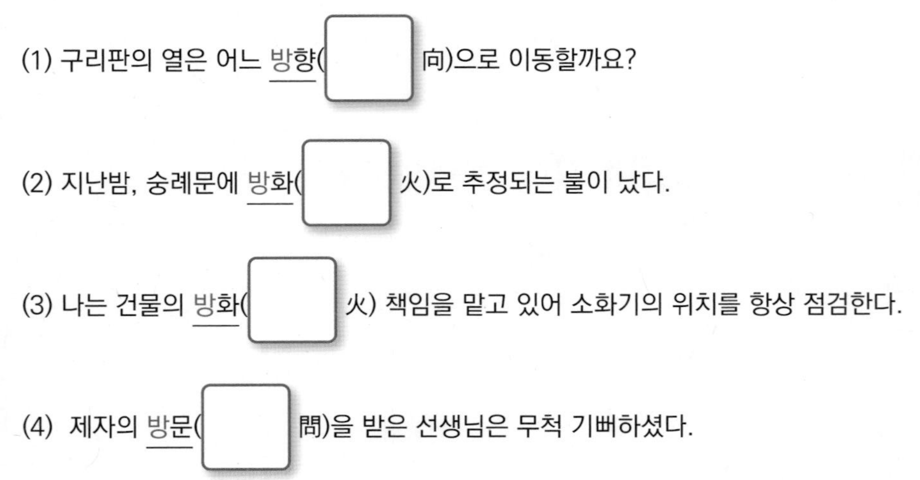

*정답 : 244쪽

4 내용을 소리 내어 읽고 한자를 한글로 써 보세요.

옛날 사람들은 낮에는 태양을 보고, 밤에는 별을 보고 方位를 알 수 있었다고 합니다. 별을 보고 어떻게 方位를 알 수 있었을까요?

*과학 5

5 열쇠의 뜻 풀이를 이용하여 가로 세로 단어 퍼즐을 완성해 보세요.

[가로열쇠 ①] 모서리의 위치, 방향의 위치

[세로열쇠 ①] 모서리의 향함, 향한 쪽

6 QR코드를 찍어 영상을 본 후, 문제를 풀어 보아요.

(1) 음: ________ 뜻: ________

관련단어: ________

만화로 배우는

한자성어

천방지방
(天方地方)

하늘의 방향으로 땅의 방향으로, 이리저리.
[하늘 天, 땅 地]

동영상으로 익히는

블록한자

* 아래 QR을 찍으면 동영상이 나옵니다. 동영상을 따라서 한눈에 정리해보아요.

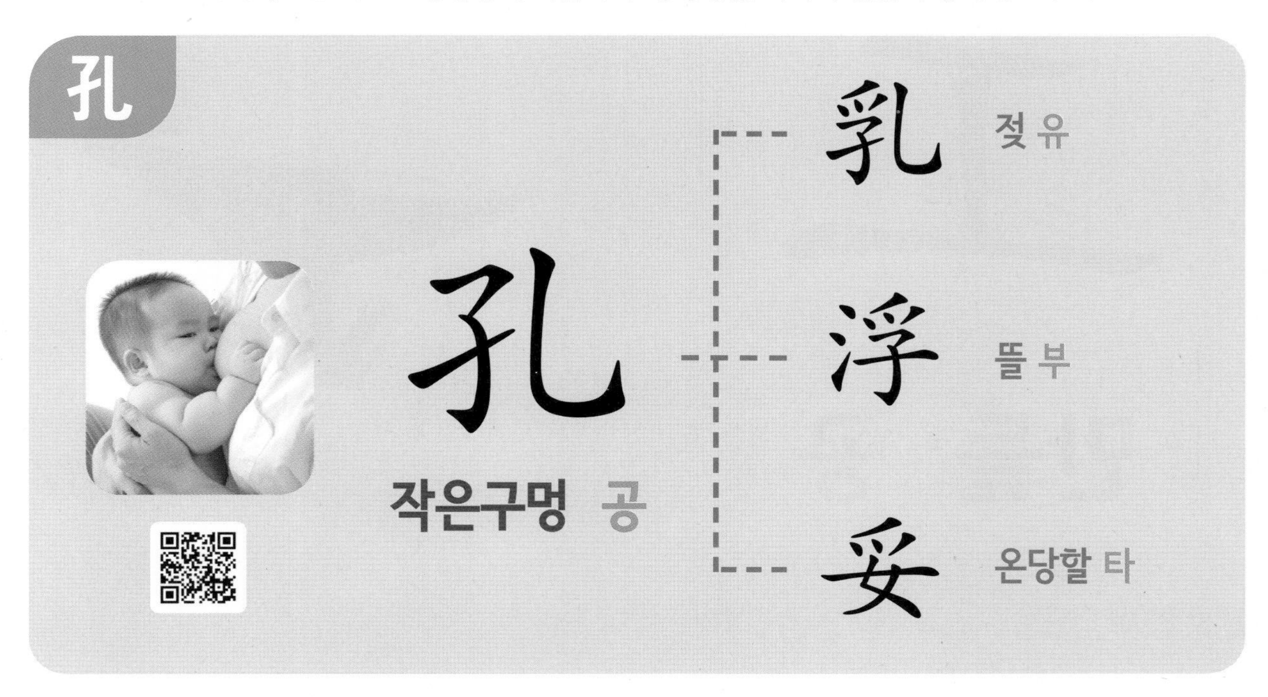

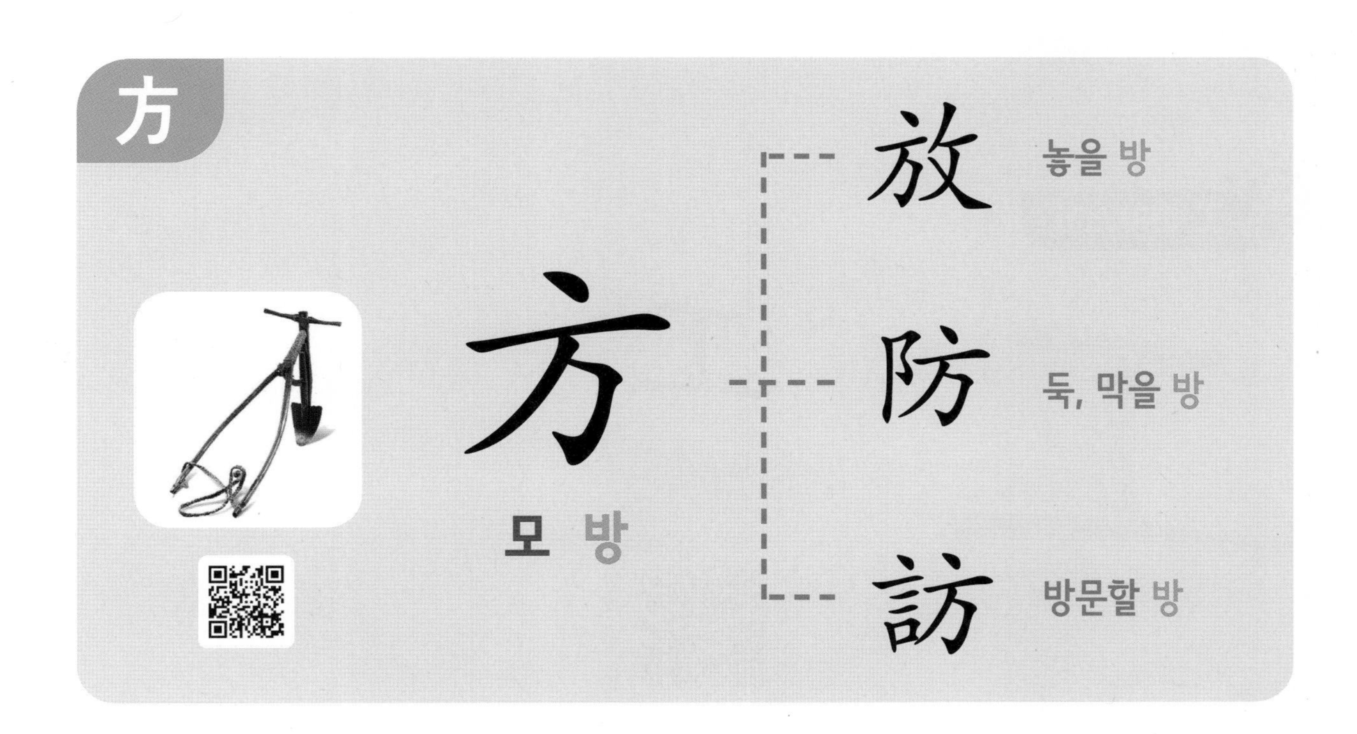

핵심 한자

월 일

7급

만들 공

工 알아 보기

옛 한자

工

工만들 공은 대장간 등에서 물건을 만드는 도구를 표현한 글자입니다. 위쪽의 一이 물건을 두고 망치로 두드리는 평평한 곳입니다. 工을 활용하여 무언가를 만들기에 '만들다'의 뜻을 지니게 되었습니다.

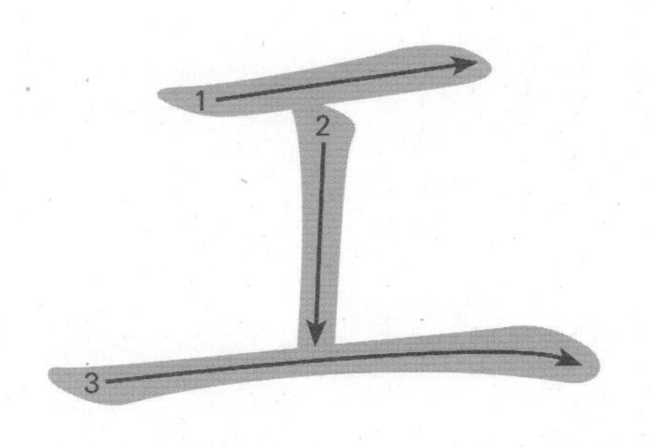

3획 一 丅 工

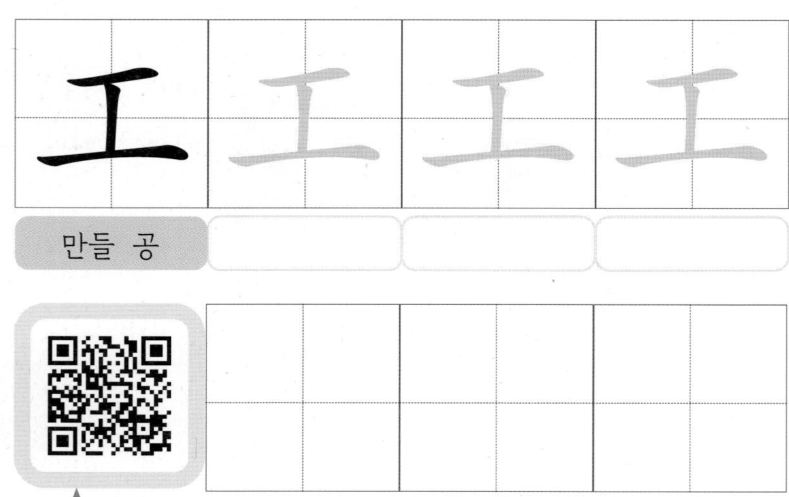

찍으면 획순 영상이 나옵니다.

교과서 핵심 단어

41블록
工

교과서에 나온 내용을 소리 내어 읽어 보아요.

사회 4

工場
만들 공 마당 장
공장

뜻 만드는 곳

많은 사람들이 회사나 工場에 다니거나 물건이나 음식을 파는 등 사람들이 편리하게 생활할 수 있도록 도와주는 일을 합니다.

과학 6

人工
사람 인 만들 공
인공

뜻 사람이 만듦

人工 관절이나 人工 심장 등 우리 몸의 기관을 대신하여 사용하도록 사람이 만든 기관을 人工기관이라고 합니다.

핵심한자 완성하기!

*정답 : 245쪽

(1) 도시에서는 많은 사람들이 회사나 공장(　　場)에 다니거나 물건 등을 팝니다.

(2) 우리 몸의 기관을 대신하도록 사람이 만든 기관을 인공(人　　)기관이라고 합니다.

블록 한자

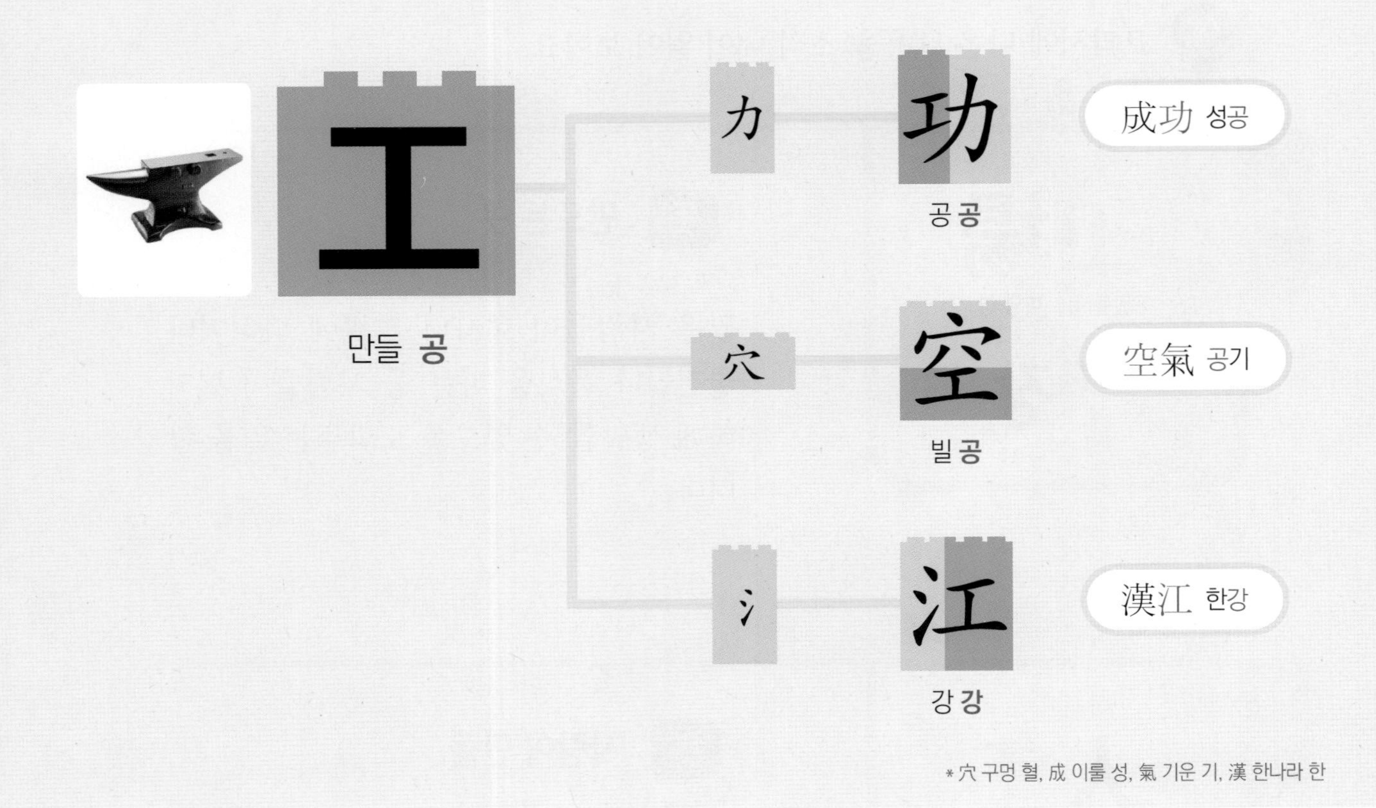

* 穴 구멍 혈, 成 이룰 성, 氣 기운 기, 漢 한나라 한

功

공 공 

功공 공은 工만들 공에 力힘 력을 붙여 힘을 써서 무엇인가를 만드는 데 들이는 힘, 성공한 모습을 나타냅니다.

成功 성 공

뜻 이룬 공

예 교역에 成功하면 둘 다 크게 한몫 챙겨 줄게.

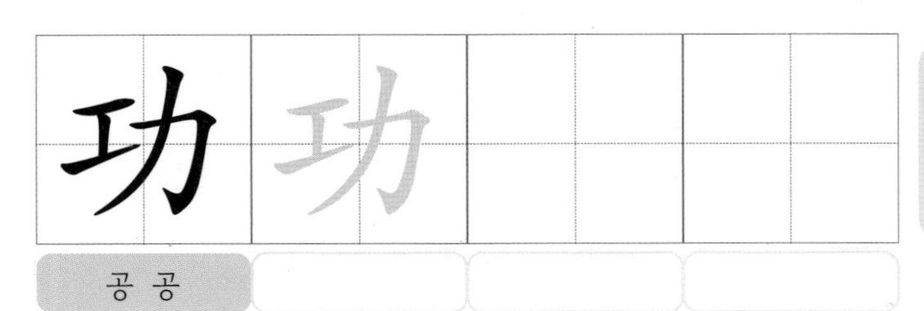

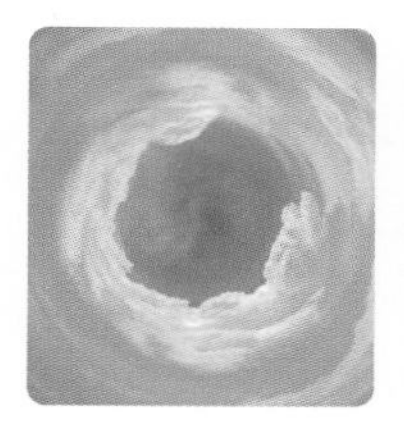

空

빌 공 

穴구멍 혈 아래에 工만들 공을 쓴 空빌 공은 텅 비어 있다는 뜻을 지닌 글자입니다. 穴은 동굴, 구멍이라는 뜻으로 텅 비어있음을 표현하고, 아래의 工은 그 발음을 나타냅니다.

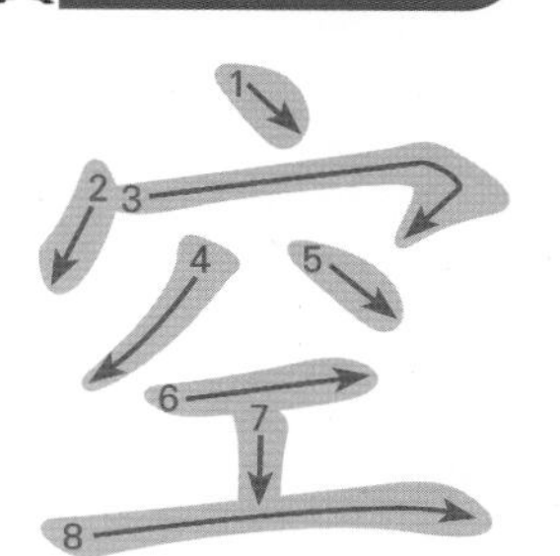

 텅빈 기체

공 기

 서재를 활짝 열어 신선한 空氣를 넣었다.

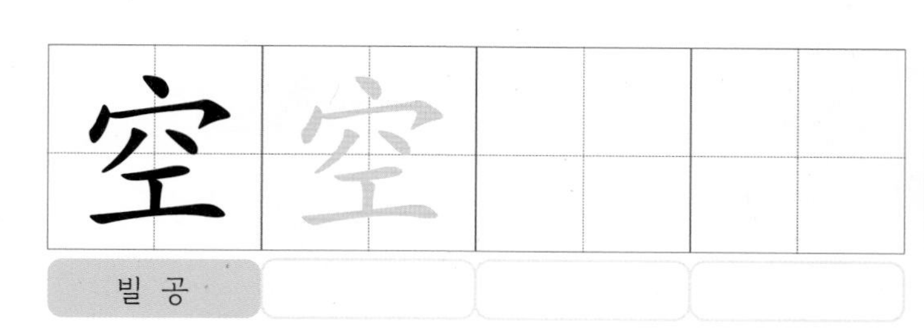

江

강 강 

工만들 공에 氵=水물 수를 붙이면 江강 강이 됩니다. 水는 의미를, 工은 발음 부분을 담당합니다.

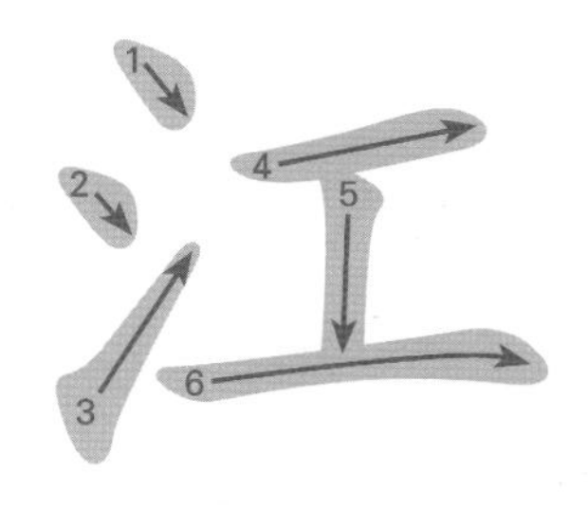

漢江 뜻 큰 강. '한'은 우리의 옛말로 크다는 뜻

한 강

예 서울 한가운데를 흐르는 漢江은 상징성을 갖고 있다.

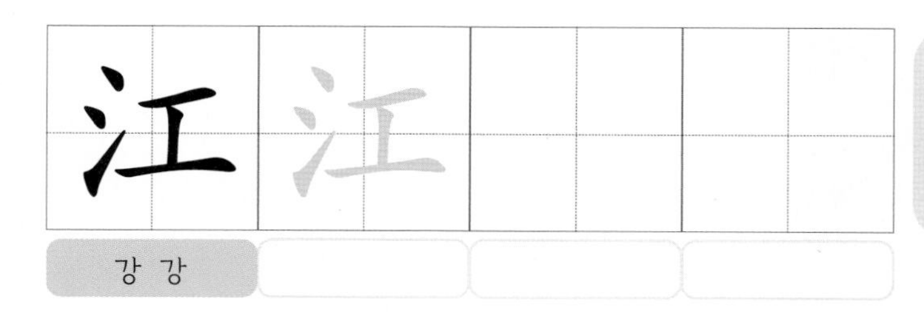

문제 풀기

1 네모칸에 알맞은 글자를 넣어 보아요.

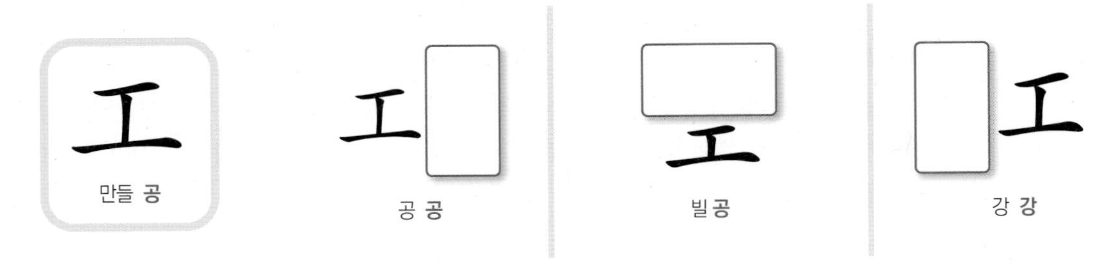

2 한자의 음과 뜻을 알맞게 이어 보아요.

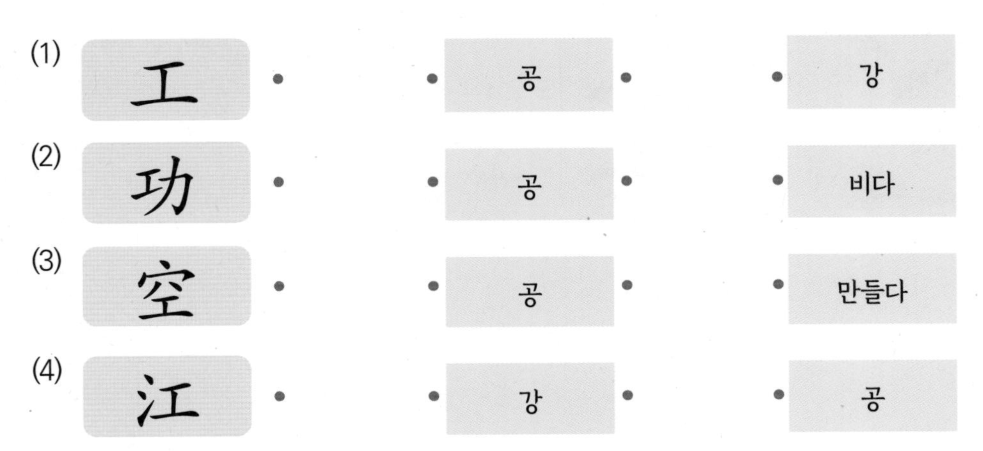

3 빈칸에 알맞은 한자를 써 보아요.

(1) 도시에서는 많은 사람들이 회사나 공장(　場)에 다니거나 물건 등을 팝니다.

(2) 교역에 성공(成　)하면 둘 다 크게 한몫 챙겨 줄게.

(3) 서재를 활짝 열어 신선한 공기(　氣)를 넣었다.

(4) 서울 한가운데를 흐르는 한강(漢　)은 독일의 라인강과 같은 상징성을 갖고 있다.

4 내용을 소리 내어 읽고 한자를 한글로 써 보세요.

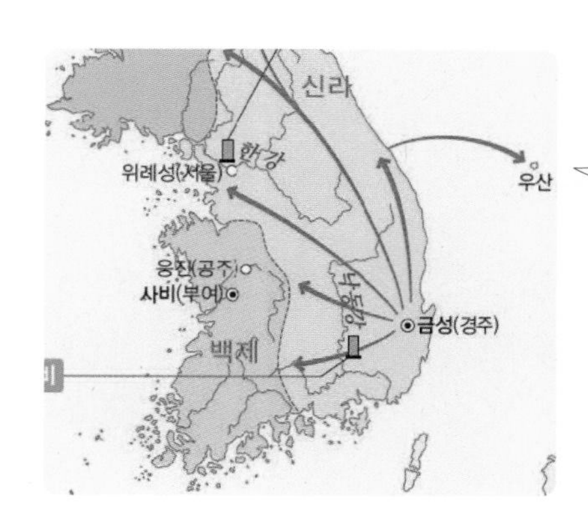

진흥왕은 백제 연합군과 함께 고구려가 차지했던 漢江 유역을 빼앗았다. 이후 漢江 유역을 놓고 신라와 백제가 전쟁을 벌였고, 그 결과 신라가 승리하여 漢江 유역을 차지했다.

*사회 5

5 열쇠의 뜻 풀이를 이용하여 가로 세로 단어 퍼즐을 완성해 보세요.

[가로열쇠 ①] 사람이 만듦

[세로열쇠 ②] 만드는 곳

6 QR코드를 찍어 영상을 본 후, 문제를 풀어 보아요.

(1) 음: ______ 뜻: ______

관련단어: ______

핵심 한자

월 일

5급

물건 품

品 알아 보기

옛 한자

品물건 품은 '물건'을 뜻합니다. 口는 물건 하나씩인데, 세 개 정도를 모아 놓고 물건의 뜻을 강조했습니다.

品 따라 쓰기

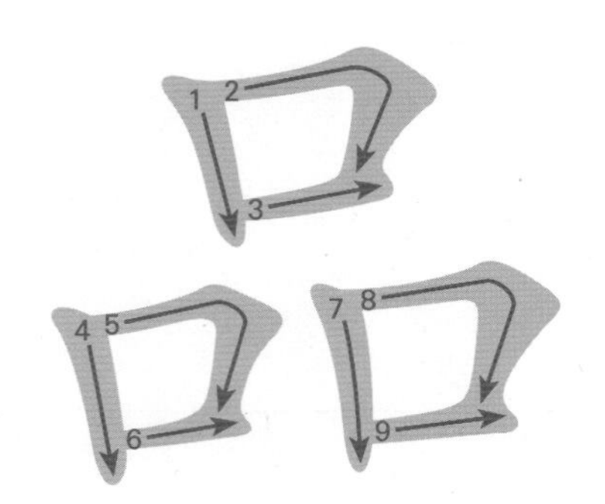

9획 丨 口 口 口丨 口口 口口 口口 品品 品

찍으면 획순 영상이 나옵니다.

교과서 핵심 단어

교과서에 나온 내용을 소리 내어 읽어 보아요.

국어 3

小品
작을 소 물건 품
소품

뜻 작은 물건

우리 모둠은 가장 먼저 小品 설계관으로 출발했다. 小品 설계관은 小品을 설계하고 직접 만들 수 있는 곳이다.

사회 4

商品
장사 상 물건 품
상품

뜻 파는 물건

재준이는 商品들이 어디에서 왔는지 알아보려고 대형 할인점에 갔습니다. 그곳에는 商品이 어디에서 왔는지 다양한 방식으로 표기되어 있었습니다.

핵심한자 완성하기!

*정답 : 245쪽

(1) 소품 설계관은 소품(小 ☐)을 설계하고 직접 만들 수 있는 곳이다.

(2) 재준이는 상품(商 ☐)들이 어디에서 왔는지 알아보려고 대형 할인점에 갔습니다.

블록 한자

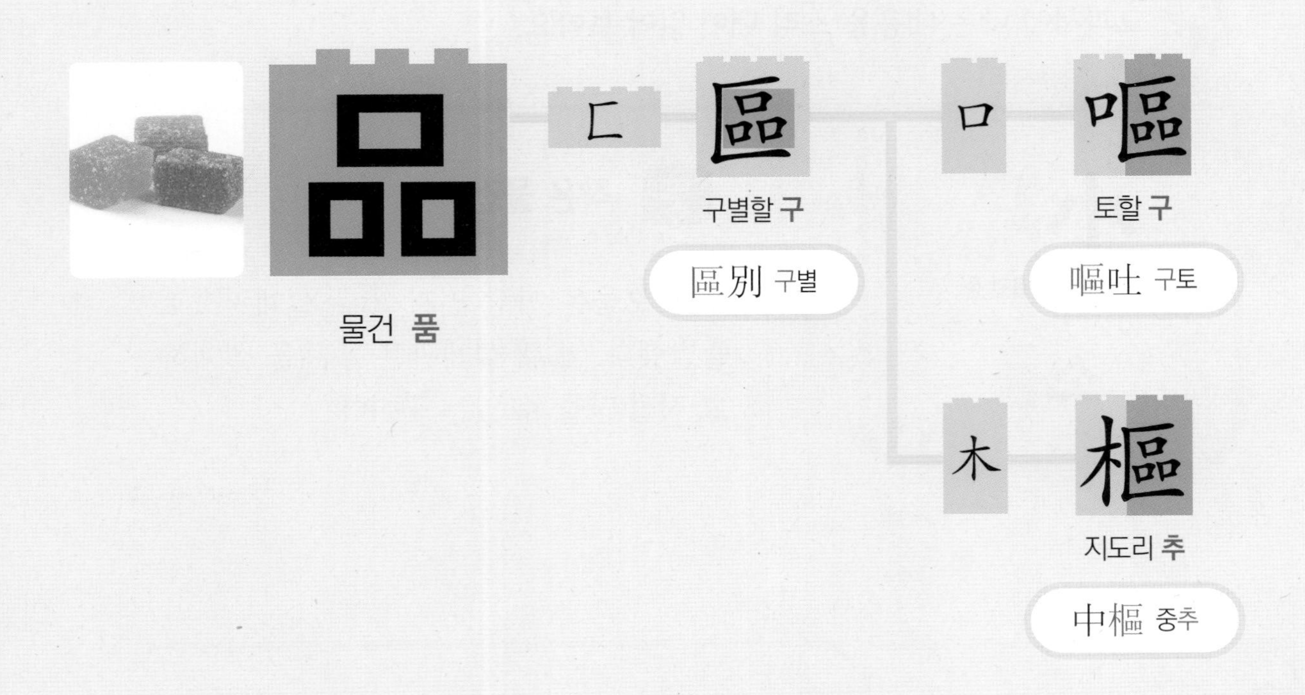

* 匚 상자 방, 別 나눌 별, 吐 토할 토, 中 가운데 중

구별할 구 

品물건 품을 匚상자 방에 차곡차곡 담으면 區구별할 구가 됩니다. 상자에 물건을 구별하여 담는다는 뜻을 담고 있습니다.

區別 뜻 구분하여 나눔

구 별 예 그들은 남자 여자 區別 없이 동등하게 기회를 줬다.

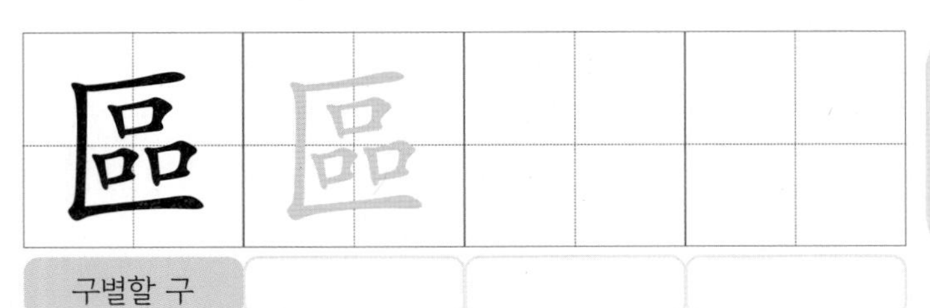

嘔 토할 구 1급

區구별할 구에 口입 구를 붙이면 입과 관계된 의미인 嘔토할 구가 됩니다. 口는 토를 하는 신체부위를, 區는 발음을 나타냅니다. 嘔吐구토라는 단어에 쓰입니다.

嘔吐 구 토

 게워 냄

 배탈이 난 나는 嘔吐 때문에 한동안 아무것도 못 먹었다.

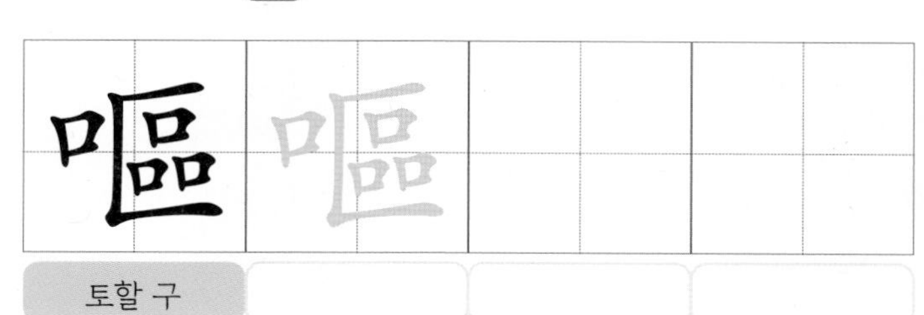

樞 지도리 추 1급

區구별할 구에 木나무 목을 붙이면 발음이 달라지면서 樞지도리 추가 됩니다. '지도리'란 문을 벽에 달 때 쓰이는, 회전이 가능하게 하는 이음새를 뜻하는 말인데, 이 기능이 중요하기 때문에 中樞중추라는 말이 나옵니다.

中樞 중 추

 가운데 지도리, 중심이 되는 중요한 부분

 양쪽 귀 바로 위쪽 부위에는 언어 中樞가 있습니다.

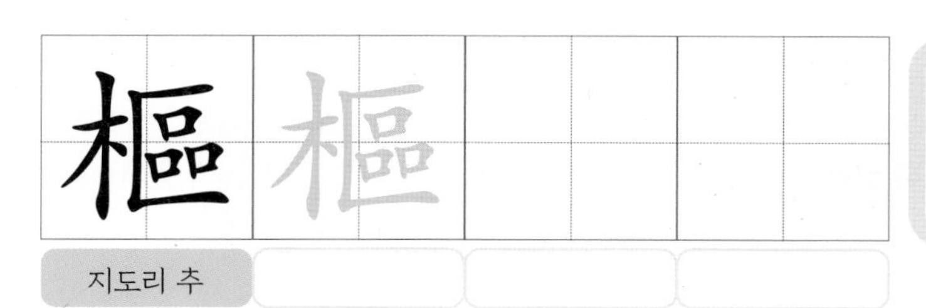

문제 풀기

1 네모칸에 알맞은 글자를 넣어 보아요.

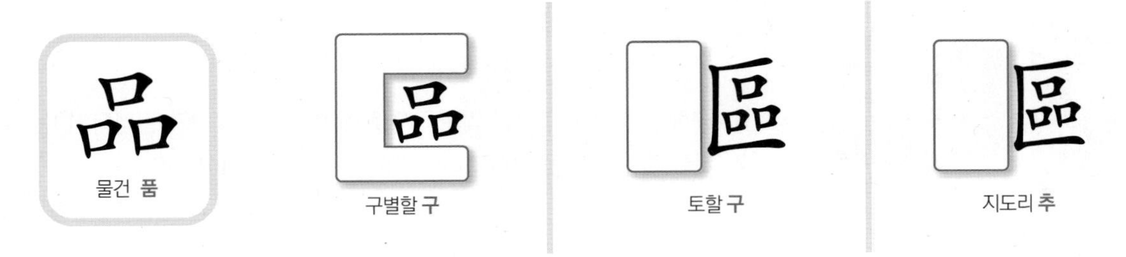

2 한자의 음과 뜻을 알맞게 이어 보아요.

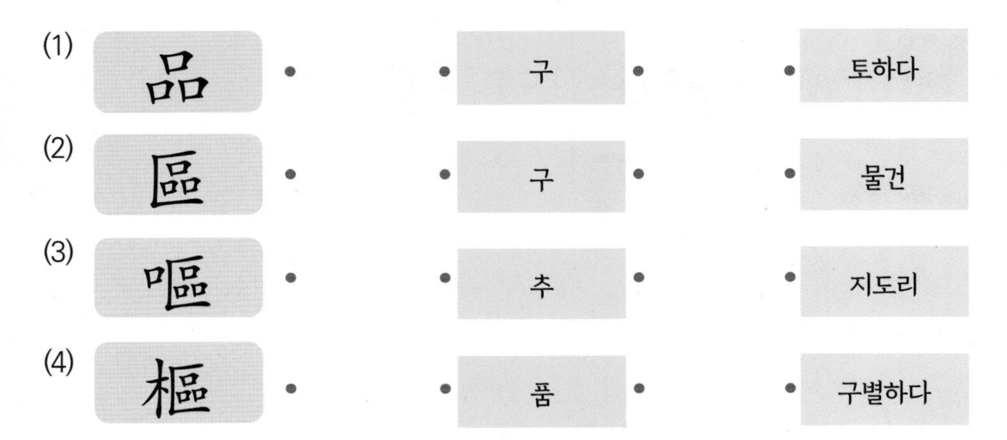

3 빈칸에 알맞은 한자를 써 보아요.

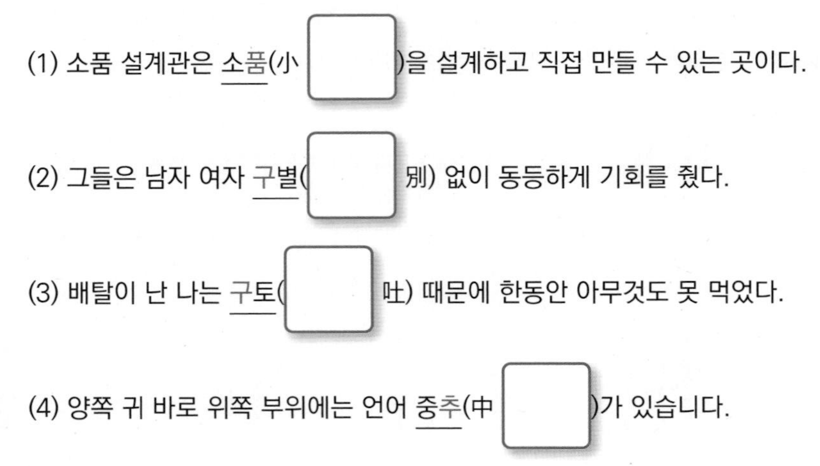

(1) 소품 설계관은 소품(小 ☐)을 설계하고 직접 만들 수 있는 곳이다.

(2) 그들은 남자 여자 구별(☐ 別) 없이 동등하게 기회를 줬다.

(3) 배탈이 난 나는 구토(☐ 吐) 때문에 한동안 아무것도 못 먹었다.

(4) 양쪽 귀 바로 위쪽 부위에는 언어 중추(中 ☐)가 있습니다.

*정답 : 245쪽

4 내용을 소리 내어 읽고 한자를 한글로 써 보세요.

양쪽 귀 바로 위쪽 부위에는 언어 中樞가 있는 뇌측두엽이 존재하는데 측두엽과 가까운 귀에 이어폰을 꽂으면 언어중추가 음악 소리에 자극을 받기 때문에 학습내용이 기억에 잘 남지 않습니다.

*국어 5

5 열쇠의 뜻 풀이를 이용하여 가로 세로 단어 퍼즐을 완성해 보세요.

[가로열쇠 ①] 작은 물건

[세로열쇠 ②] 파는 물건

6 QR코드를 찍어 영상을 본 후, 문제를 풀어 보아요.

(1) 음: ______ 뜻: ______

관련단어: ______

만화로 배우는

한자성어

천하일품 (天下一品)

천하에 하나 있는 물건, 천하에서 제일 가는 물건.

동영상으로 익히는

블록한자

* 아래 QR을 찍으면 동영상이 나옵니다. 동영상을 따라서 한눈에 정리해보아요.

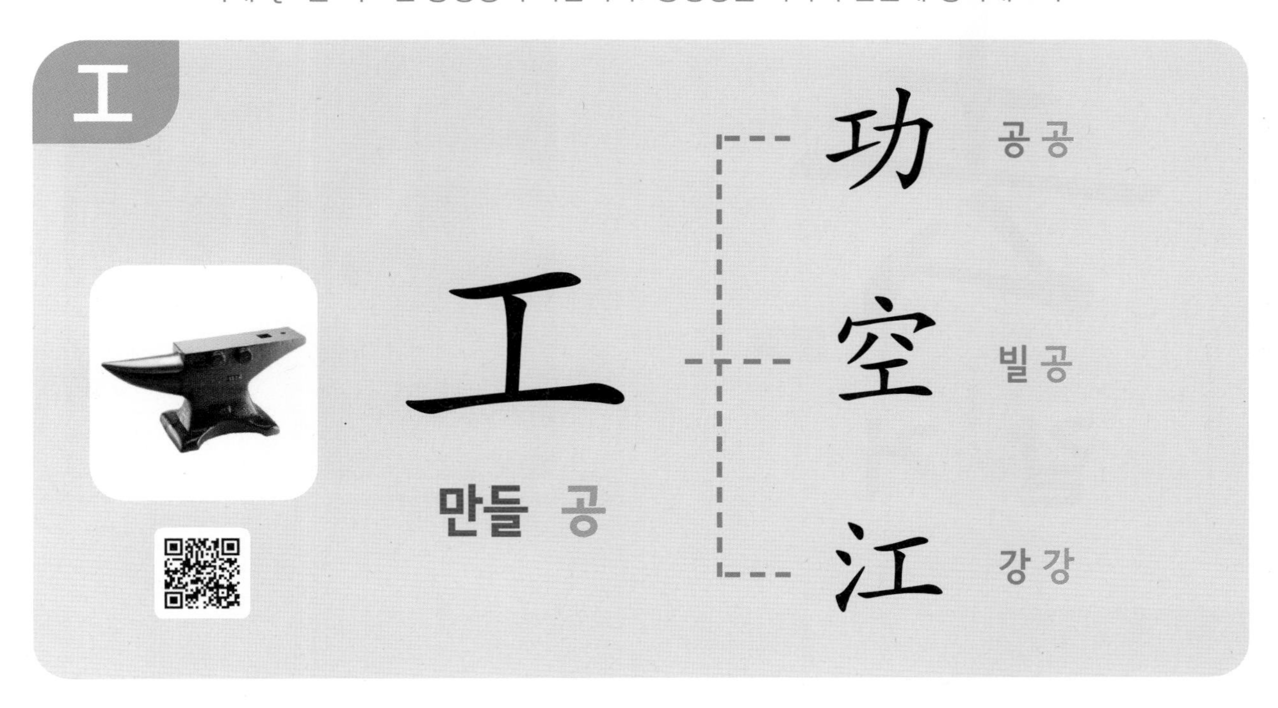

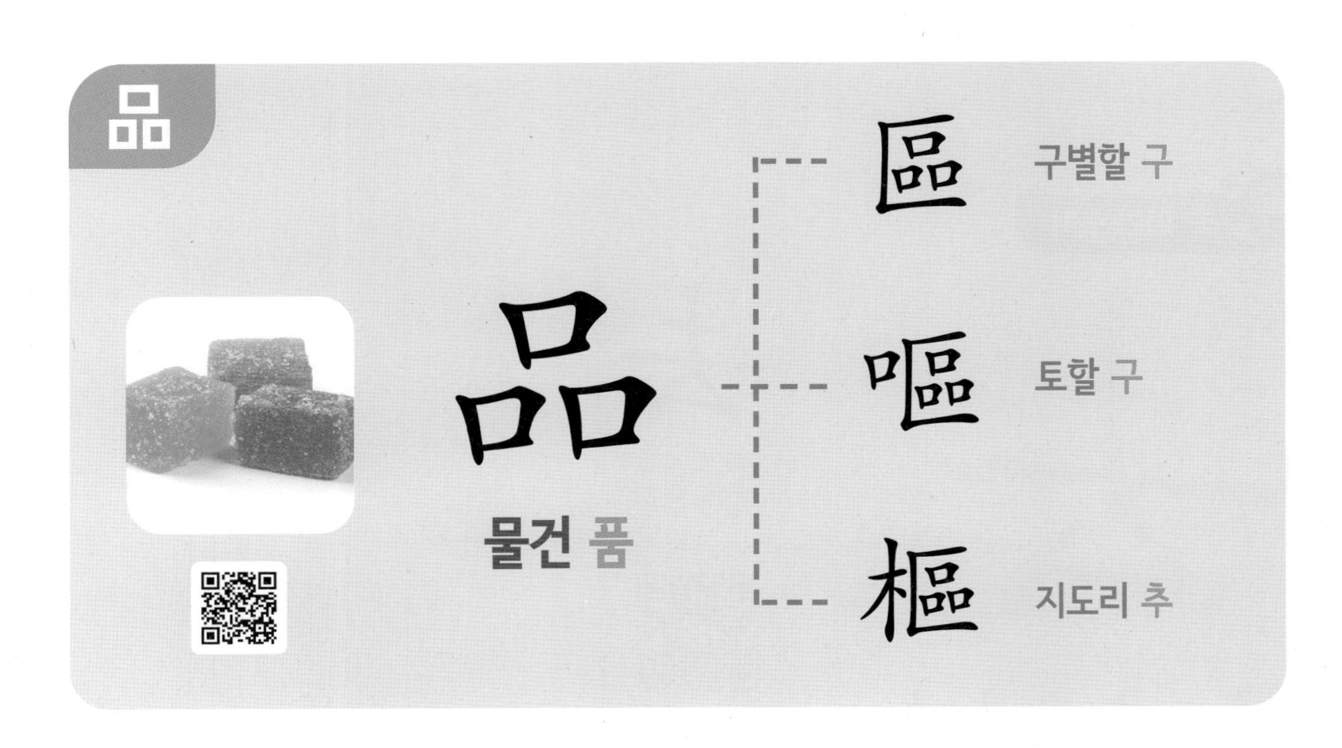

핵심 한자

월 일

5급

갈 거

去 알아 보기

옛 한자

去갈 거는 되돌아서는 발의 뒷모습을 본뜬 글자입니다. 土는 사람 모습의 변형, 세모 모양의 厶는 뒤꿈치를 간략하게 표현한 것입니다.

去 따라 쓰기

5획 一 十 土 去 去

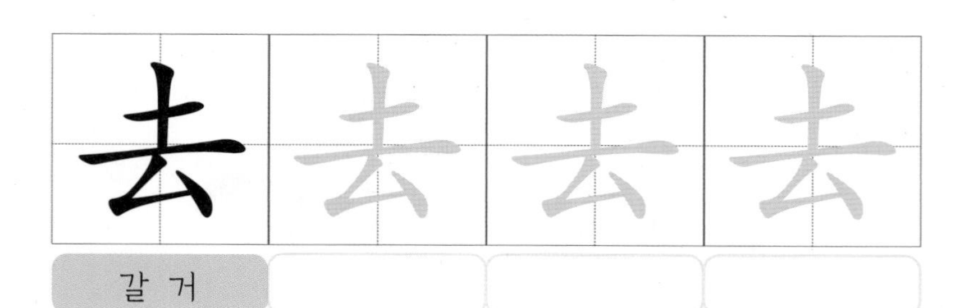

갈 거

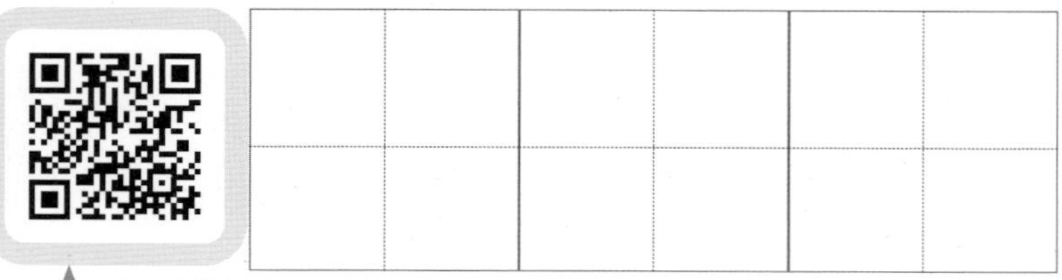

찍으면 획순 영상이 나옵니다.

교과서 핵심 단어

43블록
去

교과서에 나온 내용을 소리 내어 읽어 보아요.

국어 4

去來
갈 거 올 래
거래

뜻 가고 옴, 물건을 사고팖

물물교환은 쉽지 않았어요. 서로 원하지 않은 물건을 가지고 있다면 去來가 이루어질 수 없었기 때문이지요.

사회 5

過去
지날 과 갈 거
과거

뜻 지나간 때

過去에는 신분에 따른 차별뿐만 아니라 어린이의 인권을 무시하는 경우도 많았다. 방정환은 모든 어린이가 꿈과 희망을 품고 행복하게 자라기를 바라는 마음으로 어린이날을 만들었다.

핵심한자 완성하기!

*정답 : 245쪽

(1) 서로 원하지 않은 물건을 가지고 있다면 거래(　　來)가 이루어질 수 없었기 때문이지요.

(2) 과거(過　　)에는 신분에 따른 차별뿐만 아니라 어린이의 인권을 무시하는 경우도 많았다.

블록 한자

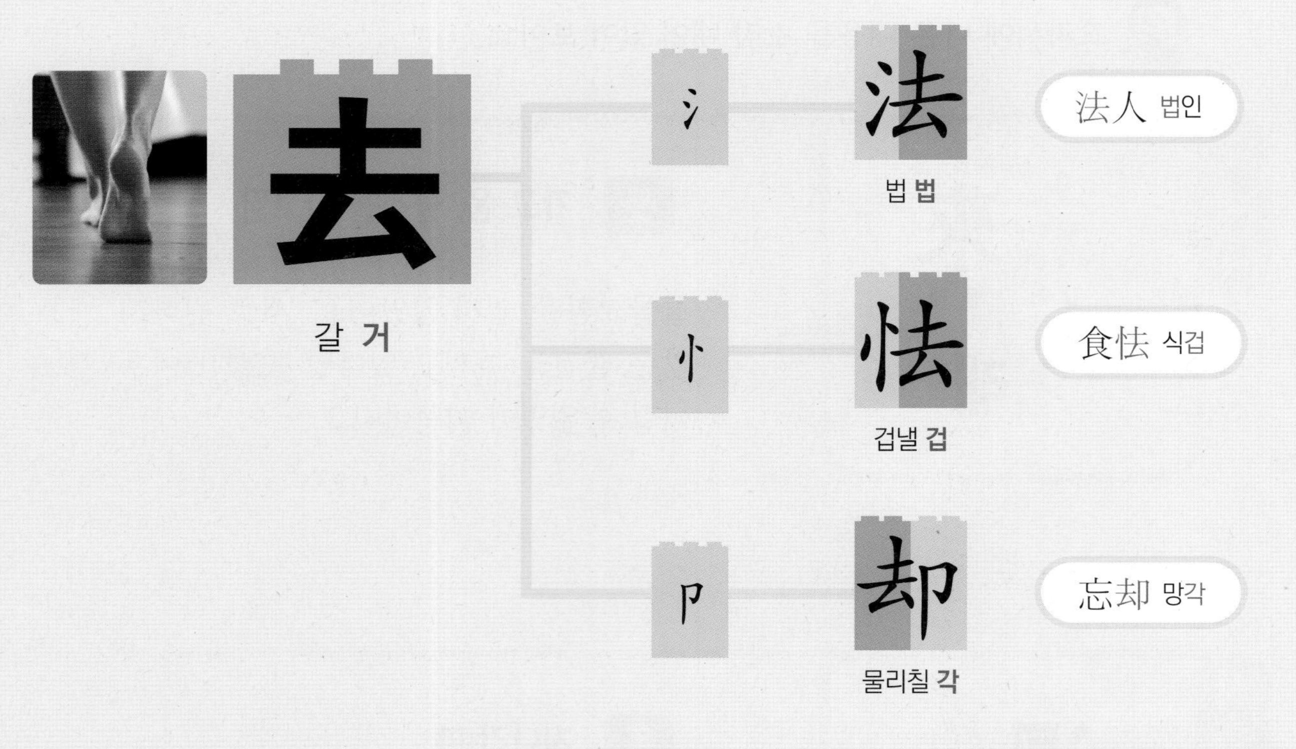

* 忄 마음 심, 卩 병부 절, 食 먹을 식, 忘 잊을 망

法

법 법 5급

去갈 거에 氵물 수를 함께 쓰면 法법 법이 됩니다. 물처럼 순리대로 흘러가는 것이 법이라는 말일까요?

法人 뜻 법적인 필요에 의해 만들어진 사람

법 인 예 우리 회사는 개인 기업에서 法人기업으로 전환하였다.

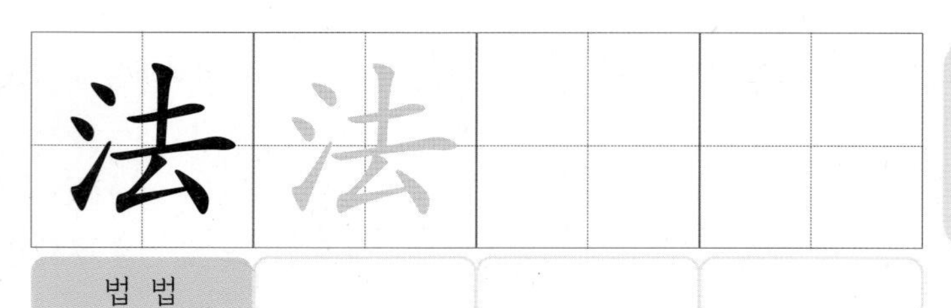

43블록 去

怯

겁낼 겁

去갈 거에 忄마음 심을 함께 쓰면 怯겁낼 겁이 됩니다. 겁은 마음의 작용이니까 忄이 붙은 이유는 쉽게 짐작이 됩니다. '食怯식겁'이란 말이 있는데, 이는 '겁을 먹다'라는 뜻입니다.

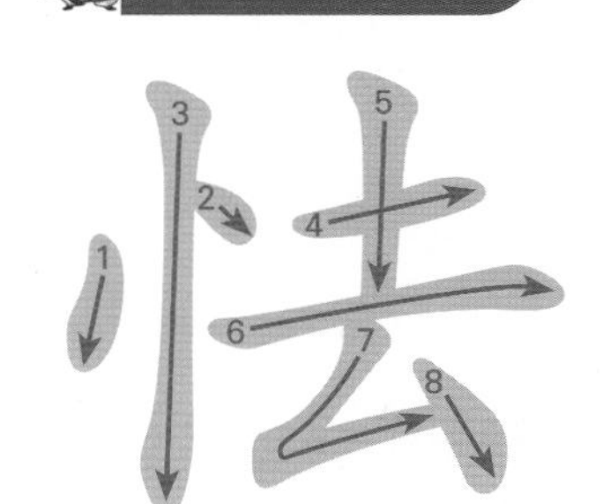

食怯 뜻 겁을 먹음
식 겁 예 차도에 갑자기 뛰어든 고양이 때문에 食怯을 했다.

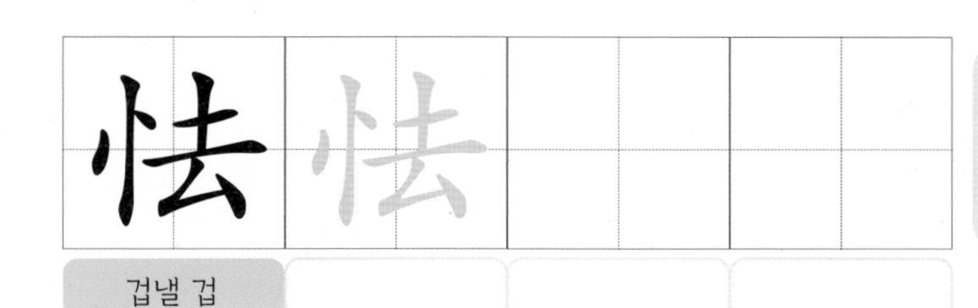

却

물리칠 각

去갈 거에 卩병부 절을 함께 쓰면 却물리칠 각이 됩니다. 卩은 무릎 꿇은 사람의 모습을 본뜬 글자인데, 이 경우 무릎을 꿇게[卩]하여 보낸다[去], 즉 물리치는 뜻이 들어 있습니다.

忘却 뜻 잊어버림
망 각 예 너희가 사람의 본분을 忘却하지는 않았는지 걱정이다.

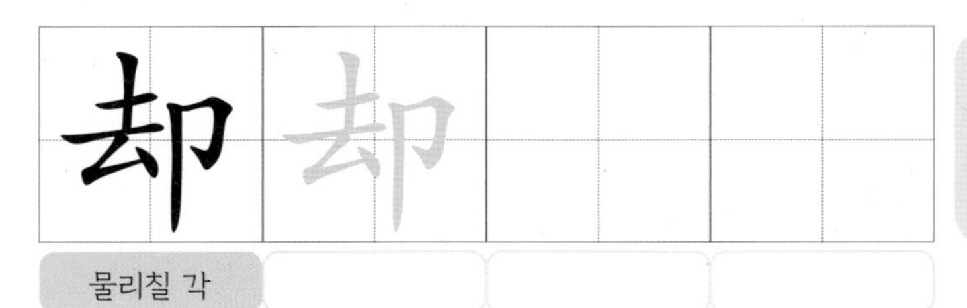

문제 풀기

1 네모칸에 알맞은 글자를 넣어 보아요.

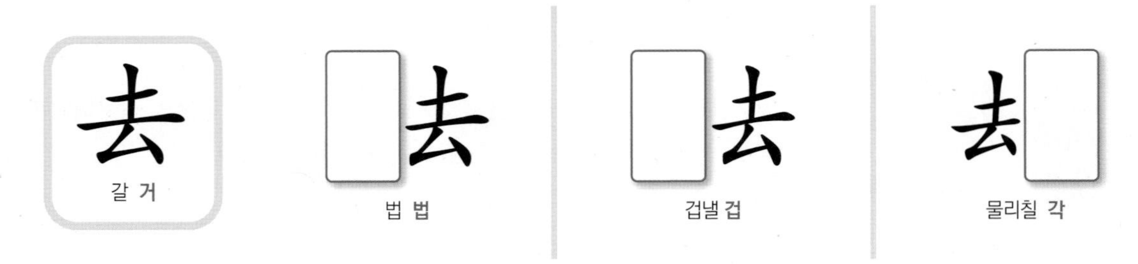

2 한자의 음과 뜻을 알맞게 이어 보아요.

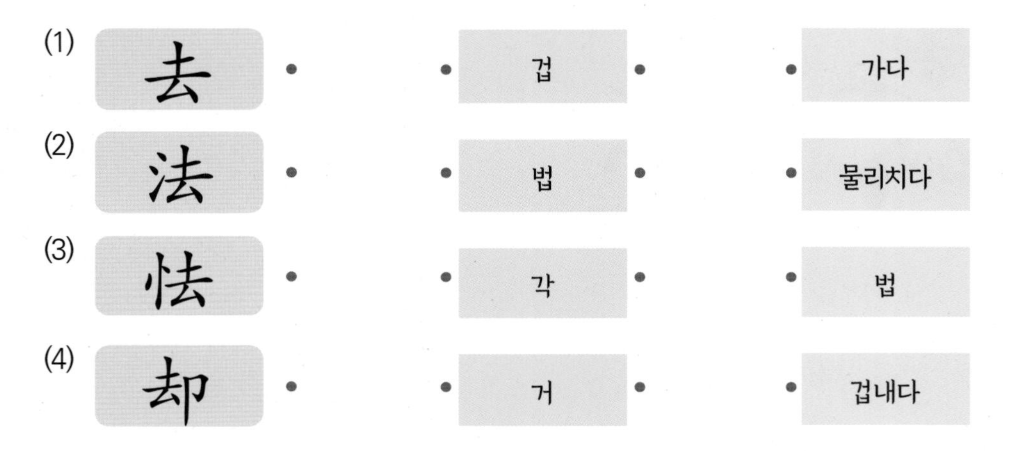

3 빈칸에 알맞은 한자를 써 보아요.

(1) 반드시 신용을 지키고 정직한 거래(□來)를 한다.

(2) 우리 회사는 개인 기업에서 법인(□人)기업으로 전환하였다.

(3) 차도에 갑자기 뛰어든 고양이 때문에 식겁(食□)을 했다.

(4) 너희가 사람의 본분을 망각(忘□)하지는 않았는지 걱정이다.

4 내용을 소리 내어 읽고 한자를 한글로 써 보세요.

過去 사람들이 살았던 집의 모양은 고장의 자연 환경에 따라 다양했습니다. 나무를 쉽게 구할 수 있는 고장에서는 나뭇조각으로 지붕을 얹은 너와집을 지었습니다.

*사회 3

5 열쇠의 뜻 풀이를 이용하여 가로 세로 단어 퍼즐을 완성해 보세요.

[가로열쇠 ①] 지나간 때

[세로열쇠 ②] 가고 옴, 물건을 사고팖

6 QR코드를 찍어 영상을 본 후, 문제를 풀어 보아요.

(1) 음: ________ 뜻: ________

관련단어: ________

핵심 한자

월 일

7급

올 래

來 알아 보기

옛 한자

來올 래는 보리의 모습을 본뜬 글자입니다. 줄기와 잎과 뿌리가 잘 보입니다. 이 글자가 어느 때부터인가 '오다'라는 뜻으로 바뀌자, 보리는 뿌리를 더 강조하여 麥보리 맥으로 바뀌게 됩니다.

來 따라 쓰기

8획 一 厂 𠀁 双 从 來 來 來

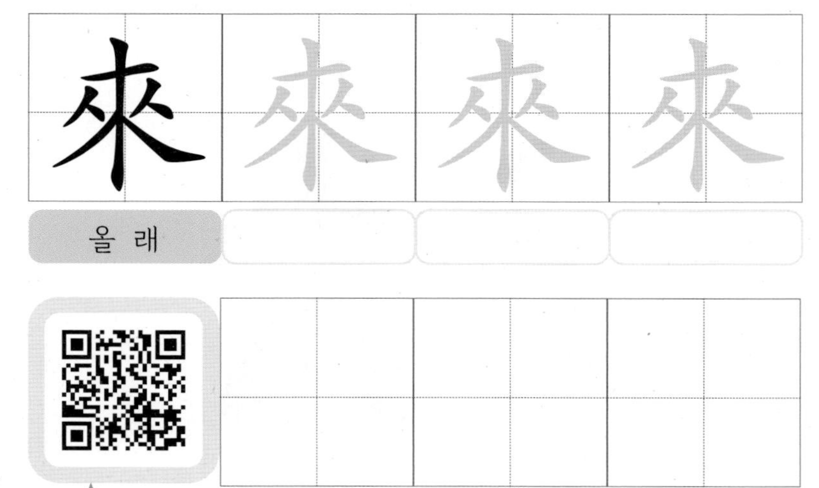

찍으면 획순 영상이 나옵니다.

교과서 핵심 단어

44블록
來

교과서에 나온 내용을 소리 내어 읽어 보아요.

국어 3

來日
올래 날일
내일

뜻 올 날

"來日 아침, 내가 밧줄을 가져 올게. 그럼 내가 얼마나 힘이 센지 알게 될 거야!" 무툴라가 자신만만하게 말했어요.

사회 3

未來
아닐미 올래
미래

뜻 아직 오지 않은 날

未來에는 통신 기술이 발달하고 자전거의 성능도 더욱 발전하게 될 것입니다. 스마트 카는 음성을 인식해 스스로 주행하는 기능이 있어서 목적지까지 안전하게 데려다줍니다.

핵심한자 완성하기!

*정답 : 245쪽

(1) "내일(　日) 아침, 내가 밧줄을 가져 올게. 그럼 내가 얼마나 힘이 센지 알게 될 거야!"

(2) 미래(未　)에는 통신 기술이 더욱 발전하게 될 것입니다.

블록 한자

올 래

夂

보리 맥

麥酒 맥주

面

麵

밀가루, 국수 면

冷麵 냉면

시원할 상

爽快 상쾌

* 面 낯 면, 酒 술 주, 冷 차가울 냉, 快 즐거울 쾌

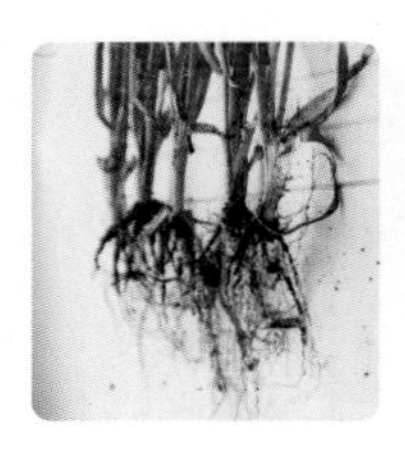

보리 맥

3급

來올 래 아래에 夂를 쓰면 麥보리 맥이 됩니다. 원래 來 자체가 보리를 뜻하는 말이었지만 '오다'라는 뜻에 밀려 글자를 빼앗기자 다시 뿌리[夂]를 그려 '보리'란 뜻을 나타내게 된 것입니다.

麥酒 맥주

뜻 보리로 만든 술

예 麥酒는 보리로 만든 술이다.

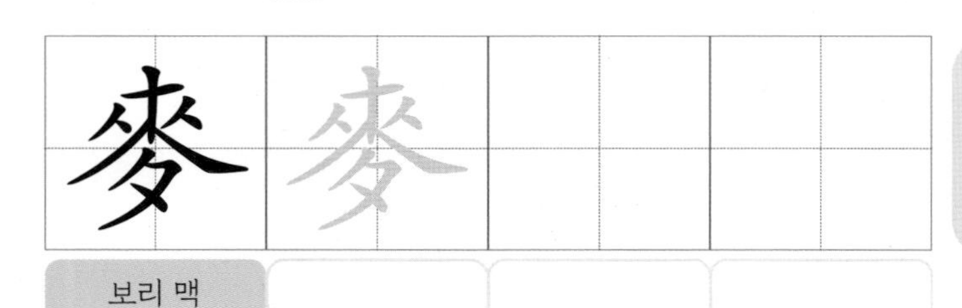

麵 밀가루, 국수 면 특급

麥보리 맥에 面얼굴 면을 함께 쓰면 麵밀가루, 국수 면이 됩니다. 麵은 보리를 가루로 만들어 얼굴[面]처럼 편편하고 납작하게 한 것이란 뜻이니다.

冷麵 (냉 면)

뜻: 차가운 국수

예: 동치미 국물에 말아 먹는 시원한 冷麵은 입맛을 돋운다.

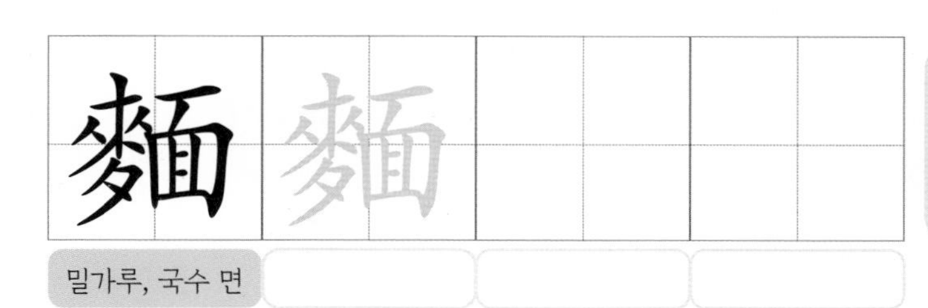

爽 시원할 상 1급

來올 래와 비슷하게 생긴 爽시원할 상이란 글자도 있습니다. 大큰 대의 양쪽에 그물코처럼 생긴 爻얽힐 효를 넣은 글자로, 그물코처럼 시원하게 뚫린 사이로 바람이 爽快상쾌하게 드나드는 모습을 표현한 것입니다.

爽快 (상 쾌)

뜻: 시원하고 산뜻함

예: 오래간만에 산에 오르니 기분이 참 爽快하다.

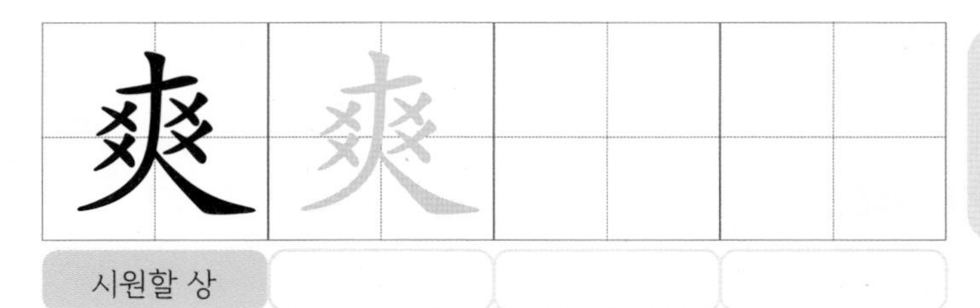

문제 풀기

1 네모칸에 알맞은 글자를 넣어 보아요.

보리 맥

밀가루, 국수 면

시원할 상

2 한자의 음과 뜻을 알맞게 이어 보아요.

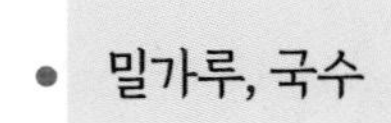

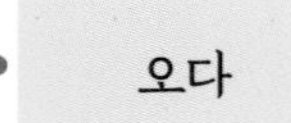

	한자	음	뜻
(1)	來	맥	밀가루, 국수
(2)	麥	래	보리
(3)	麵	면	시원하다
(4)	爽	상	오다

3 빈칸에 알맞은 한자를 써 보아요.

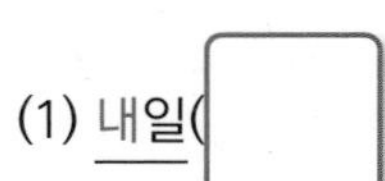
(1) 내일(　　日)은 오늘보다 더 덥겠습니다.

(2) 맥주(　　酒)는 보리로 만든 술이다.

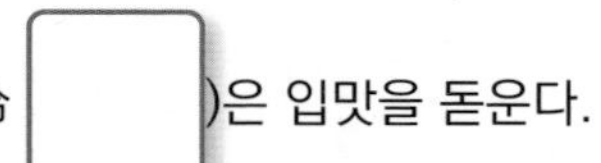
(3) 동치미 국물에 말아 먹는 시원한 냉면(冷　　)은 입맛을 돋운다.

(4) 오래간만에 산에 오르니 기분이 참 상쾌(　　快)하다.

4 내용을 소리 내어 읽고 한자를 한글로 써 보세요.

원래 소방관에는 관심이 없었는데, 체험해 보니 내 적성에도 잘 맞고 보람도 있어서 未來에 소방관이 되어도 좋겠다고 생각했다.

*국어 3

5 열쇠의 뜻 풀이를 이용하여 가로 세로 단어 퍼즐을 완성해 보세요.

[가로열쇠 ①] 아직 오지 않은 날

[세로열쇠 ②] 올 날

6 QR코드를 찍어 영상을 본 후, 문제를 풀어 보아요.

(1) 음: 뜻:

관련단어:

만화로 배우는

한자성어

공수래공수거 (空手來空手去)

빈손으로 왔다가 빈손으로 돌아감.
[빌 空, 손 手]

동영상으로 익히는

블록한자

* 아래 QR을 찍으면 동영상이 나옵니다. 동영상을 따라서 한눈에 정리해보아요.

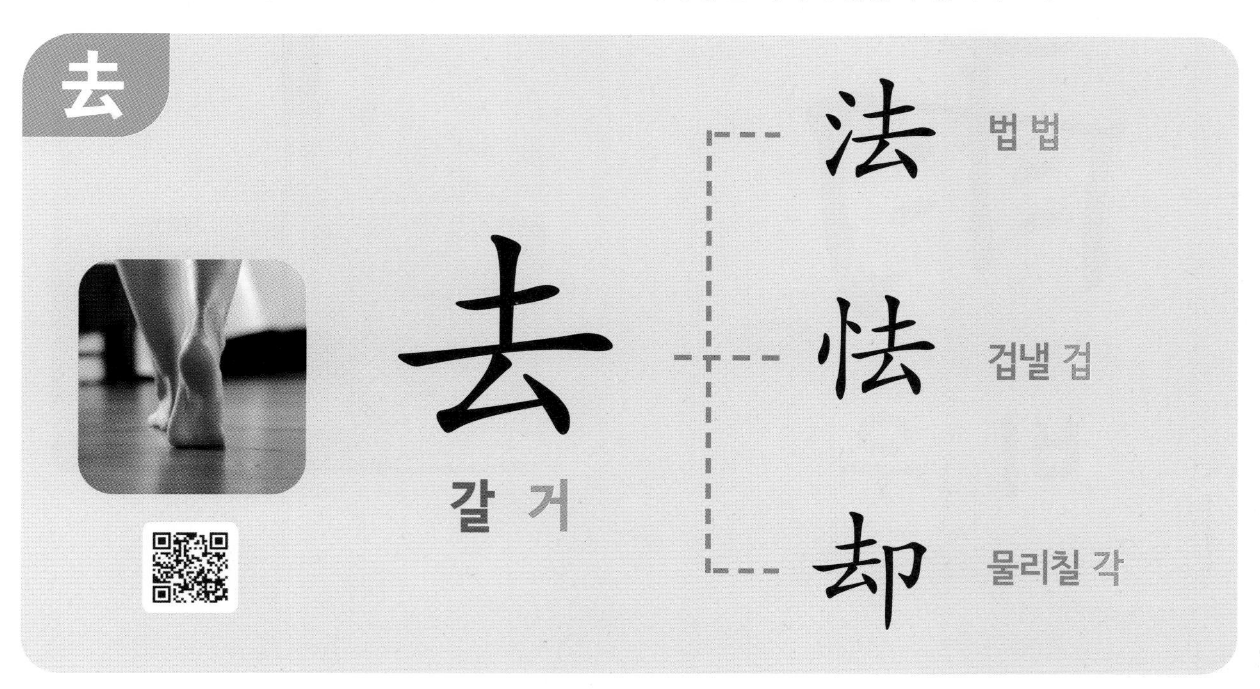

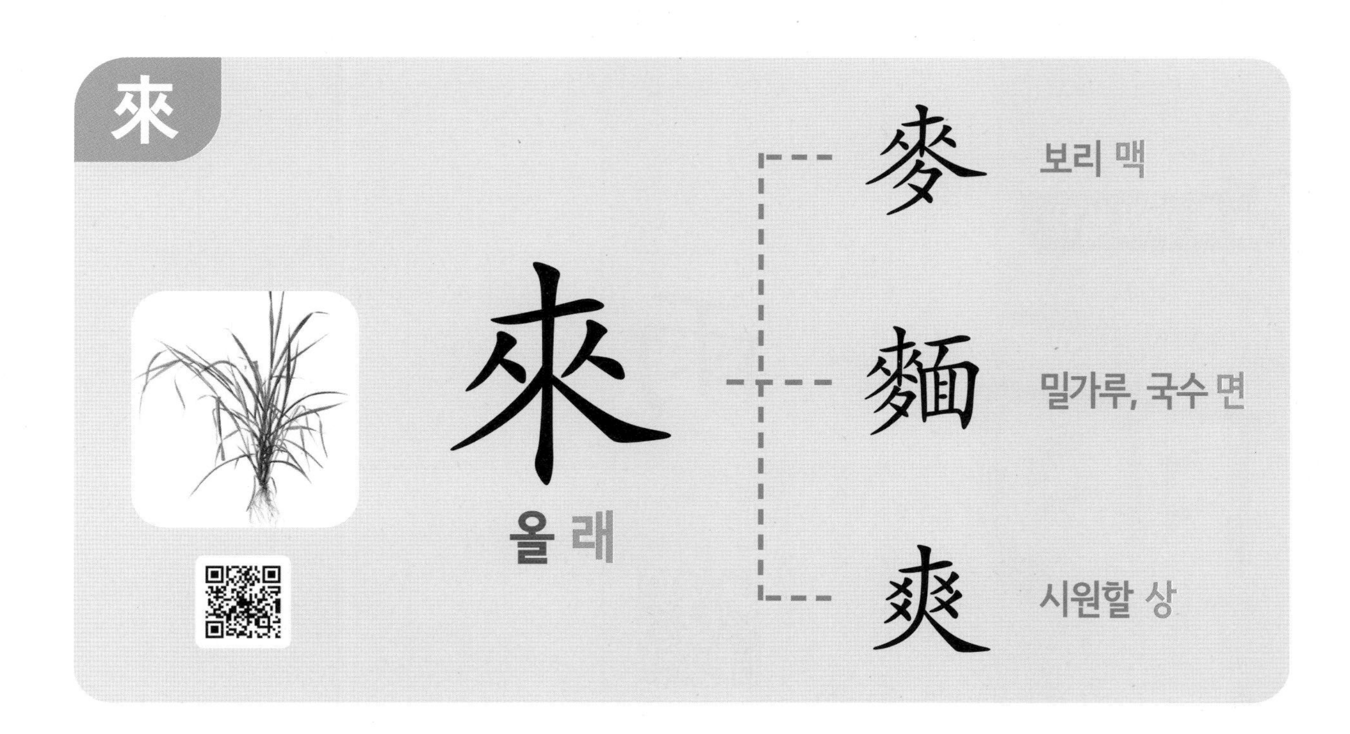

핵심 한자

월 일

5급

비 우

雨 알아 보기

옛 한자

창가에 내리는 비를 본뜬 글자입니다. 테두리 선들은 창틀이고, 점 네 개를 찍어 빗방울을 표현하였습니다.

雨 따라 쓰기

8획

찍으면 획순 영상이 나옵니다.

교과서 핵심 단어

45블록
雨

교과서에 나온 내용을 소리 내어 읽어 보아요.

국어 5

雨傘
비 우 우산 산
우산

뜻 **비 가리개**

함께 쓰는 雨傘
친구와 나눠 쓴 雨傘
雨傘 밖 반은 비 맞고
雨傘 속 반은 안 맞고
비 안 맞은 반 때문에
비 젖은 반도 따뜻하고.

사회 5

測雨器
헤아릴 측 비 우 그릇 기
측우기

뜻 **비를 재는 그릇**

세종은 신하들에게 혼천의, 앙부일구와 같은 여러 과학 기구를 만들게 했다. 특히 비가 내린 양을 측정할 수 있는 測雨器를 만들어 각 고을에 보급해 지역의 기후를 파악하고 세금을 걷는 데 활용했다.

핵심한자 완성하기!

*정답 : 245쪽

(1) 친구와 나눠 쓴 우산(☐傘), 우산 밖 반은 비 맞고 우산 속 반은 안 맞고.

(2) 세종은 비가 내린 양을 측정할 수 있는 측우기(測☐器)를 만들어 각 고을에 보급하였다.

블록 한자

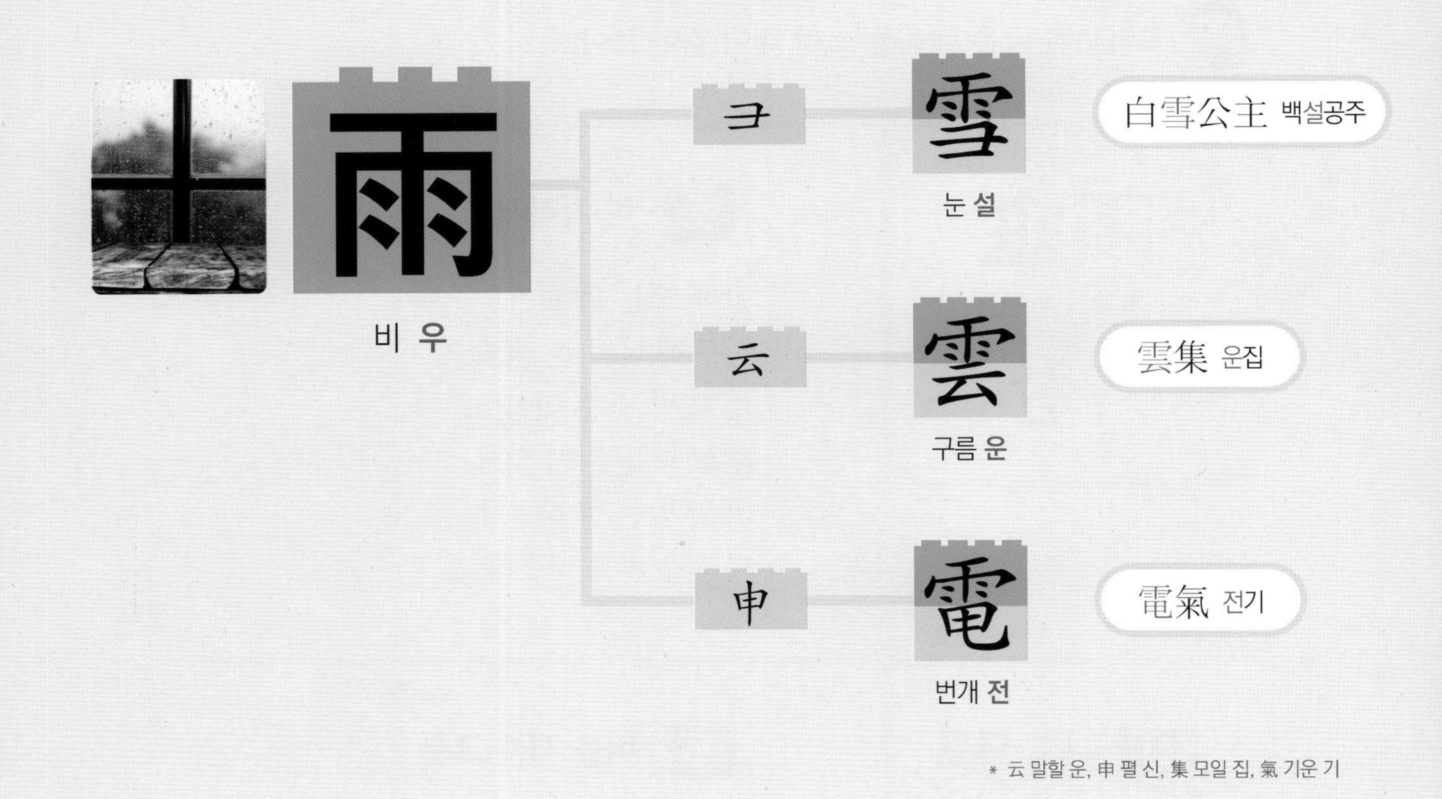

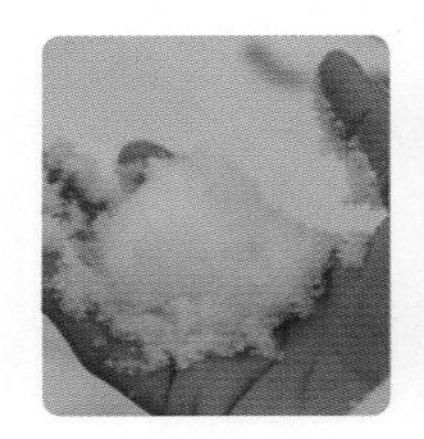

雪 눈 설 6급

손으로 잡을 수 있는 비[雨]가 있을까요? 네, 있습니다. 雪눈 설이 바로 손으로 잡을 수 있는 비입니다. 雪눈 설은 雨비 우와 손을 뜻하는 ⺕의 결합으로 되어 있습니다.

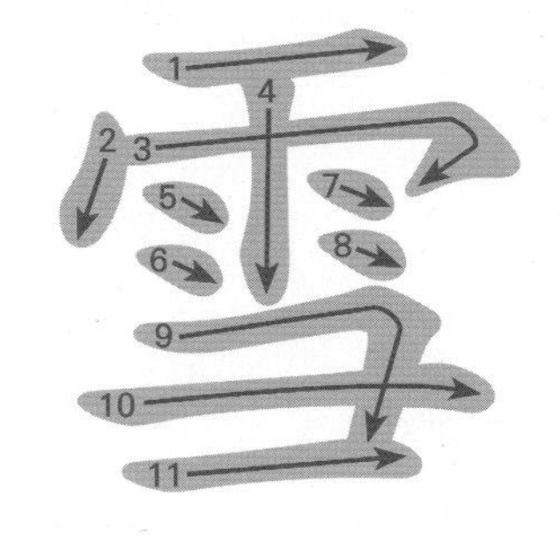

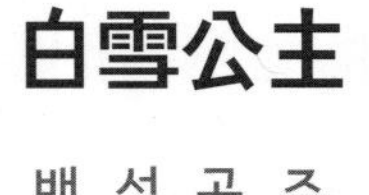

뜻 흰 눈 같은 공주

백 설 공 주 **예** 白雪公主는 향긋한 사과를 한입 베어 물었다.

雪	雪		
눈 설			

雲

구름 운 5급

雨비 우에 云말할 운을 붙이면 雲구름 운이 됩니다. 여기서 云은 발음 역할을 하기 위해 들어간 글자입니다. 雲集운집이라는 단어는 '구름처럼 모이다'란 뜻으로, 사람이 구름처럼 많이 모인 것을 문학적으로 표현한 말입니다.

雲集  구름처럼 모임

운 집 예 서울역 광장에 雲集해 있던 사람들은 기차에 탈 준비를 한다.

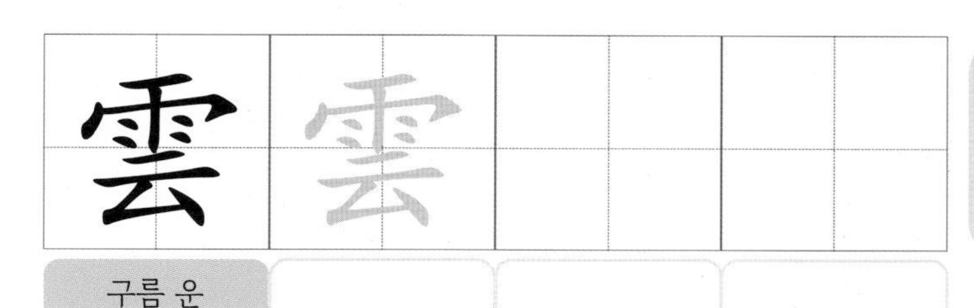

번개 전 

비가 내리면 번개가 치죠? 그 모습을 본뜬 電번개 전도 있습니다. 雨비 우 아래에 붙은 申펼 신은 번개가 치는 것을 약간 구부려서 그린 것입니다.

電氣  번개의 기운

전 기  우리는 태양 빛을 이용해 電氣를 만들어 생활에 이용합니다.

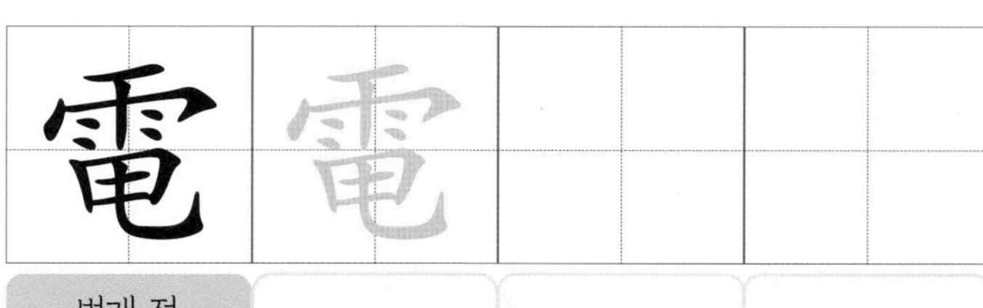

문제 풀기

1 네모칸에 알맞은 글자를 넣어 보아요.

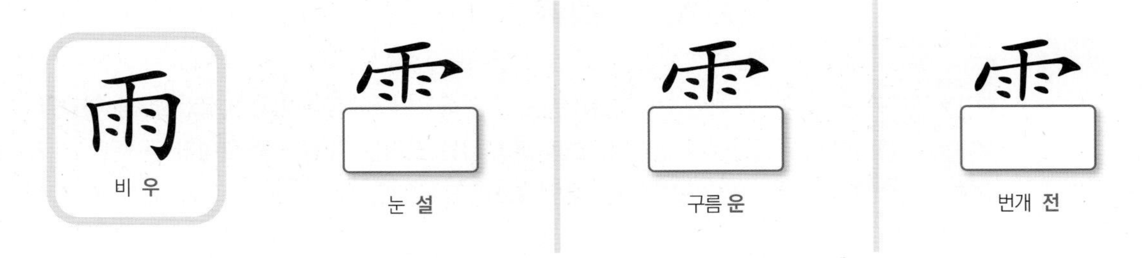

2 한자의 음과 뜻을 알맞게 이어 보아요.

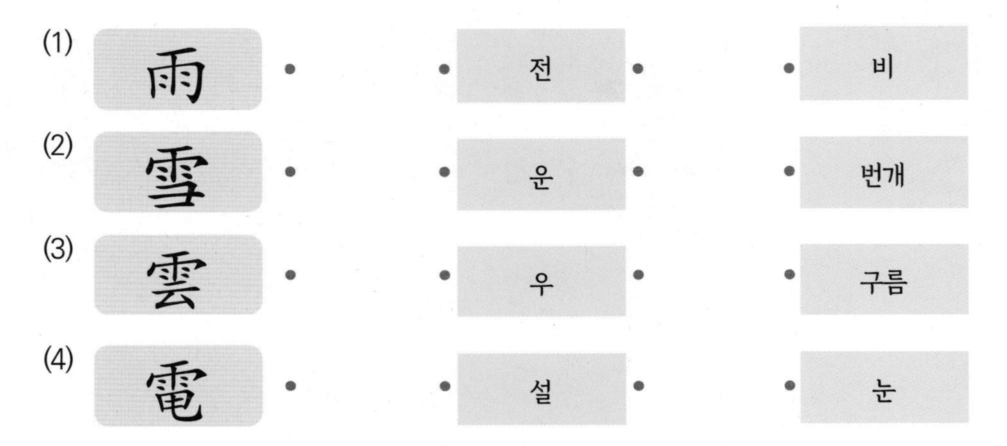

3 빈칸에 알맞은 한자를 써 보아요.

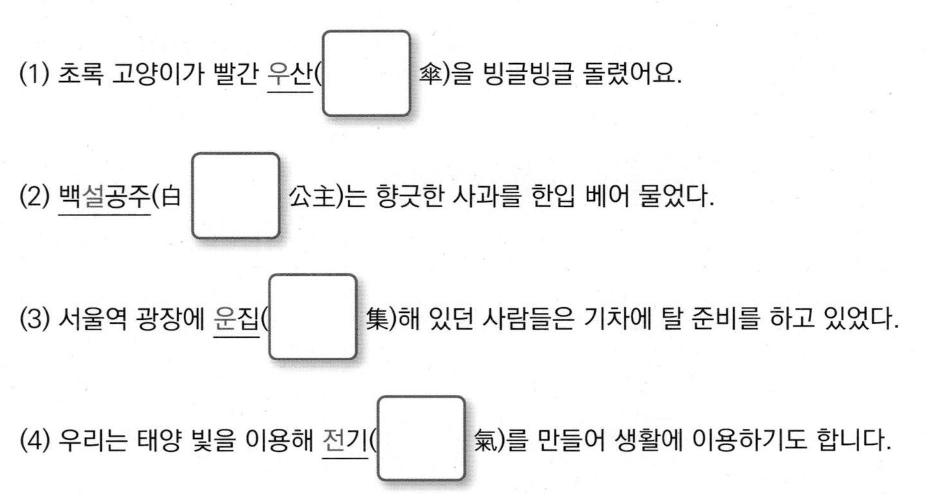

(1) 초록 고양이가 빨간 우산(傘)을 빙글빙글 돌렸어요.

(2) 백설공주(白 公主)는 향긋한 사과를 한입 베어 물었다.

(3) 서울역 광장에 운집(集)해 있던 사람들은 기차에 탈 준비를 하고 있었다.

(4) 우리는 태양 빛을 이용해 전기(氣)를 만들어 생활에 이용하기도 합니다.

4 내용을 소리 내어 읽고 한자를 한글로 써 보세요.

〈電氣 회로를 이용한 작품 예시 : 발광 다이오드〉

電氣 회로를 이용한 작품을 친구들에게 소개하고, 잘된 점과 개선할 점을 이야기해 봅시다.

*과학 6

5 열쇠의 뜻 풀이를 이용하여 가로 세로 단어 퍼즐을 완성해 보세요.

[세로열쇠 ①] 비를 재는 그릇

[가로열쇠 ②] 비 가리개

6 QR코드를 찍어 영상을 본 후, 문제를 풀어 보아요.

(1) 음: ______ 뜻: ______

관련단어: ______

핵심 한자

월 일

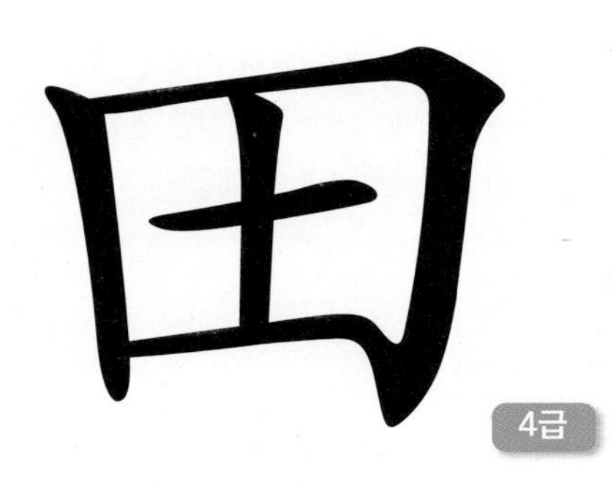

4급

밭 전

田 알아 보기

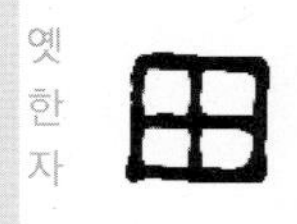

田밭 전은 밭의 모습을 본뜬 글자입니다. 밭두둑을 나타내는 口와, 그 안을 가로와 세로로 반듯하게 정비한 모양을 나타낸 十이 결합된 형태입니다. 구획이 정리된 밭은 농사를 짓기에도, 세금을 걷기에도 편리합니다.

田 따라 쓰기

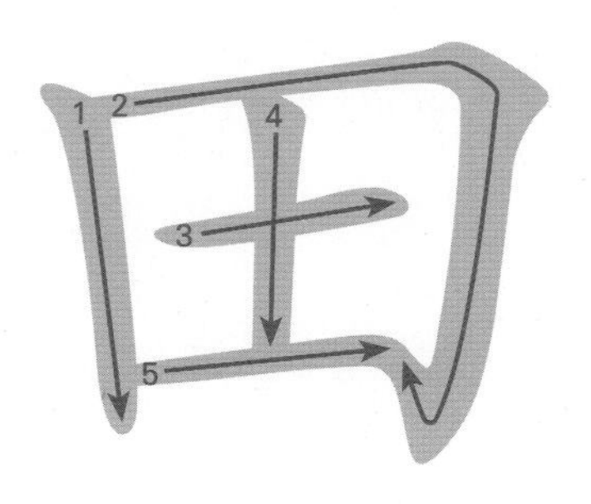

5획 丨 冂 冂 田 田

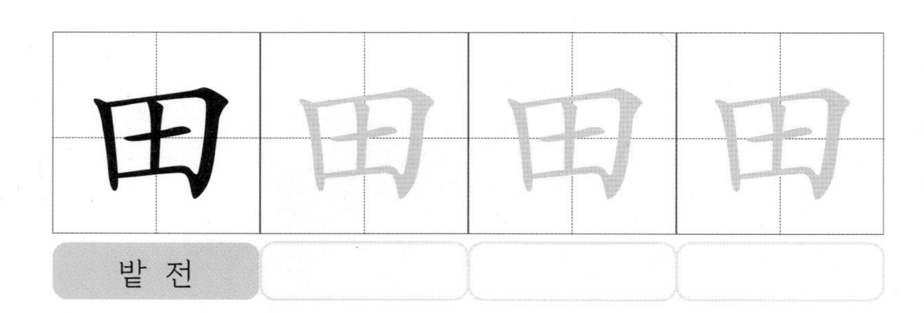

밭 전

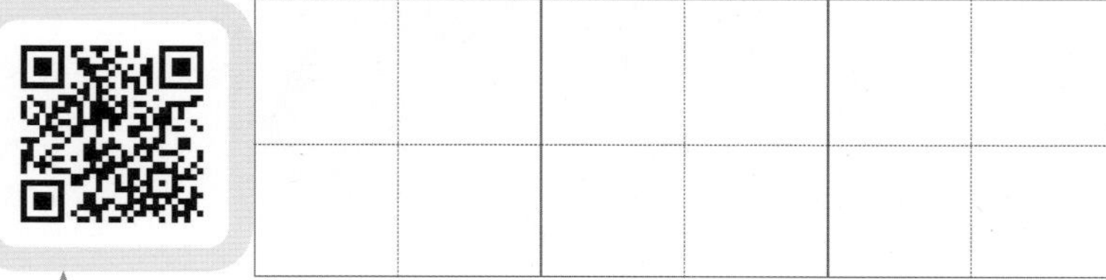

찍으면 획순 영상이 나옵니다.

교과서 핵심 단어

교과서에 나온 내용을 소리 내어 읽어 보아요.

사회 5

田畓

밭 전 논 답

전답

뜻 밭과 논

조선 전기에는 아들과 딸에게 재산을 고르게 물려줬다. 양반 여성의 경우 田畓을 사고팔거나 여러 가지 경제 활동을 한 기록 등이 남아 있다.

교과서 밖

我田引水

나 아 밭 전 끌 인 물 수

아전인수

뜻 나의 밭으로 물을 끌어들임

밭의 농작물이 타들어갈 때, 한 줄기 물이 옆을 흘러 지나간다면 우리는 보통 "저 물은 내 물이야"라고 생각하며 자기 밭에 물을 먼저 댈 것이다. 이것이 我田引水인데, 사건을 자기에게 유리한 대로 해석함을 말한다.

핵심한자 완성하기!

*정답 : 245쪽

(1) 양반 여성의 경우 전답(☐畓)을 사고팔거나 여러 가지 경제 활동을 한 기록 등이 남아 있다.

(2) 이것이 아전인수(我☐引水)인데, 사건을 자기에게 유리한 대로 해석함을 말한다.

블록 한자

밭 전

介 — 

지경 계

世界 세계

木 —  — 言 — 課

과실 과 / 매길, 일 과

結果 결과 / 課外 과외

* 介 끼일 개, 言 말씀 언, 世 세상 세, 結 맺을 결, 外 밖 외

界

지경 계 6급

田밭 전에 介끼일 개를 붙이면 界지경 계가 됩니다. 밭과 밭 사이에 끼어있는 경계란 뜻입니다.

世界 뜻 세상의 경계

세 계 예 우리나라와 世界 여러 지역에서 지진이 자주 발생합니다.

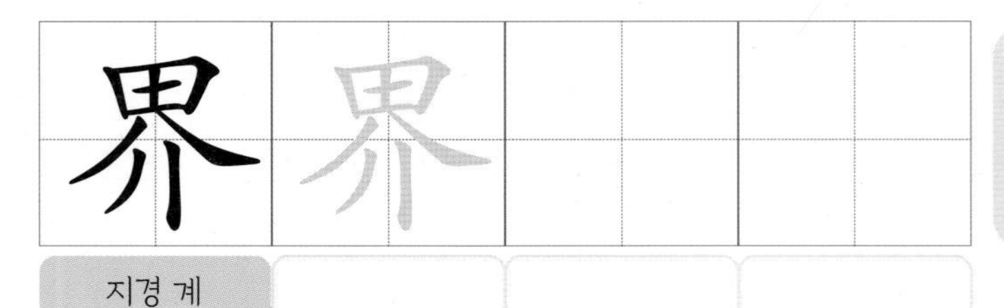

果

과실 과 

6급

木나무 목 위에 田밭 전을 붙이면 果과실 과가 됩니다. 나무 꼭대기에 열매가 달린 모습을 표현했습니다. 여기서 田은 과일 모습을 글자화한 것입니다.

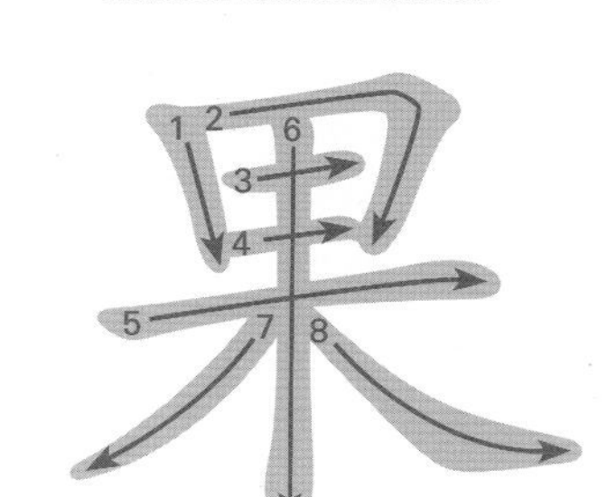

結果  뜻 과일이 열매를 맺음. 맺은 결말

결 과  예 계산기에는 계산 結果를 저장하는 기능이 있습니다.

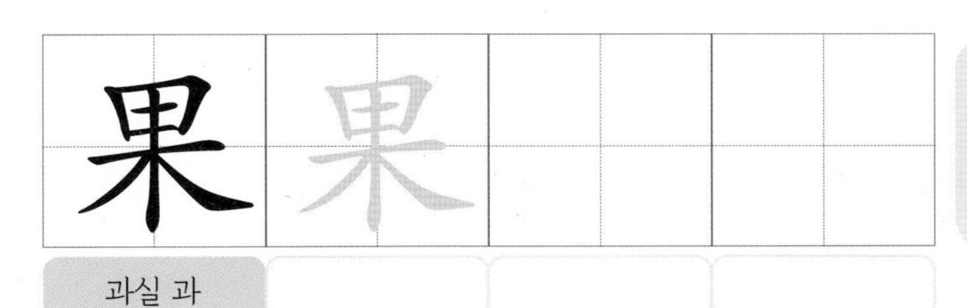

과실 과

課

매길, 일 과 

5급

果과실 과에 言말씀 언을 붙이면 課매길, 일 과가 됩니다. '과일의 등급을 말하다, 매기다'라는 뜻입니다. 요즘은 '일, 공부'를 뜻하는 말로 많이 쓰입니다.

課外  뜻 정해진 공부의 바깥

과 외  예 민지는 어려서 6살까지 피아노 課外를 받았다.

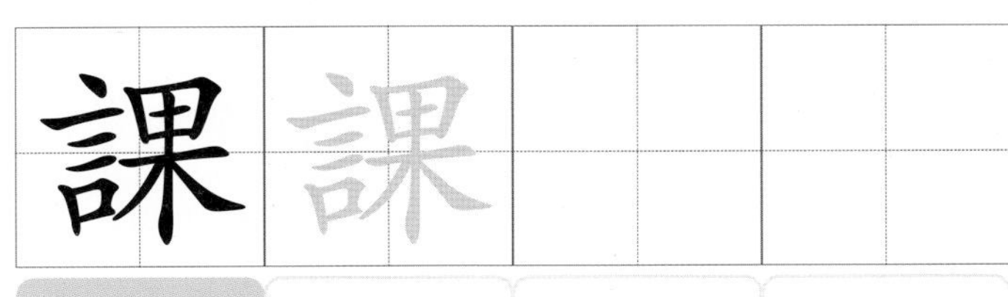

매길, 일 과

문제 풀기

1 네모칸에 알맞은 글자를 넣어 보아요.

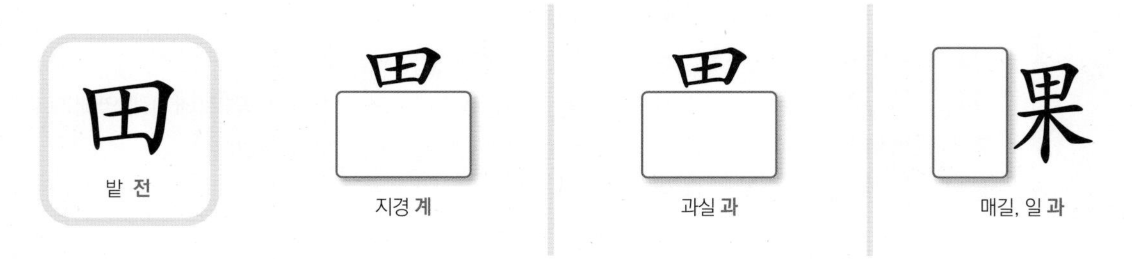

2 한자의 음과 뜻을 알맞게 이어 보아요.

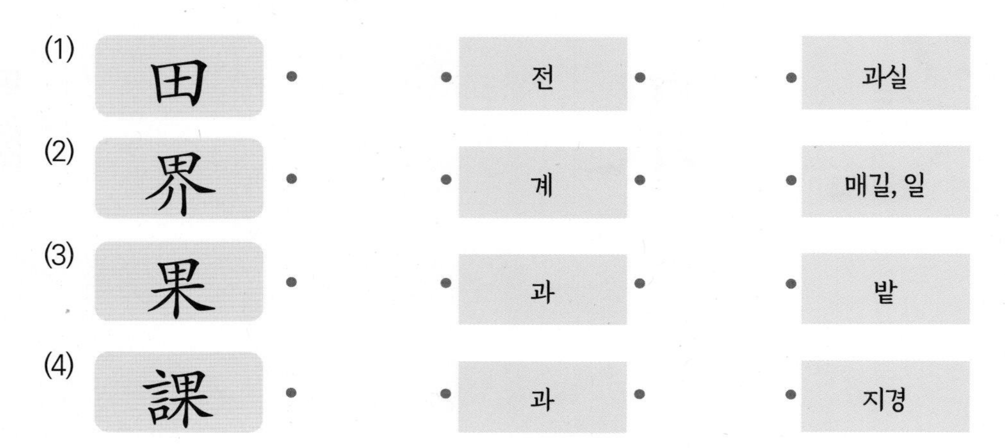

3 빈칸에 알맞은 한자를 써 보아요.

(1) 양반 여성의 경우 전답(畓)을 사고파는 경제 활동을 한 기록 등이 남아 있다.

(2) 우리나라와 세계(世) 여러 지역에서 지진이 자주 발생합니다.

(3) 계산기에는 계산 결과(結)를 저장하는 기능이 있습니다.

(4) 민지는 어려서 6살까지 피아노 과외(外)를 받았다.

4 내용을 소리 내어 읽고 한자를 한글로 써 보세요.

스마트폰을 이용하면 어디에서든 간편하게 世界의 모습을 볼 수 있습니다.

*사회 4

5 열쇠의 뜻 풀이를 이용하여 가로 세로 단어 퍼즐을 완성해 보세요.

[가로열쇠 ①] 나의 밭으로 물을 끌어들임

[세로열쇠 ②] 밭과 논

6 QR코드를 찍어 영상을 본 후, 문제를 풀어 보아요.

(1) 음: 뜻:

관련단어:

만화로 배우는

한자성어

우후죽순 (雨後竹筍)

비 온 뒤의 죽순, 일이나 현상들이 동시에 많이 발생함.
[뒤 後, 대 竹, 죽순 筍]

동영상으로 익히는

블록한자

* 아래 QR을 찍으면 동영상이 나옵니다. 동영상을 따라서 한눈에 정리해보아요.

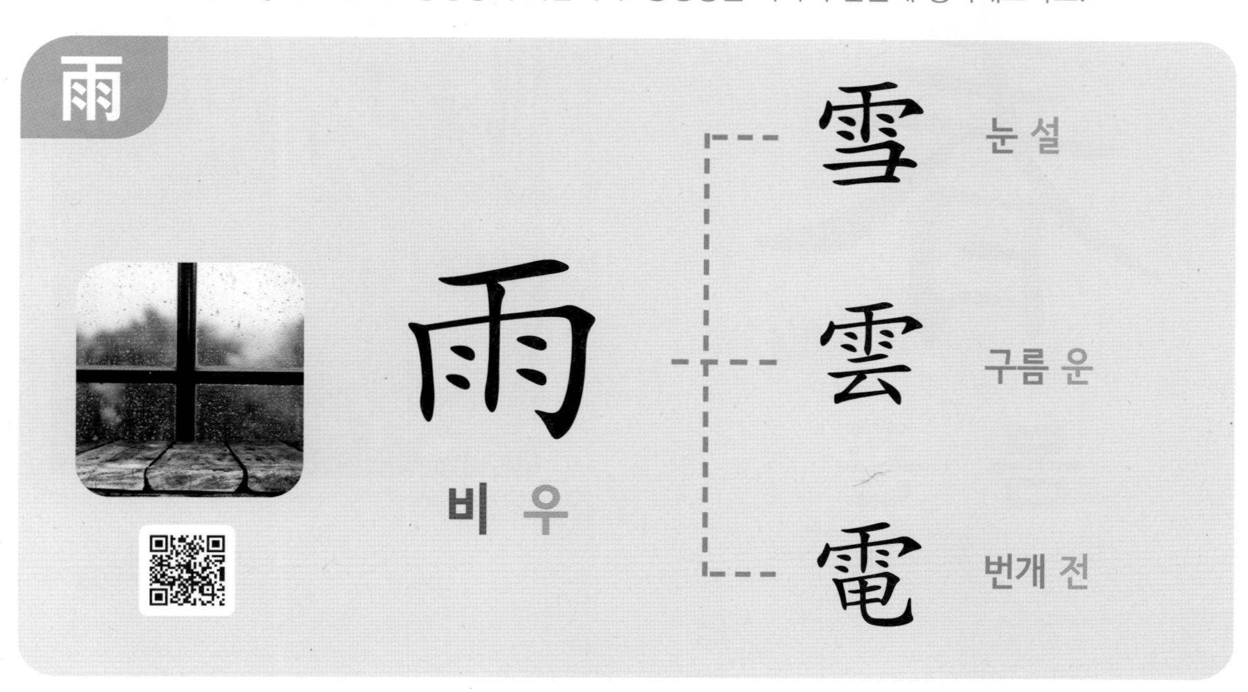

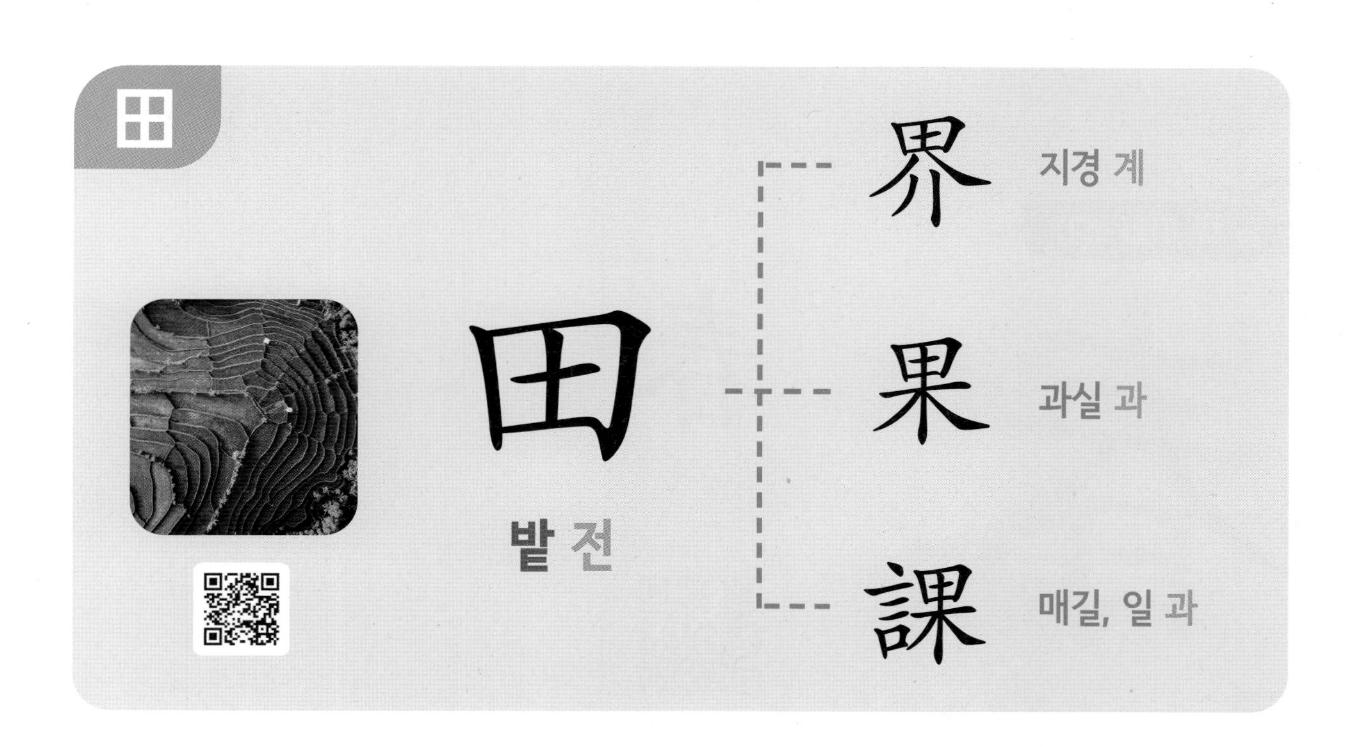

핵심 한자

월 일

7급

봄 춘

春 알아 보기

옛 한자

옛 글자에서도 보이듯이 春봄 춘은 자라는 풀과 따뜻한 햇살이 합성된 글자입니다. 三에 人이 합쳐진 모양 𡗗은 옛글자의 ѱѱ풀의 모양이 변한 것, 그 아래의 日날 일은 옛글자의 ⊖해의 모양이 변한 것입니다.

春 따라 쓰기

9획

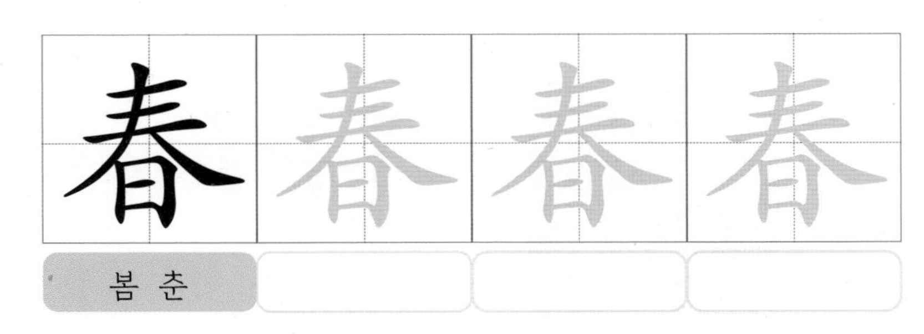

봄 춘

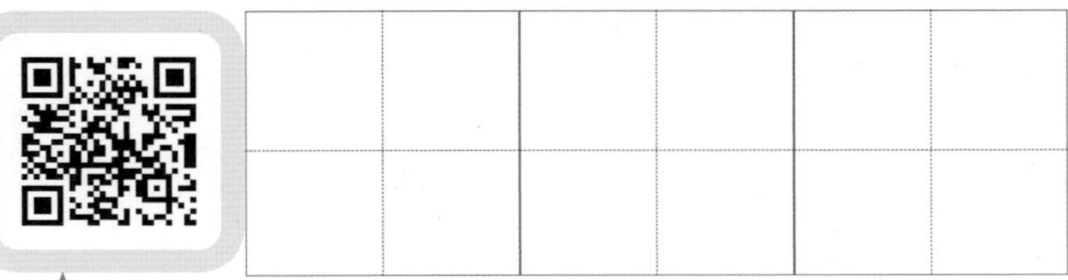

찍으면 획순 영상이 나옵니다.

교과서 핵심 단어

47블록
春

교과서에 나온 내용을 소리 내어 읽어 보아요.

사회 3

春香
봄 춘 향기 향
춘향

뜻 **봄의 향기, 춘향전의 여주인공**

남원의 春香제는 春香전의 주인공인 성春香과 이몽룡의 이야기를 배경으로 만든 전통문화 축제로, 매년 봄에 열립니다.

사회 6

春節
봄 춘 마디 절
춘절

뜻 **봄의 계절, 중국의 설날**

중국인들은 春節에 대문에 복(福)자를 거꾸로 붙여놓는 풍습이 있는데, 이는 '복이 들어온다'라는 뜻이 되기 때문이라고 한다. 중국인들은 그날 '복을 싸서 먹는다'는 뜻으로 만두를 먹기도 한다.

핵심한자 완성하기!

*정답 : 245쪽

(1) 춘향(香)전의 주인공인 성춘향(香)과 이몽룡의 이야기를 배경으로 만든 전통문화 축제입니다.

(2) 중국인들은 춘절(節)에 대문에 복(福)자를 거꾸로 붙여놓는 풍습이 있다.

블록 한자

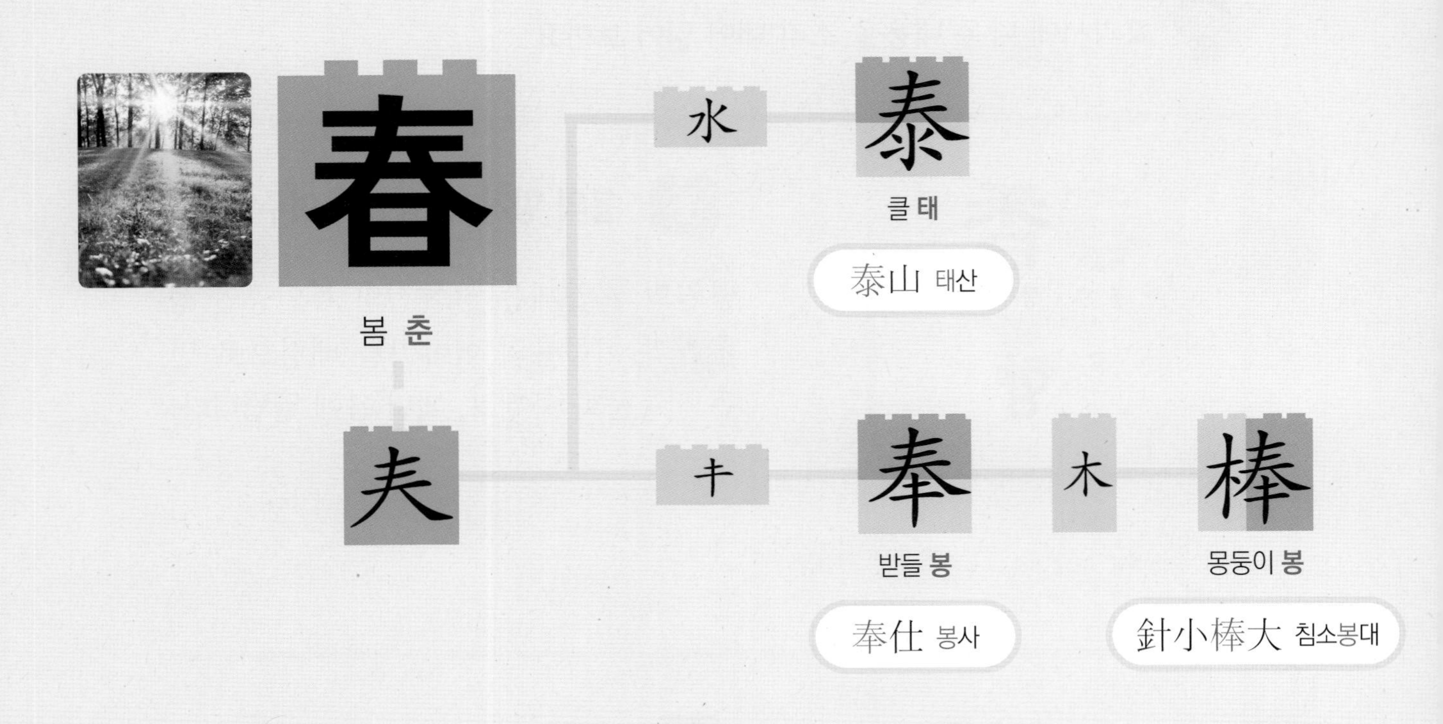

* 仕 일할 사, 針 바늘 침

泰 클 태 3급

夫 아래에 水물 수를 넣으면 泰클 태가 됩니다. 물이 큰 소리를 내며 콸콸 흘러나오는 모습을 생각하면 쉽습니다. 泰山태산과 같은 단어를 만듭니다.

泰山 태 산

뜻 큰 산

예 티끌 모아 泰山이라더니 그 말이 맞네.

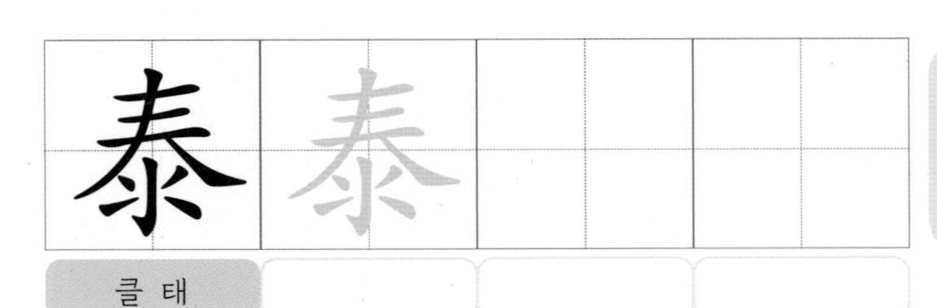

奉

받들 봉 5급

𡗗 아래에 丰을 넣으면 奉받들 봉이 됩니다. 丰은 원래 丰풀이 자라는 모양 봉이라는 글자인데 여기서는 발음을 담당합니다. 奉은 '받들다, 돕다'는 뜻으로 奉仕봉사 등의 단어를 만듭니다.

奉仕 (봉 사)

뜻 남을 도와 일함

예 아빠는 '사랑의 집 짓기' 奉仕 활동에 참여하였다.

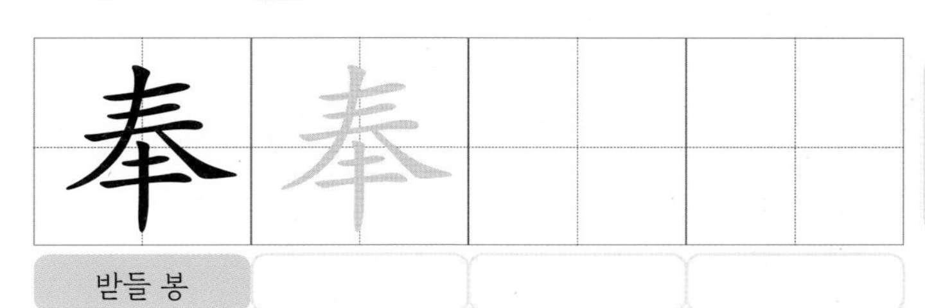

받들 봉

棒

몽둥이 봉 1급

奉받들 봉에 木나무 목을 붙이면 棒몽둥이 봉이 됩니다. 몽둥이는 주로 나무로 만드는 것이므로 木을 붙인 것입니다.

針小棒大 (침 소 봉 대)

뜻 바늘만 한 것을 몽둥이만 하다고 함. 지나치게 과장함.

예 별일도 아닌 것을 針小棒大하지 마라.

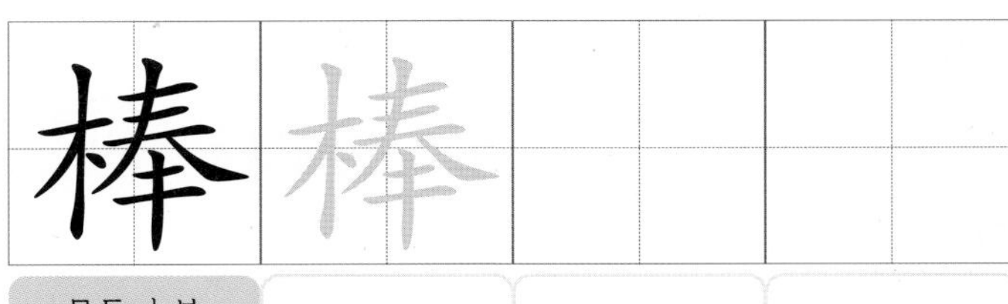

몽둥이 봉

문제 풀기

1 네모칸에 알맞은 글자를 넣어 보아요.

2 한자의 음과 뜻을 알맞게 이어 보아요.

	한자	음	뜻
(1)	春	봉	받들다
(2)	泰	봉	크다
(3)	奉	춘	몽둥이
(4)	棒	태	봄

3 빈칸에 알맞은 한자를 써 보아요.

(1) 중국인들은 춘절(　　節)에 대문에 복(福)자를 거꾸로 붙여놓는 풍습이 있다.

(2) 티끌 모아 태산(　　山)이라더니 그 말이 맞네.

(3) 아빠는 '사랑의 집 짓기' 봉사(　　仕)활동에 참여하였다.

(4) 별일도 아닌 것을 침소봉대(針小　　大)하지 마라.

*정답 : 245쪽

4 내용을 소리 내어 읽고 한자를 한글로 써 보세요.

春香제는 春香전의 주인공인 성春香과 이몽룡의 이야기를 배경으로 만든 전통 문화 축제로, 매년 봄에 열립니다.

*사회 3

5 열쇠의 뜻 풀이를 이용하여 가로 세로 단어 퍼즐을 완성해 보세요.

[가로열쇠 ①] 봄의 향기, 춘향전의 여주인공

[세로열쇠 ①] 봄의 계절, 중국의 설날

6 QR코드를 찍어 영상을 본 후, 문제를 풀어 보아요.

(1) 음: 뜻:

관련단어:

핵심 한자

월 일

가을 추

秋 알아 보기

옛한자 秋

禾벼 화는 벼를 나타내는 글자, 火불 화는 불을 나타내는 글자입니다. 秋가을 추는 벼에 불을 붙이는 계절을 나타냅니다. 예전에 농사가 끝나는 가을에 벼를 태워 병충해를 예방하고 퇴비로도 사용했는데 그 계절을 나타냅니다.

秋 따라 쓰기

9획 丿 二 千 禾 禾 禾 禾' 秒 秋

秋	秋	秋	秋
가을 추			

찍으면 획순 영상이 나옵니다.

교과서 핵심 단어

48블록
秋

교과서에 나온 내용을 소리 내어 읽어 보아요.

사회 4

秋收
가을 추 거둘 수
추수

뜻 가을에 거두어들임, 가을걷이

가을의 추석에는 秋收한 곡식과 과일로 차례를 지내고, 맛있는 음식을 나누어 먹었고, 겨울의 정월대보름에는 큰 보름달을 보며 풍년을 빌었습니다.

과학 6

秋分
가을 추 나눌 분
추분

뜻 24절기 중 하나, 낮과 밤의 길이가 같아짐

해시계의 추분선과 오시선이 만나는 곳에 영침의 그림자 끝이 있어요. 秋分은 가을이고 9월 23일쯤이지. 그리고 시각선이 오시라면 낮 12시 전후란다.

핵심한자 완성하기!

*정답 : 245쪽

(1) 가을에는 추수(☐收)한 곡식과 과일로 차례를 지냅니다.

(2) 추분(☐分)은 가을이고 9월 23일쯤이지.

블록 한자

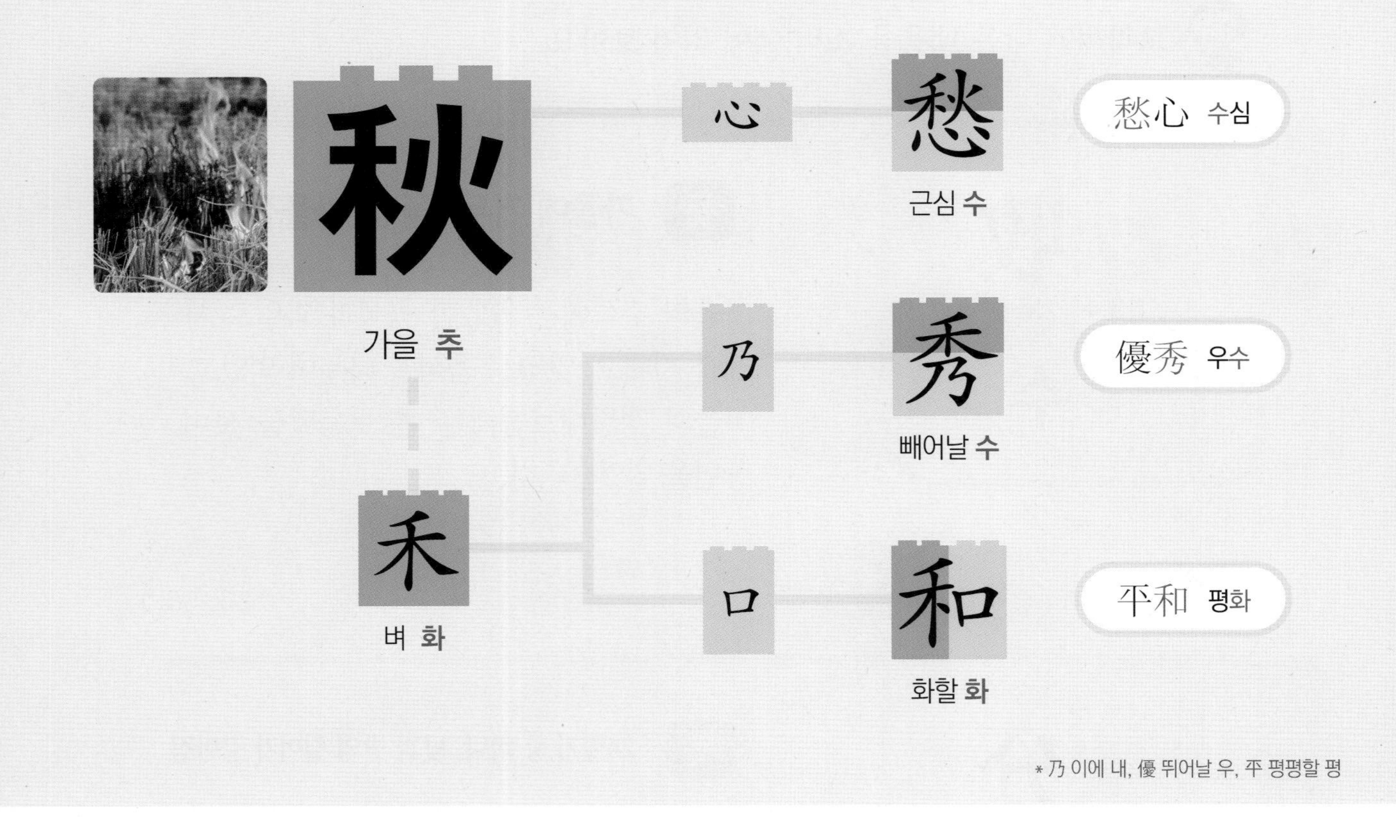

* 乃 이에 내, 優 뛰어날 우, 平 평평할 평

愁 근심 수 3급

秋가을 추에 心마음 심을 붙이면 愁근심 수가 되어 '가을의 마음'이란 뜻을 지닙니다. 가을의 마음이란 어떤 것일까요? 낙엽이 떨어지고 무언가 쓸쓸한 느낌이 나죠? 그런 '쓸쓸하고 근심스런 마음'을 표현한 글자입니다.

愁心 수 심

뜻 근심스러운 마음

예 그의 얼굴은 愁心으로 가득했다.

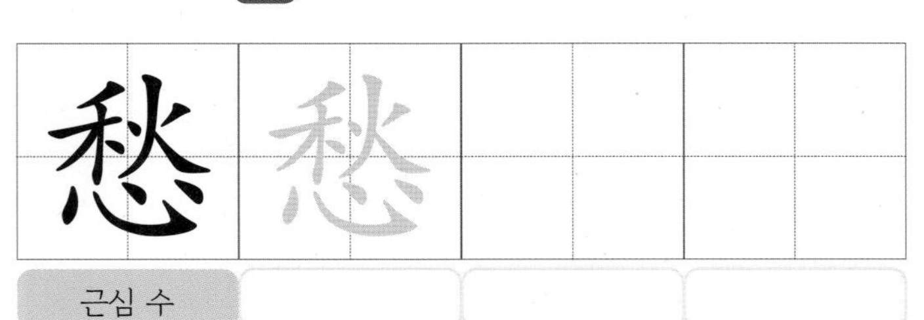

秀

빼어날 수 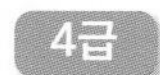

4급

禾벼 화의 아래에 乃곧 내를 쓰면 秀빼어날 수가 됩니다. 乃는 잘 드는 낫을 본뜬 글자인데 벼를 벨 때 가장 빼어난 기능을 발휘한다고 해서 '빼어나다, 뛰어나다'라는 뜻을 지니게 되었습니다. 秀作수작, 秀才수재 등의 단어를 만듭니다.

秀 따라 쓰기

優秀 우 수

뜻 여럿 가운데 아주 빼어남

예 한글이 優秀한 문자라는 것은 이미 많은 사람이 인정하고 있다.

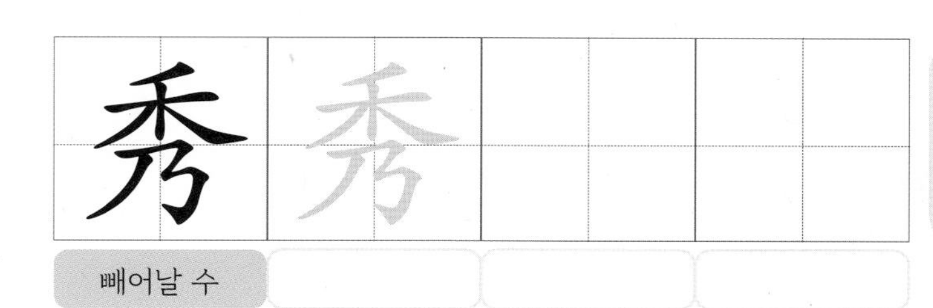

빼어날 수

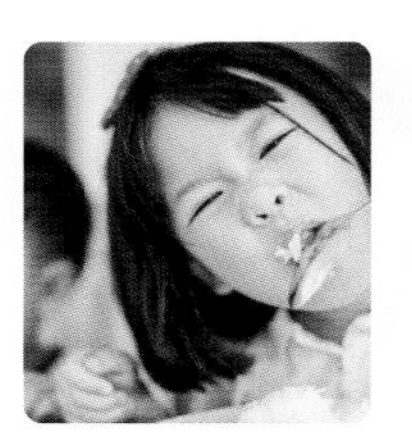

和

화할 화 

6급

禾벼 화에 口입 구를 붙이면 和화할 화가 됩니다. 和는 벼를 사이좋게 나누어 먹는 모습을 표현한 말인데, 平和평화, 和合화합 등의 단어를 만듭니다.

和 따라 쓰기

平和 평 화

뜻 평온하고 화목함

예 남과 북은 그동안 平和 통일을 목표로 어떤 노력을 해 왔을까?

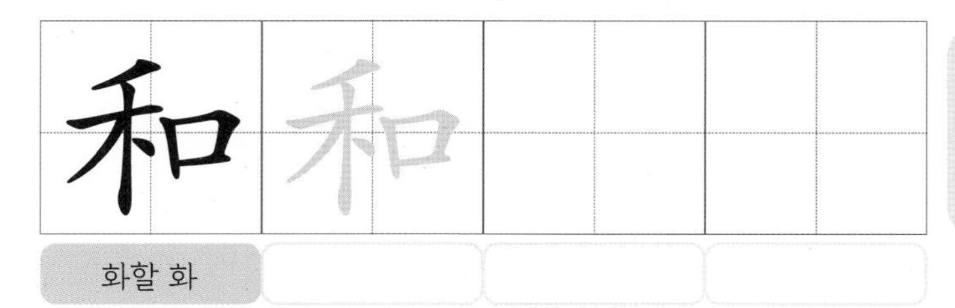

화할 화

문제 풀기

1 네모칸에 알맞은 글자를 넣어 보아요.

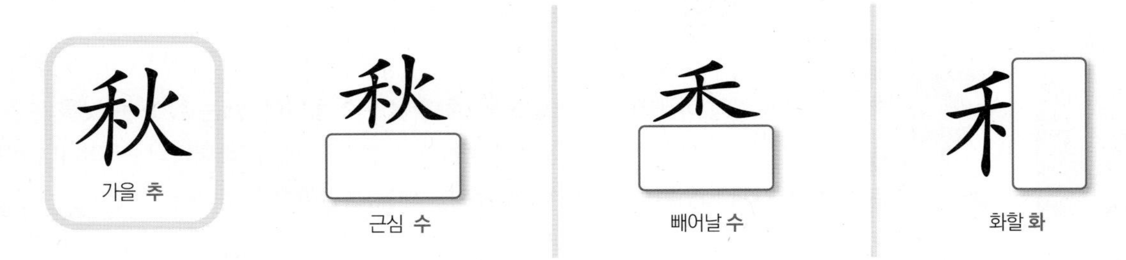

2 한자의 음과 뜻을 알맞게 이어 보아요.

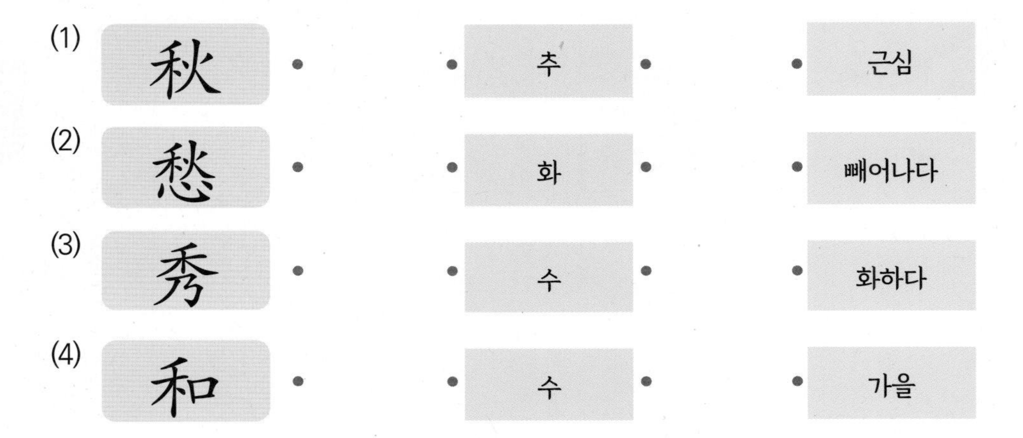

3 빈칸에 알맞은 한자를 써 보아요.

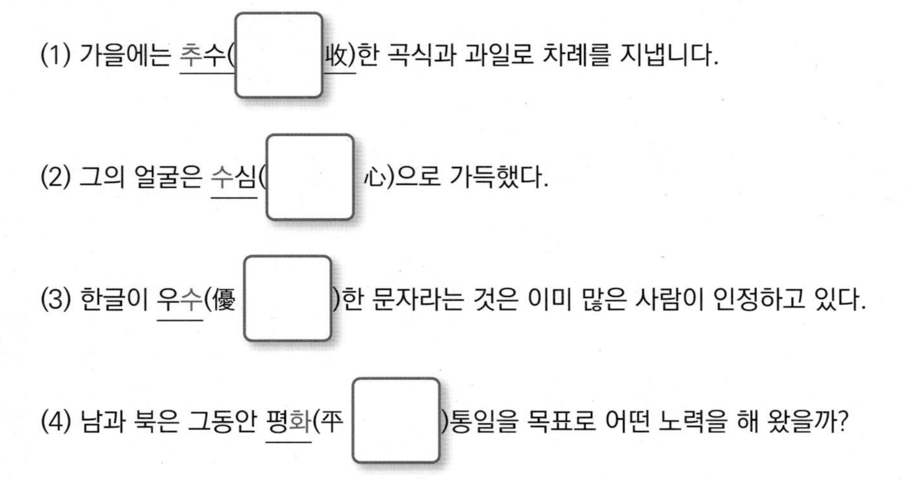

*정답 : 245쪽

4 내용을 소리 내어 읽고 한자를 한글로 써 보세요.

'秋分'은 가을이고 9월23일쯤이지. 그리고 시각선이 '오시(午時)'라면 낮12시 전후란다.

*과학 6

5 열쇠의 뜻 풀이를 이용하여 가로 세로 단어 퍼즐을 완성해 보세요.

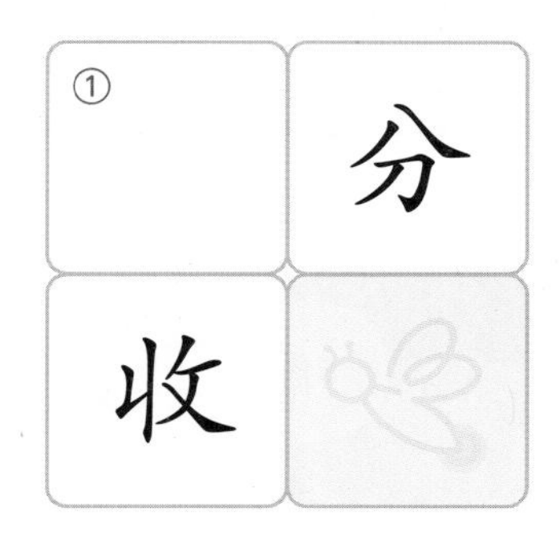

[가로열쇠 ①] 24절기 중 하나, 낮과 밤의 길이가 같아짐

[세로열쇠 ①] 가을에 거두어들임, 가을걷이

6 QR코드를 찍어 영상을 본 후, 문제를 풀어 보아요.

(1) 음: ________ 뜻: ________

관련단어: ________

만화로 배우는

한자성어

추풍낙엽 (秋風落葉)

가을 바람에 떨어지는 잎, 맥없이 당하는 모양.
[바람 風, 떨어질 落, 잎 葉]

동영상으로 익히는

블록한자

* 아래 QR을 찍으면 동영상이 나옵니다. 동영상을 따라서 한눈에 정리해보아요.

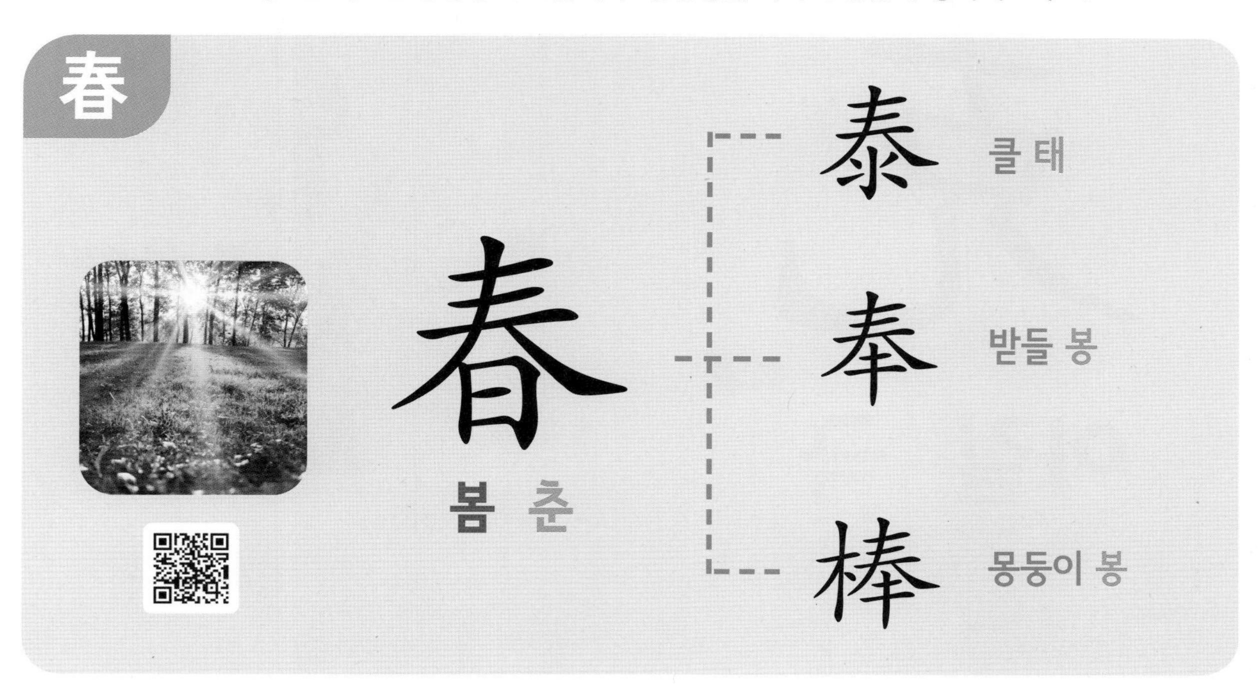

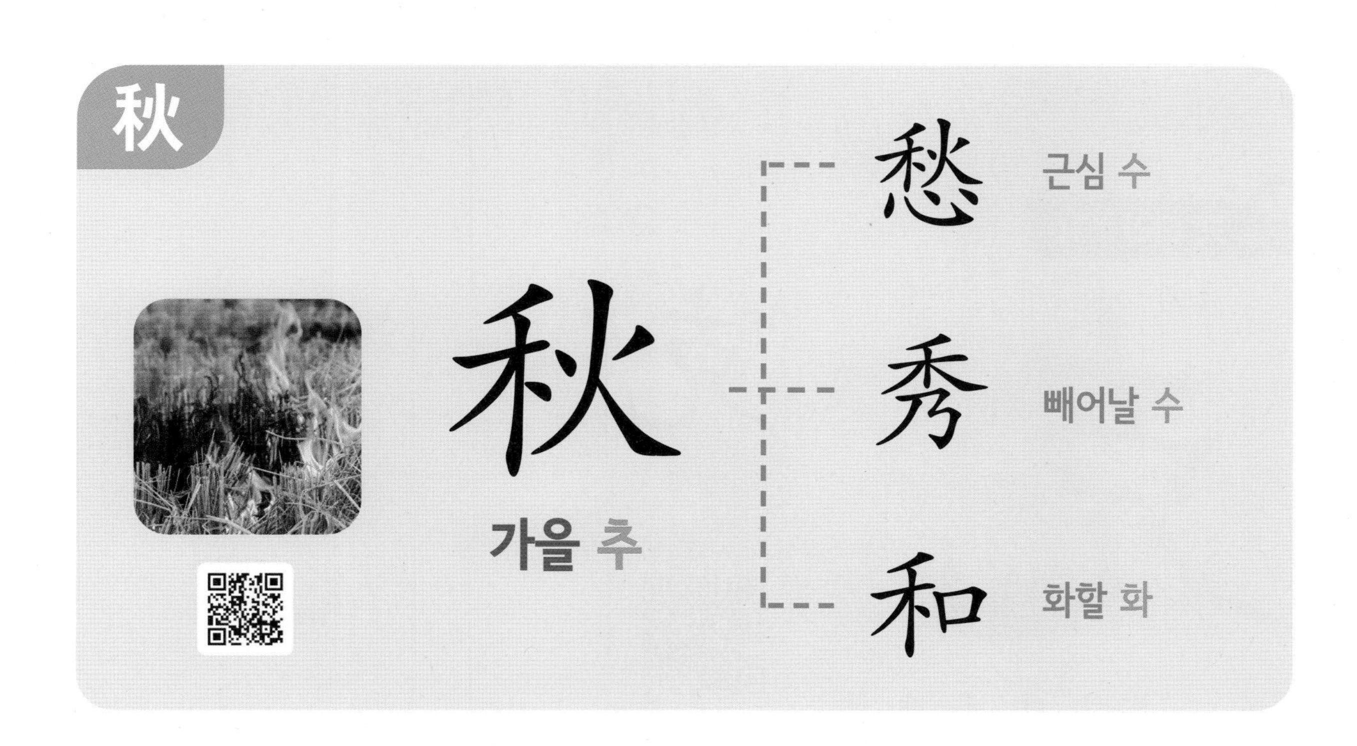

핵심 한자

월 일

3급

이길 극

克 알아 보기

옛한자

兄형 형의 머리에 무거운 짐을 얹은 모습을 본뜬 글자입니다. 무거운 짐을 十으로 표현했는데, 무게를 '견디다, 이기다'의 뜻으로 쓰입니다.

克 따라 쓰기

7획 

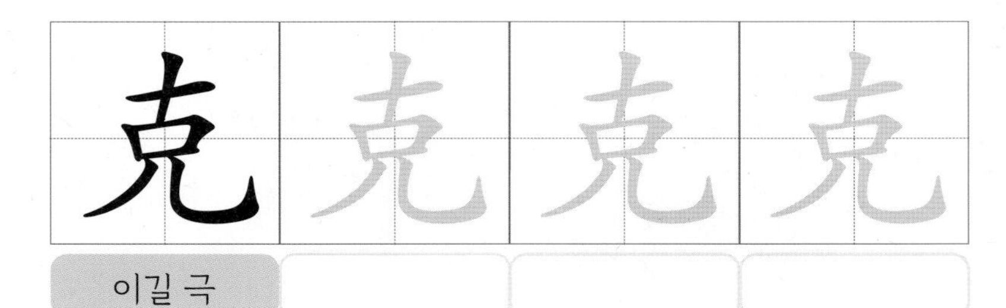

찍으면 획순 영상이 나옵니다.

교과서 핵심 단어

49블록
克

교과서에 나온 내용을 소리 내어 읽어 보아요.

사회 5

克服
이길 극 입을, 굴레 복

극복

뜻 굴레를 이겨냄

청일전쟁 이후 일제는 노골적으로 우리나라를 침략하기 시작했다. 일제의 침략을 克服하고 광복을 이루려고 노력한 인물에는 누가 있었을까.

교과서 밖

克己
이길 극 나 기

극기

뜻 자기를 이김

공자의 제자 안연이 물었다. "스승님, 인(仁)이 무엇이옵니까?" 공자가 답했다. "克己 하는 것이니, 하루라도 자신의 욕망을 이겨내면 세상 모든 사람들이 어질게 될 수 있을 것이다."

핵심한자 완성하기!

*정답 : 246쪽

(1) 일제의 침략을 극복(　　服)하고 광복을 이루려고 노력한 인물에는 누가 있었을까.

(2) "스승님, 인이 무엇이옵니까?" "극기(　　己)하는 것이다."

블록 한자

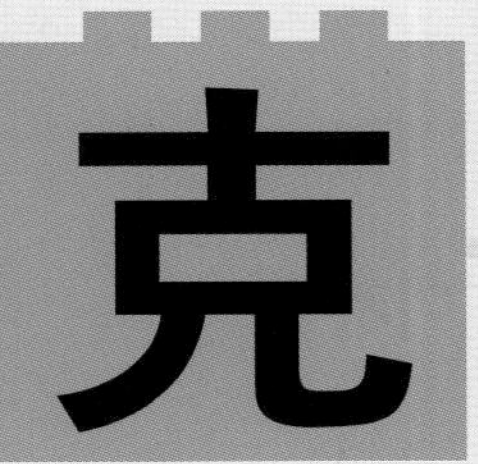

이길 극

克 → 兢 두려워할 긍 — 戰戰兢兢 전전긍긍

刂 → 剋 이길 극 — 下剋上 하극상

竟 악기 연주 끝낼 경

竟 → 競 다툴 경 — 競技 경기

* 刂=刀 칼 도, 戰 싸움 전, 下 아래 하, 上 위 상, 技 기술 기

兢 두려워할 긍 1급

克이길 극을 두 개 나란히 쓴 兢두려워할 긍도 있습니다. 戰戰兢兢전전긍긍이라는 단어에 쓰입니다.

兢 따라 쓰기

戰戰兢兢 뜻 두려워 벌벌 떪

전 전 긍 긍 예 나는 그 비밀을 누군가 알게 될까 봐 늘 戰戰兢兢했다.

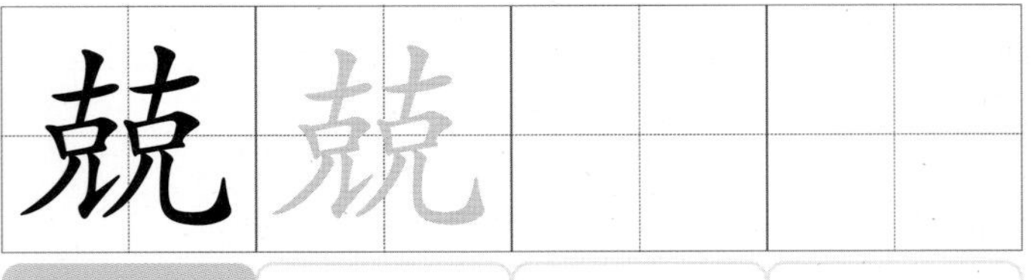

두려워할 긍

이길 극 1급

剋

克이길 극에 刂칼 도를 쓰면 剋이길 극이 됩니다. 克과 같은 의미이지만 의미를 보다 더 강조하기 위해 刂를 붙였습니다. 이 글자가 들어간 중요한 단어에 下剋上하극상이 있습니다. 아랫사람이 윗사람을 이기려 들 때 쓰는 말입니다.

下剋上 뜻 아래가 위를 이김

하 극 상  명령을 지금 따르지 않으면 명백한 下剋上으로 간주하겠다.

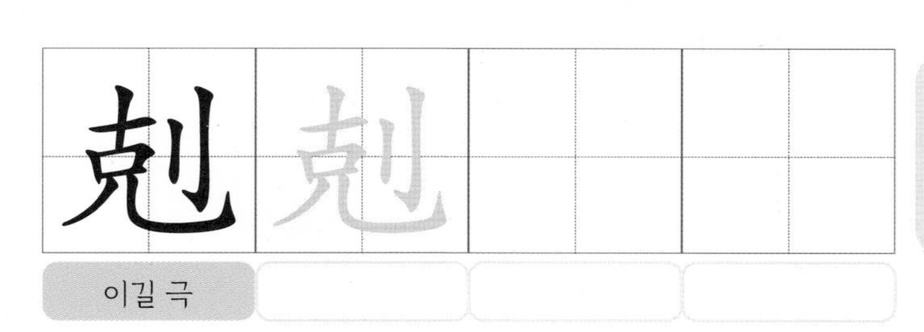

다툴 경 5급

競

兢두려워할 긍과 競다툴 경은 비슷하게 생겼고 발음도 유사하지만 유래나 의미는 전혀 다른 글자입니다. 競은 竟악기 연주 끝낼 경을 나란히 써서 악기로 경쟁하는 모습을 나타낸 글자입니다. 兢과 비슷하니까 함께 배워요.

競技 뜻 기술을 겨룸

경 기 예 규칙을 잘 지켜야만 안전하고 즐거운 競技를 펼칠 수 있다.

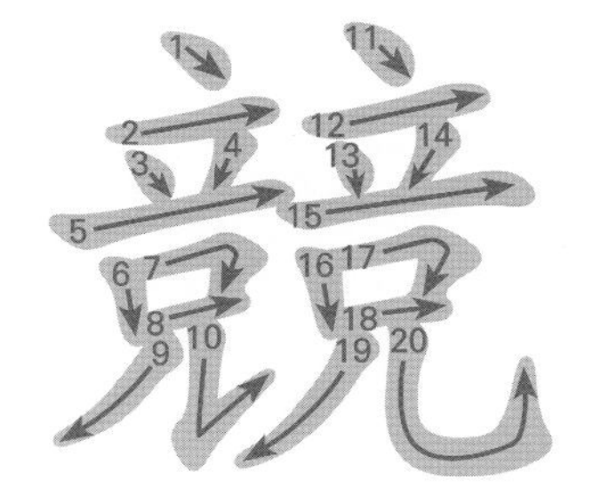

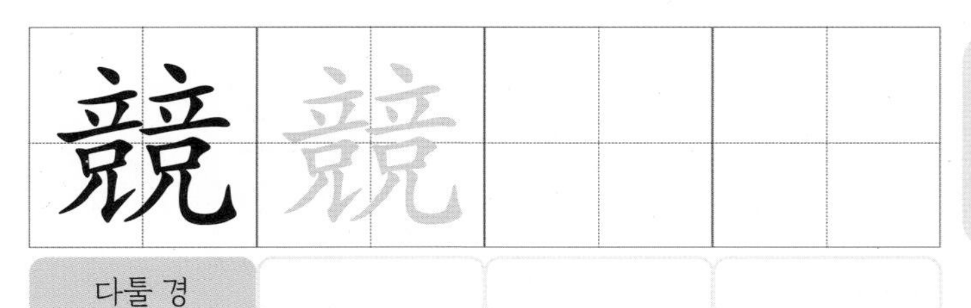

문제 풀기

1 네모칸에 알맞은 글자를 넣어 보아요.

2 한자의 음과 뜻을 알맞게 이어 보아요.

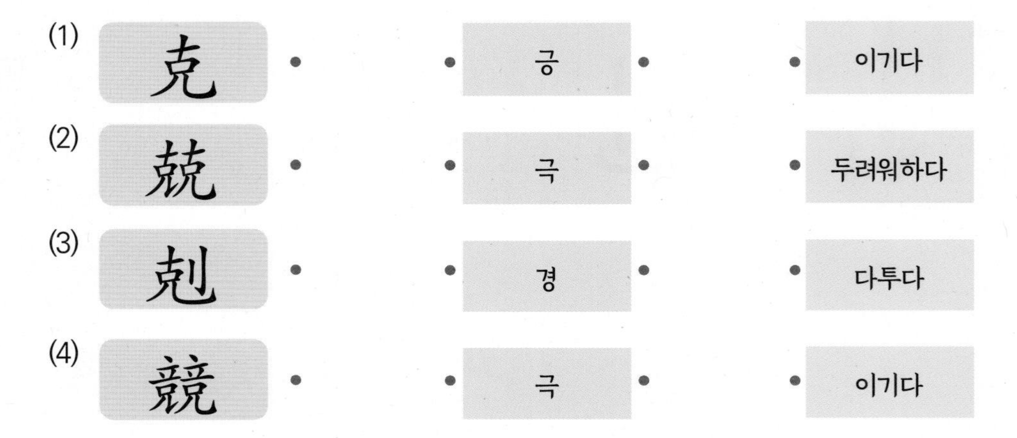

3 빈칸에 알맞은 한자를 써 보아요.

(1) 빈곤을 극복(　服)하려면 일하는 방법을 배워야 할 것 같아.

(2) 나는 그 비밀을 누군가 알게 될까 봐 늘 전전긍긍(戰戰　　)했다.

(3) 명령을 지금 당장 따르지 않으면 명백한 하극상(下　上)으로 간주하겠다.

(4) 규칙을 잘 지켜야만 안전하고 즐거운 경기(　技)를 펼칠 수 있다.

4 내용을 소리 내어 읽고 한자를 한글로 써 보세요.

*국어 5

5 열쇠의 뜻 풀이를 이용하여 가로 세로 단어 퍼즐을 완성해 보세요.

[가로열쇠 ①] 자기를 이김

[세로열쇠 ①] 굴레를 이겨냄

6 QR코드를 찍어 영상을 본 후, 문제를 풀어 보아요.

(1) 음: ________ 뜻: ________

관련단어: ________

핵심 한자

월 일

5급

나 기

己 알아 보기

옛 한자

己나 기는 실꾸러미, 뱀 등 '꼬불꼬불한 모습'을 본뜬 글자입니다. '나, 내 몸'이라는 뜻이 중심에 자리하자, 뱀은 巳뱀띠 사로 모양을 살짝 바꾸어 씁니다.

己 따라 쓰기

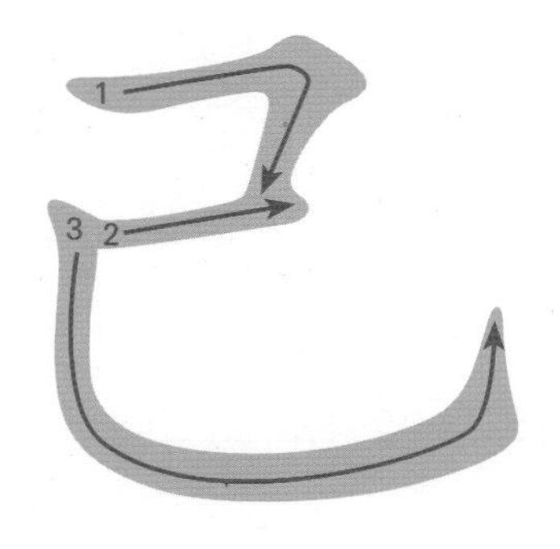

3획

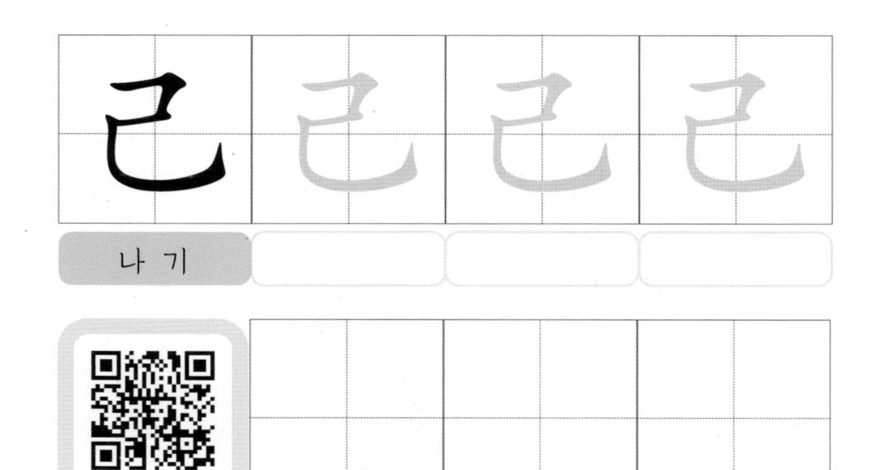

나 기

찍으면 획순 영상이 나옵니다.

교과서 핵심 단어

50블록 己

교과서에 나온 내용을 소리 내어 읽어 보아요.

국어 3

自己
스스로 자 나 기
자기

뜻 나 스스로

멋쟁이 홍실 각시는 코웃음부터 한 번 치고 제법 여유 있게 自己 자랑을 늘어 놓았습니다. "호호호, 실이 없는 바늘이 무슨 일을 하겠니? 나야말로 주인공이지."

국어 4

利己心
이로울 이 나 기 마음 심
이기심

뜻 자신을 이롭게 하는 마음

나만 생각하는 利己心을 넘어서 남을 돌볼 줄 아는 마음을 동물과 인간을 가르는 기준으로 삼기도 해요. 하지만 동물의 세계에서도 그처럼 아름다운 마음을 볼 수 있답니다.

핵심한자 완성하기!

*정답 : 246쪽

(1) 멋쟁이 홍실 각시는 코웃음부터 한 번 치고 제법 여유 있게 자기(自 ☐)자랑을 늘어 놓았습니다.

(2) 나만 생각하는 이기심(利 ☐ 心)을 동물과 인간을 가르는 기준으로 삼기도 해요.

블록 한자

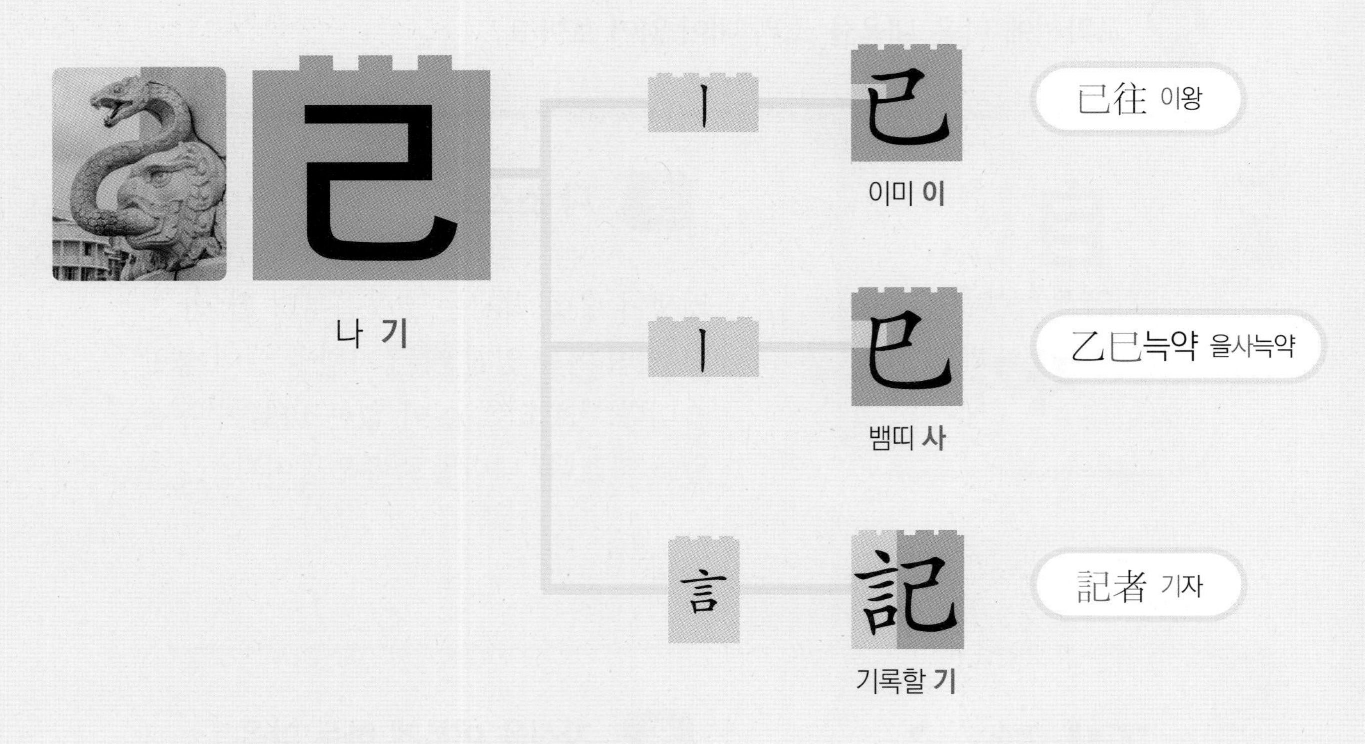

*言 말씀 언, 往 갈 왕, 乙 새 을, 者 사람 자

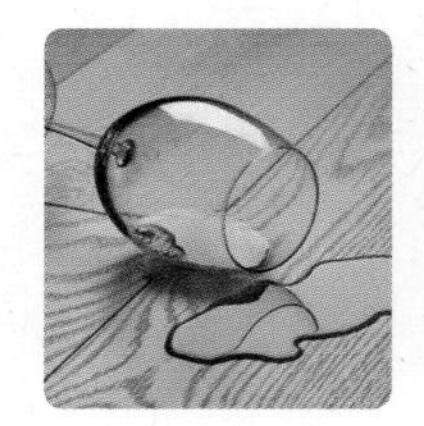

已 이미 이  3급

己나 기에서 획을 반만 나오게 쓰면 已이미 이가 됩니다. "已往이왕에 이렇게 된 것"이라고 할 때 쓰입니다.

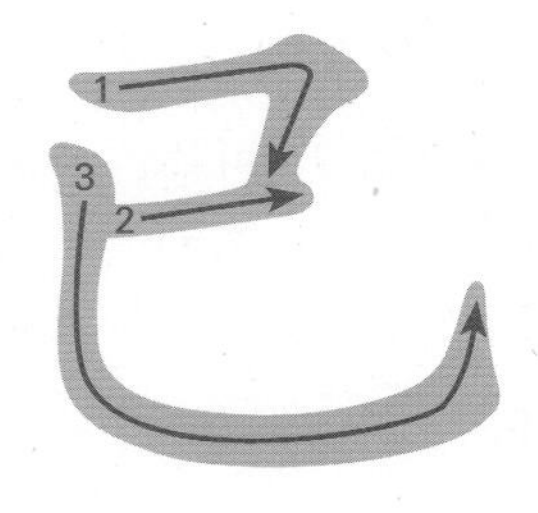

已往  뜻 이미 지나감

이 왕  예 已往 그렇게 된 일, 후회해 봤자 소용없다.

50블록
己

뱀띠 사 3급

己나 기와 비슷한 글자는 많습니다. 己처럼 쓰지 않고 세 번째 획을 완전히 붙여서 쓰면 巳뱀띠 사가 됩니다. 뱀이 똬리를 틀고 있는 모습을 그린 것입니다. 어떤 연도에 巳가 들어가면 모두 다 뱀띠입니다.

뜻 을사년(1905)에 맺은 늑약. 늑약은 억지로 맺은 약속

을 사 늑 약

예 乙巳늑약이 무효임을 선언한 고종 황제의 친서가 미국에서 발견되었다.

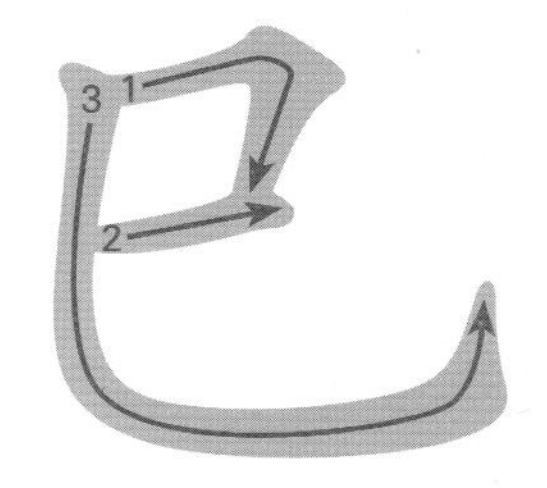

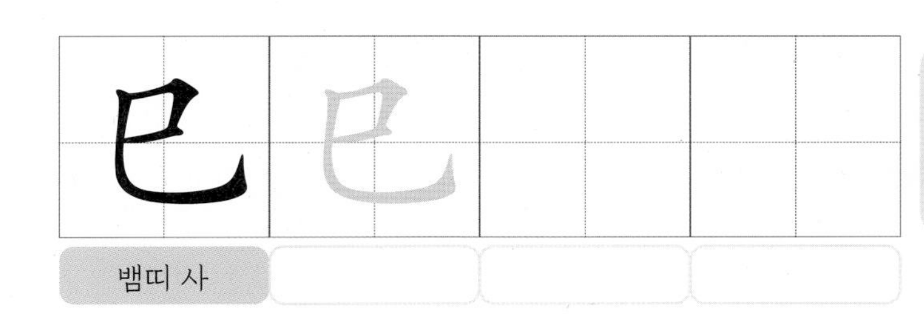

기록할 기 7급

己나 기 자체도 파생 한자를 많이 만듭니다. 己의 오른쪽에 言말씀 언을 쓰면 記기록할 기가 됩니다. 기록은 말의 일종이기 때문입니다.

記者 뜻 사건을 기록하는 사람

기 자 예 記者인 지혜는 신문을 정리하다가 찢어진 신문 기사를 발견했습니다.

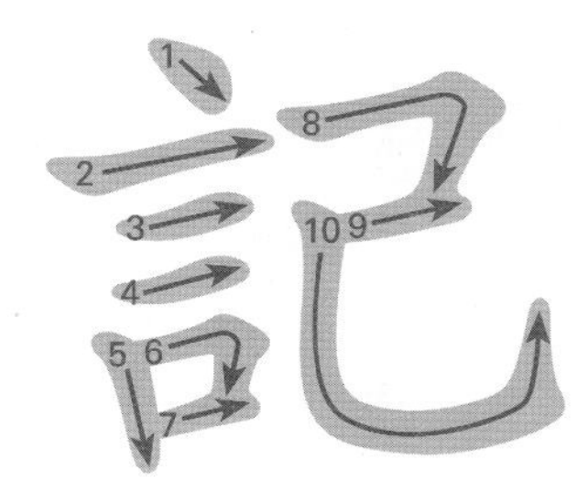

문제 풀기

1 네모칸에 알맞은 글자를 넣어 보아요.

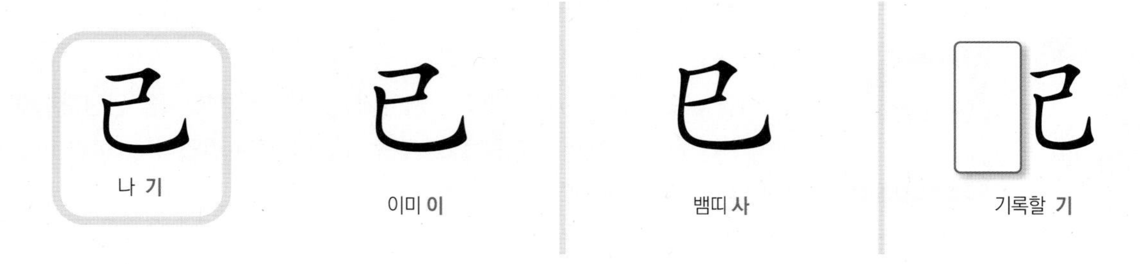

2 한자의 음과 뜻을 알맞게 이어 보아요.

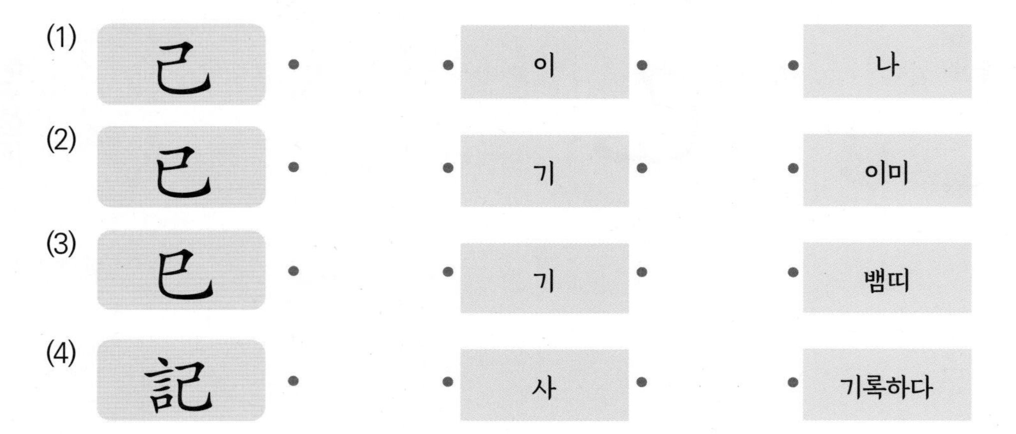

3 빈칸에 알맞은 한자를 써 보아요.

(1) 자기(自 □)가 동생보다 더 큰 부자가 될 것이라고 생각했습니다.

(2) 이왕(□ 往) 그렇게 된 일, 후회해 봤자 소용없다.

(3) 을사(乙 □)조약이 무효임을 선언한 고종 황제의 친서가 미국에서 발견되었다.

(4) 기자(□ 者)인 지혜는 신문을 정리하다가 찢어진 신문 기사를 발견했습니다.

*정답 : 246쪽

4 내용을 소리 내어 읽고 한자를 한글로 써 보세요.

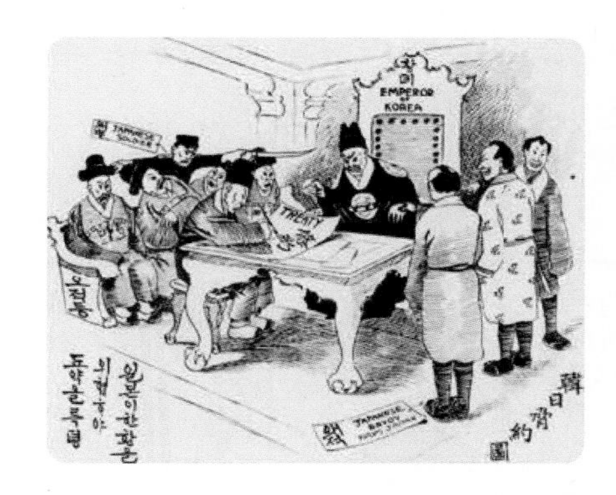

고종이 완강히 거부했음에도 일제의 특사로 대한 제국에 온 이토 히로부미는 궁궐을 포위한 상태에서 외교권을 빼앗는 조약을 강제로 체결했다 이를 '乙巳늑약'이라고 한다.

*사회 5

....

5 열쇠의 뜻 풀이를 이용하여 가로 세로 단어 퍼즐을 완성해 보세요.

[가로열쇠 ①] 나 스스로

[세로열쇠 ②] 자신을 이롭게 하는 마음

6 QR코드를 찍어 영상을 본 후, 문제를 풀어 보아요.

(1) 음: 기 뜻: ....

관련단어: ....

(2) 음: 이 뜻: ....

관련단어: ....

(3) 음: 사 뜻: ....

관련단어: ....

만화로 배우는

한자성어

전전긍긍
(戰戰兢兢)

벌벌 떨며 움추림. 전전은 겁을 먹고 벌벌 떠는 것, 긍긍은 조심하며 몸을 움츠리는 것. [싸울 戰]

동영상으로 익히는

블록한자

* 아래 QR을 찍으면 동영상이 나옵니다. 동영상을 따라서 한눈에 정리해보아요.

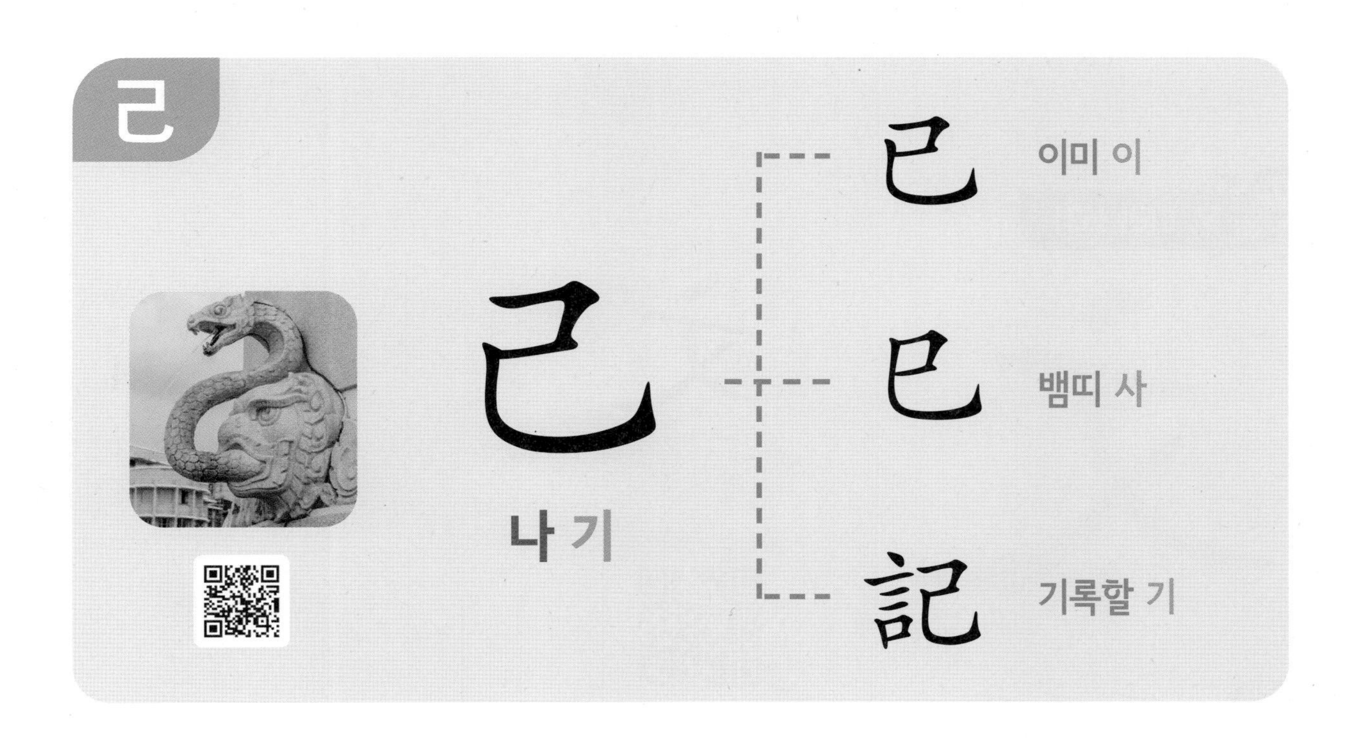

핵심 한자

월 일

7급

글월 문

文 알아 보기

옛 한자

文글월 문은 사람의 모양을 본뜬 글자로 알려져 있습니다. 어떤 이는 사람의 몸에 새겨진 문신에서 나왔다고도 합니다. 첫 두획 亠은 머리와 어깨, 나머지 두 획 乂은 몸통으로 생각하면 쉽습니다.

文 따라 쓰기

4획

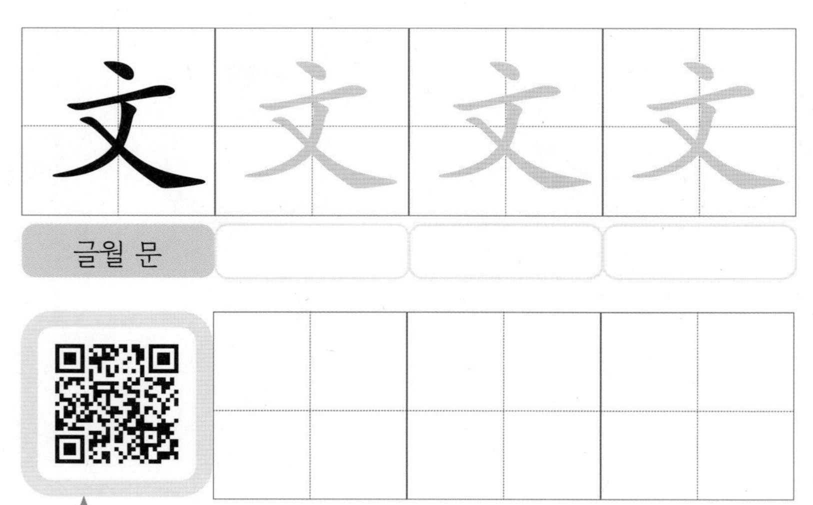

찍으면 획순 영상이 나옵니다.

교과서 핵심 단어

51블록
文

교과서에 나온 내용을 소리 내어 읽어 보아요.

국어 4

文字
글월 문 글자 자
문자

뜻 글자

세종은 대낮에도 깜깜한 어둠 속에 있는 것 같은 날들이 하루하루 늘어 갔지만, 식사를 하거나 휴식을 취할 때조차 늘 文字를 생각했습니다.

사회 4

文法
글월 문 법 법
문법

뜻 글의 법칙

주시경은 한글을 연구했어요. 당시 우리나라에는 사람들이 두루 볼 만한 우리말 文法책이 없었어요. 많은 사람이 한문만을 글로 여기고 우리글에는 관심을 가지지 않았기 때문이지요.

핵심한자 완성하기!

*정답 : 246쪽

(1) 세종은 식사를 하거나 휴식을 취할 때조차 늘 문자(字)를 생각했습니다.

(2) 당시 우리나라에는 사람들이 두루 볼 만한 우리말 문법(法)책이 없었어요.

블록 한자

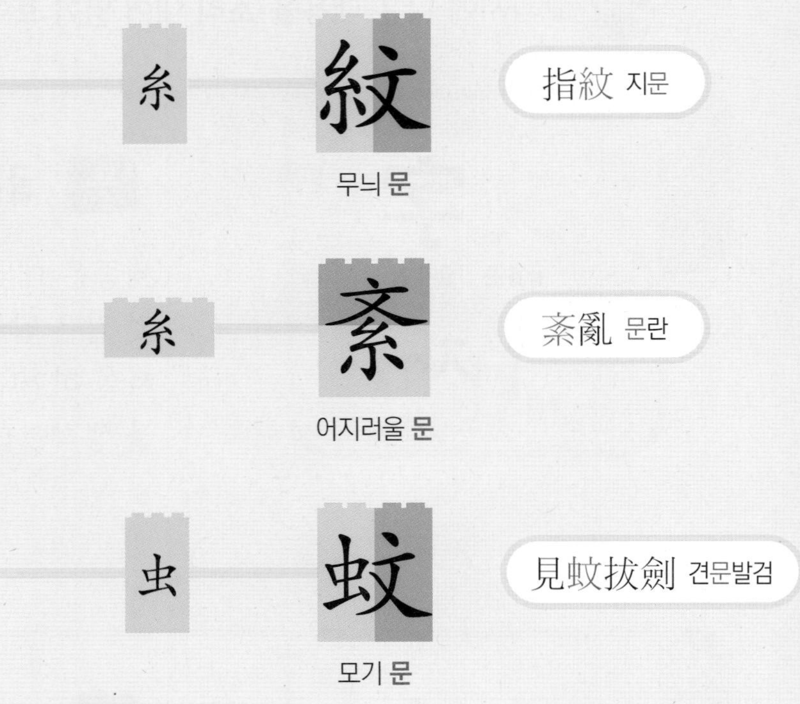

* 糸 실 멱, 虫 벌레 충·벌레 훼, 指 손가락 지, 亂 어지러울 란, 見 볼 견, 拔 뽑을 발, 劍 칼 검

紋 무늬 문

文글월 문의 왼쪽에 糸실 멱을 붙이면 실로 짠 무늬라는 뜻이 됩니다. 옛날에는 여러 가지 색깔로 된 실로 옷감을 짜서 무늬를 만드는 일이 많았기 때문에 糸을 넣었습니다.

指紋 지 문

뜻 손가락의 무늬

예 일란성 쌍둥이라도 指紋은 같지 않다.

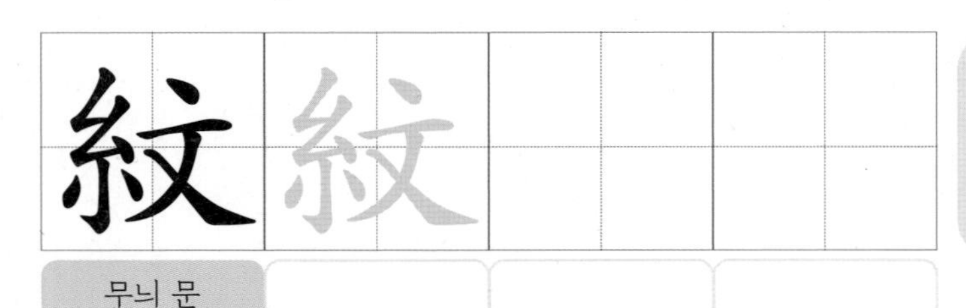

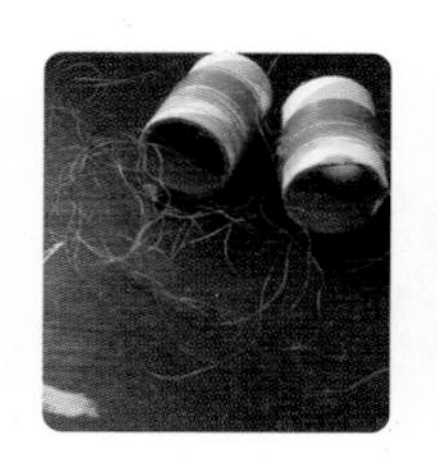

紊

어지러울 문 2급

文글월 문 아래에 糸실 멱을 붙이면 실이 어지럽게 얽혔다는 뜻이 됩니다. '紊亂문란'이라는 활용도가 높은 단어에 들어가니까 외워두면 좋습니다.

紊亂 (문 란)
뜻: 어지럽고 어지러움
예: 나라의 정치가 紊亂하고 기강이 해이해졌다.

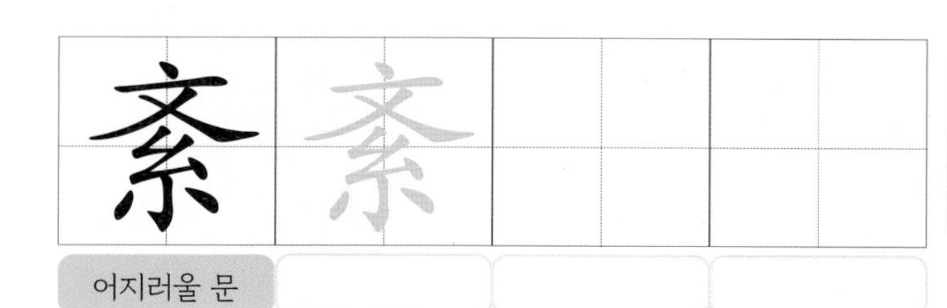

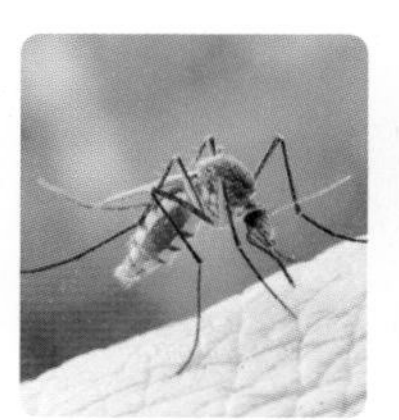

蚊

모기 문 1급

文글월 문에 虫벌레 충, 벌레 훼를 붙이면 蚊모기 문이 됩니다. 한자에 虫가 들어가면 대부분 벌레를 뜻하는데, 文과 결합하면 모기라는 뜻이 됩니다.

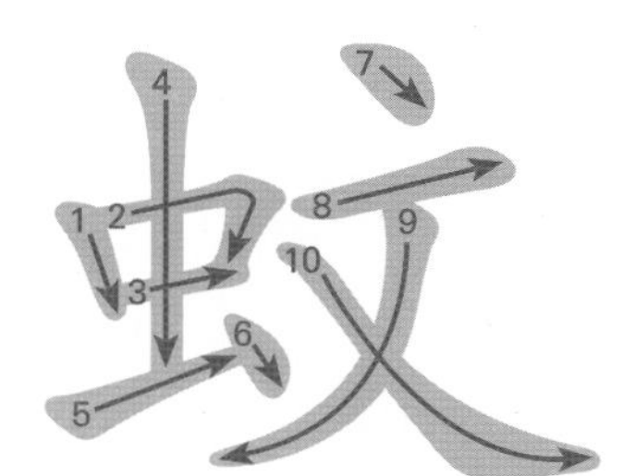

見蚊拔劍 (견 문 발 검)
뜻: 모기를 보고 칼을 뽑다
예: 사소한 일에 크게 반응하는 것을 '見蚊拔劍'이라고 한다.

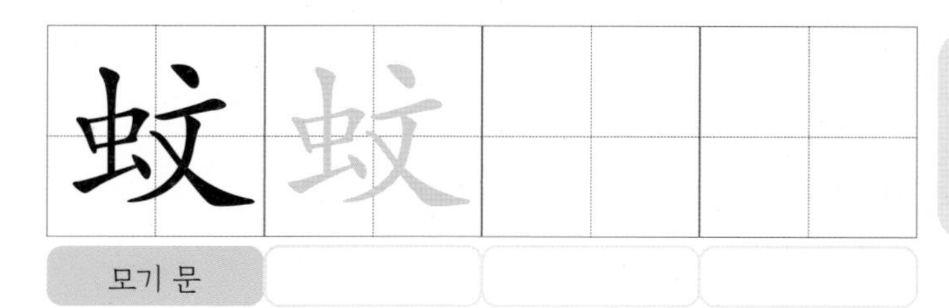

문제 풀기

1 네모칸에 알맞은 글자를 넣어 보아요.

2 한자의 음과 뜻을 알맞게 이어 보아요.

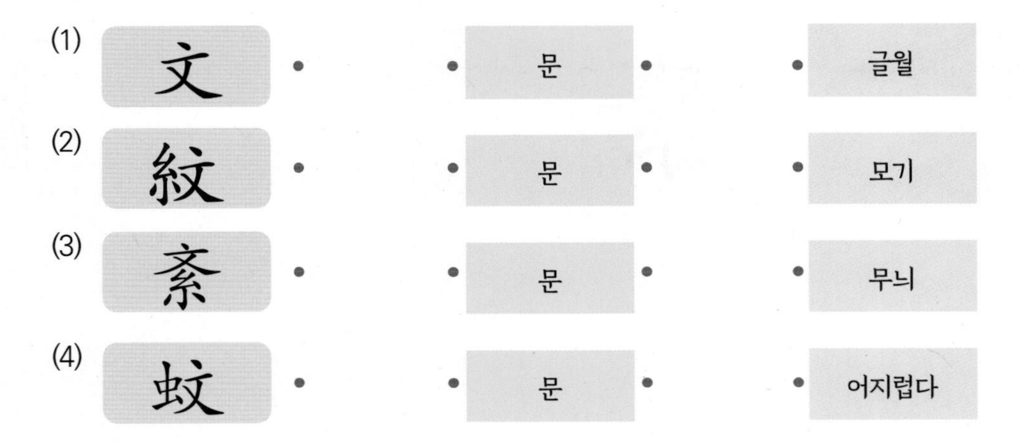

3 빈칸에 알맞은 한자를 써 보아요.

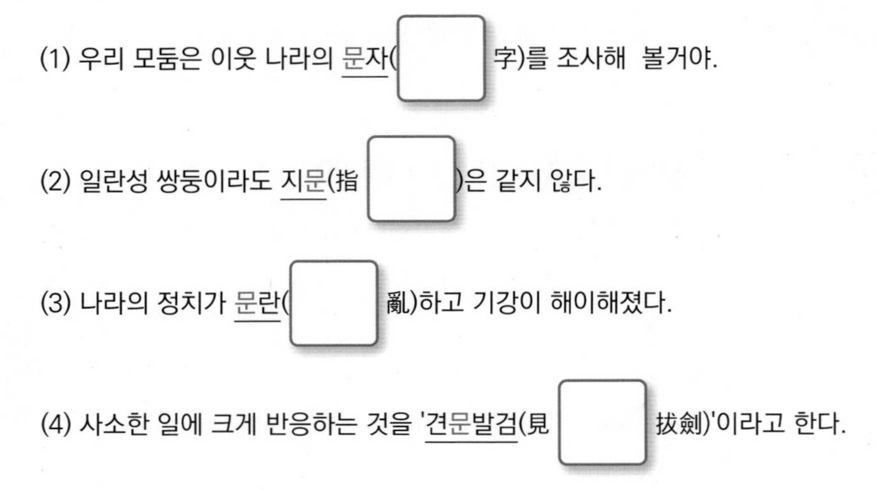

(1) 우리 모둠은 이웃 나라의 문자(　字)를 조사해 볼거야.

(2) 일란성 쌍둥이라도 지문(指　)은 같지 않다.

(3) 나라의 정치가 문란(　亂)하고 기강이 해이해졌다.

(4) 사소한 일에 크게 반응하는 것을 '견문발검(見　拔劍)'이라고 한다.

*정답 : 246쪽

4 내용을 소리 내어 읽고 한자를 한글로 써 보세요.

세종은 대낮에도 깜깜한 어둠 속에 있는 것 같은 날들이 하루하루 늘어 갔지만, 식사를 하거나 휴식을 취할 때조차 늘 文字를 생각했습니다.

*국어 4

5 열쇠의 뜻 풀이를 이용하여 가로 세로 단어 퍼즐을 완성해 보세요.

[가로열쇠 ①] 글자

[세로열쇠 ①] 글의 법칙

6 QR코드를 찍어 영상을 본 후, 문제를 풀어 보아요.

(1) 음: 뜻:

관련단어:

핵심 한자

월 일

5급

될 화

化 알아 보기

옛 한자

化는 亻사람 인과 匕비수 비가 결합한 모양으로 생겼지만, 원래는 두 개의 匕가 엇갈려 있는 모습에서 나온 글자입니다. 두 개의 칼이 엇갈리며 변화하는 모습을 나타낸 글자인데, 세월이 흐르면서 왼쪽의 匕는 亻처럼 바뀌었습니다.

化 따라 쓰기

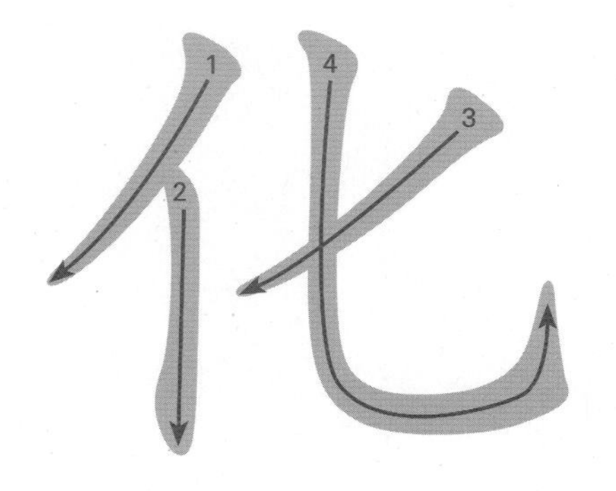

4획 丿 亻 亻' 化

化	化	化	化
될 화			

찍으면 획순 영상이 나옵니다.

교과서 핵심 단어

교과서에 나온 내용을 소리 내어 읽어 보아요.

국어 5

多文化
많을 다 글월 문 될 화

다문화

뜻 **여러 개의 문화**

학교에서는 인권 교육 활동으로 多文化 가족에 대한 편견을 없애고 문화의 다양성을 존중하도록 한다.

과학 6

化學
될 화 배울 학

화학

뜻 **변화를 다루는 학문**

에너지 형태에는 열에너지, 전기 에너지, 빛에너지, 化學 에너지, 운동 에너지, 위치 에너지 등이 있습니다. 우리는 생활하면서 이처럼 다양한 형태의 에너지를 이용합니다.

핵심한자 완성하기!

*정답 : 246쪽

(1) 다문화(多文 [ ])가족에 대한 편견을 없애고 문화의 다양성을 존중하도록 한다.

(2) 에너지 형태에는 열에너지, 화학([ ] 學) 에너지, 운동 에너지, 위치 에너지 등이 있습니다.

블록 한자

無窮花 무궁화

百貨店 백화점

長靴 장화

* 艹 = 艸 풀 초, 貝 조개 패, 革 가죽 혁, 無 없을 무, 窮 다할 궁, 店 가게 점, 長 길 장

花 꽃 화 7급

化될 화에 艹풀 초를 붙이면 花꽃 화가 됩니다. 꽃은 풀에 피는 것이니까 艹를 넣어 뜻을 나타낸 것입니다. **花草**화초, **開花**개화 등 많은 단어를 만듭니다.

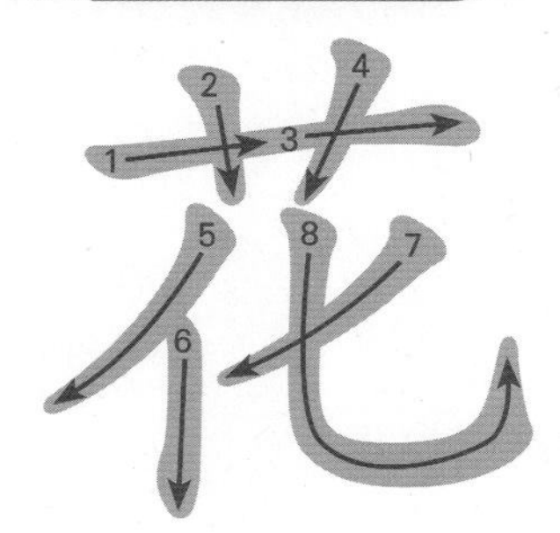

無窮花 뜻 끝이 없는 꽃, 우리나라 국화

무 궁 화 예 여러해살이 식물에는 개나리, 감나무, 無窮花 등이 있습니다.

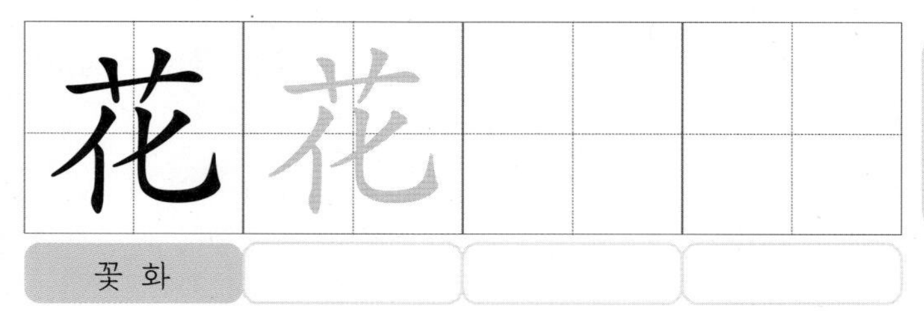

貨

재물 화 

化될 화 아래에 貝조개 패를 넣으면 貨재물 화가 됩니다. 한자에서 貝는 늘 돈과 관련된 뜻을 만드는데 여기서는 '돈으로 바꿀 수 있는 물건'이라는 뜻으로 쓰였습니다. 財貨재화, 百貨店백화점 등의 단어를 만듭니다.

百貨店 뜻 온갖 물건을 파는 상점
백 화 점 예 百貨店이나 대형 상점가를 이용하려고 도시로 이동합니다.

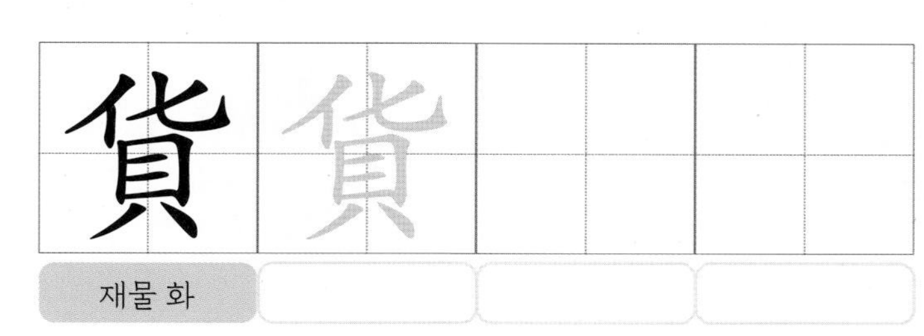

靴

신 화 

化될 화 앞에 革가죽 혁을 붙이면 靴신 화가 됩니다. 가죽으로 된 신발을 뜻합니다. 운동할 때 신는 신발은 運動靴운동화, 실내에서 신는 신발은 室內靴실내화입니다.

長靴 뜻 목이 긴 신발
장 화 예 발에는 노란 長靴를 신고 있었어요.

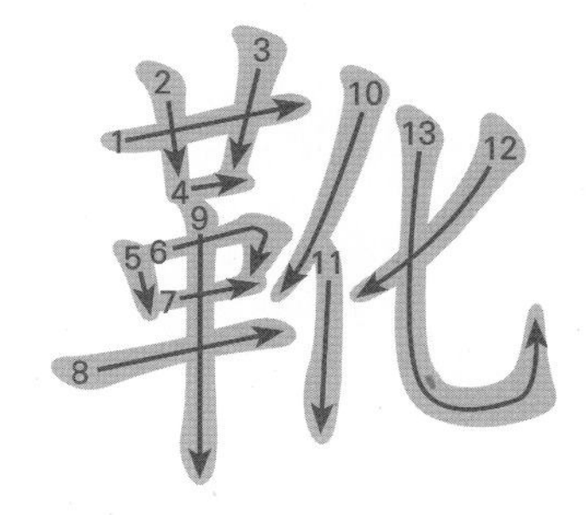

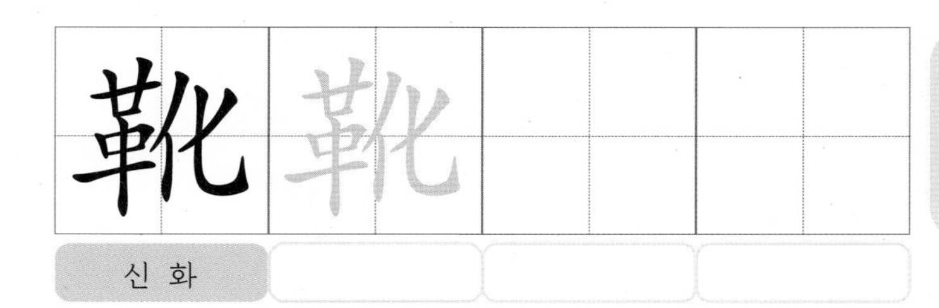

문제 풀기

1 네모칸에 알맞은 글자를 넣어 보아요.

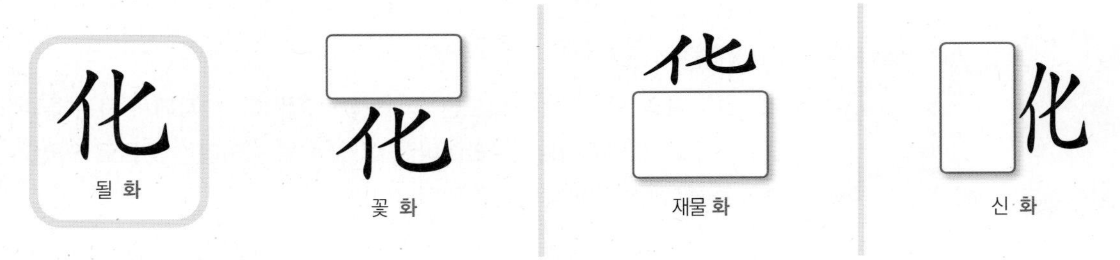

2 한자의 음과 뜻을 알맞게 이어 보아요.

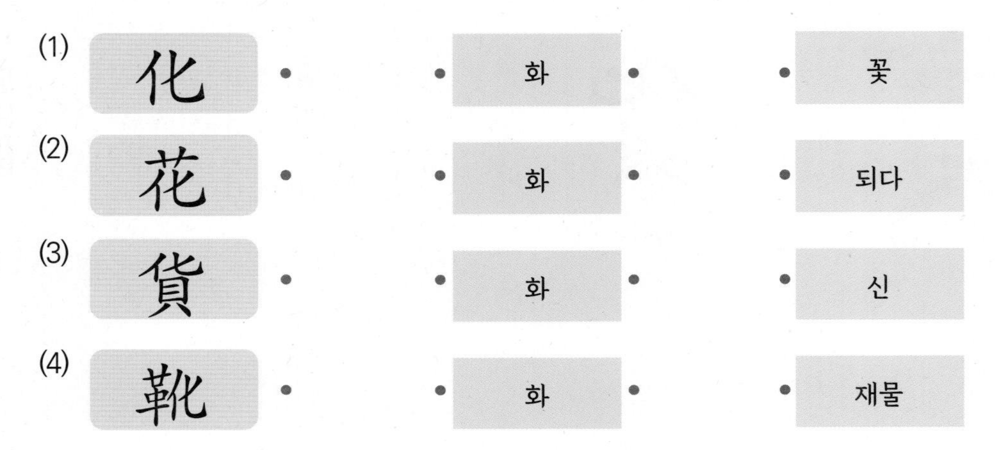

3 빈칸에 알맞은 한자를 써 보아요.

(1) 식물은 태양의 빛에너지를 이용해 화학(學) 에너지를 만듭니다.

(2) 여러해살이 식물에는 개나리, 감나무, 무궁화(無窮   ) 등이 있습니다.

(3) 백화점(百   店)이나 대형 상점가를 이용하려고 도시로 이동합니다.

(4) 발에는 노란 장화(長   )를 신고 있었어요.

*정답 : 246쪽

4 내용을 소리 내어 읽고 한자를 한글로 써 보세요.

모닥불의 열에너지와 빛에너지는 장작의 化學에너지로부터 전환된 것입니다.

*과학 6

5 열쇠의 뜻 풀이를 이용하여 가로 세로 단어 퍼즐을 완성해 보세요.

[가로열쇠 ①] 여러 개의 문화

[세로열쇠 ②] 변화를 다루는 학문

6 QR코드를 찍어 영상을 본 후, 문제를 풀어 보아요.

(1) 음: ______ 뜻: ______

관련단어: ______

만화로 배우는

한자성어

견문발검 (見蚊拔劍)

모기를 보고 칼을 뺌, 사소한 일에 지나치게 크게 대응함.
[볼 見, 뺄 拔, 칼 劍]

동영상으로 익히는

블록한자

* 아래 QR을 찍으면 동영상이 나옵니다. 동영상을 따라서 한눈에 정리해보아요.

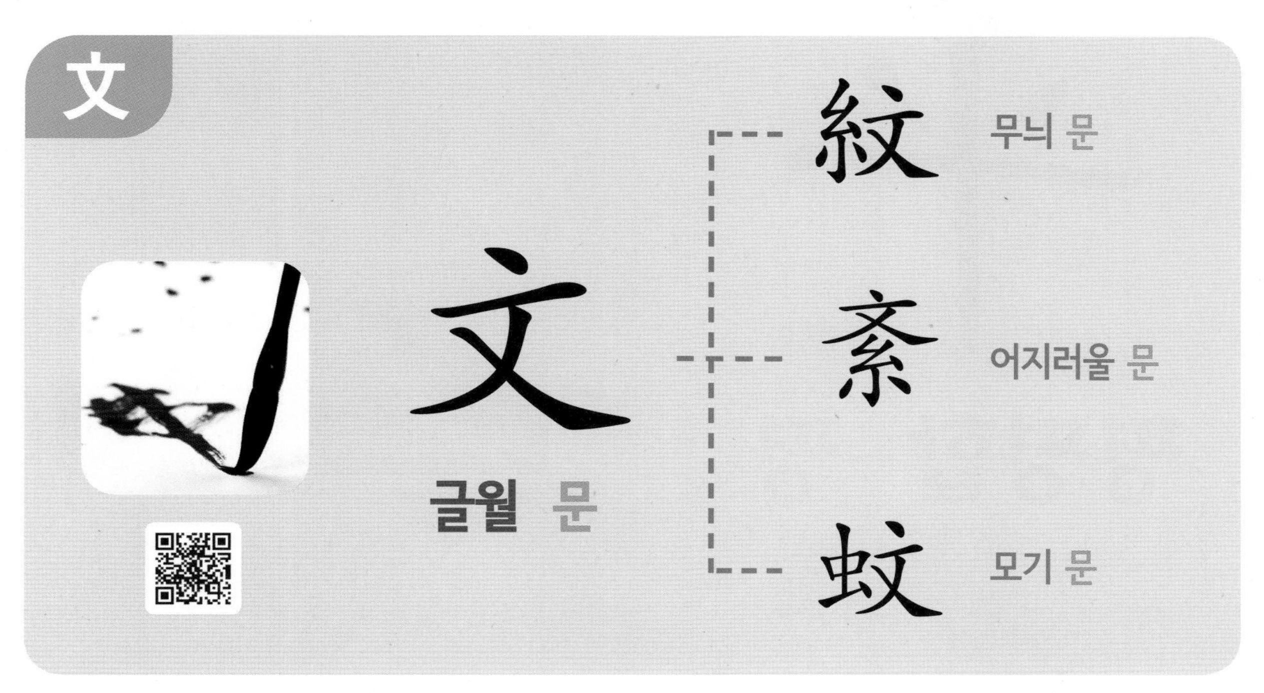

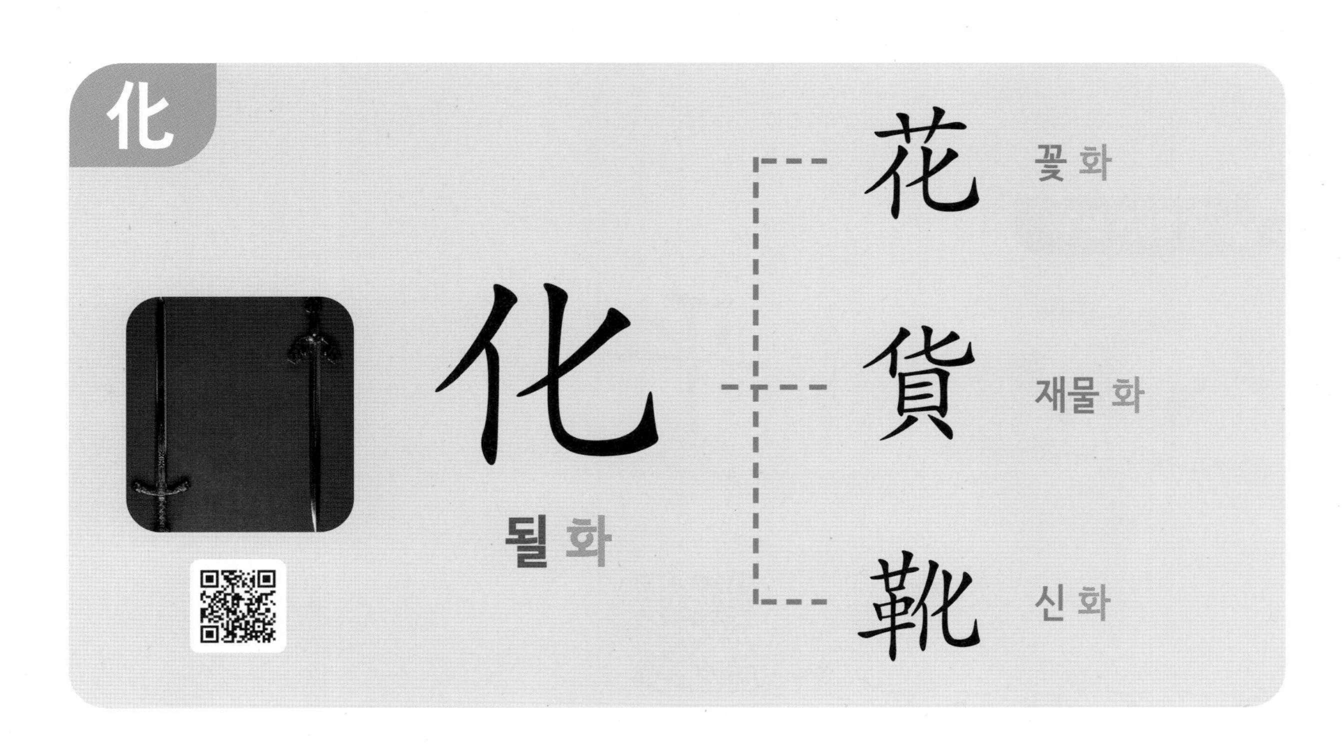

핵심 한자

월 일

7급

평평할 평

平 알아 보기

옛 한자

平평평할 평은 가로나 세로로 곧은 것을 표현한 글자입니다. 굴곡이 없이 가로로 쫙 펴진 모습과, 세로로 죽 이어진 모습을 표현하고 있습니다.

平 따라 쓰기

4획

평평할 평

찍으면 획순 영상이 나옵니다.

교과서 핵심 단어

53블록
平

교과서에 나온 내용을 소리 내어 읽어 보아요.

수학 3

平面
평평할 평 얼굴 면

평면

뜻 평평한 면

平面 도형의 특징이 잘 드러나도록 각자 만들고 싶은 놀이 기구를 만들어 보세요.
"난 직각이 있는 철봉을 높이를 다르게 해서 몇 개를 이어 만들었어."

수학 4

平行
평평할 평 다닐 행

평행

뜻 수평하게 지나감
두 직선이 나란히 지나가는 상태

한 직선에 수직인 두 직선을 그었을 때, 그 두 직선은 서로 만나지 않습니다. 이와 같이 서로 만나지 않는 두 직선을 平行하다고 합니다.

핵심한자 완성하기!

*정답 : 246쪽

(1) 평면(　　面)도형의 특징이 잘 드러나도록 놀이 기구를 만들어 보세요.

(2) 서로 만나지 않는 두 직선을 평행(　　行)하다고 합니다.

블록 한자

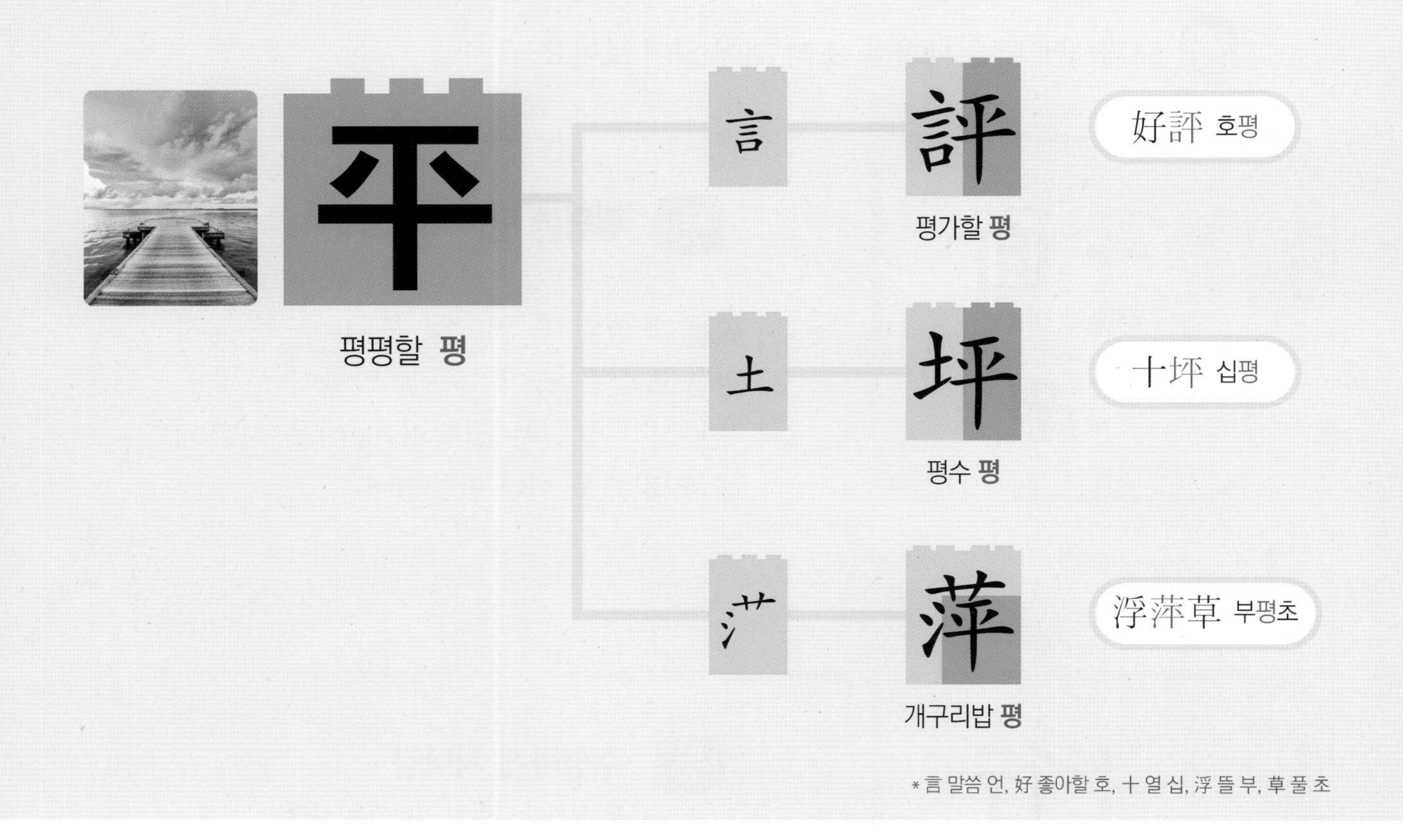

* 言 말씀 언, 好 좋아할 호, 十 열 십, 浮 뜰 부, 草 풀 초

評 평가할 평 4급

平평평할 평에 言말씀 언을 쓰면 評평가할 평이 됩니다. 평가 행위는 말로 공평하게 해야 하는 것이기 때문에 言과 平이 결합된 것입니다.

好評 뜻 좋은 평가

호 평 예 이 영화는 작품성과 대중성 두 가지 모두에서 好評을 받고 있다.

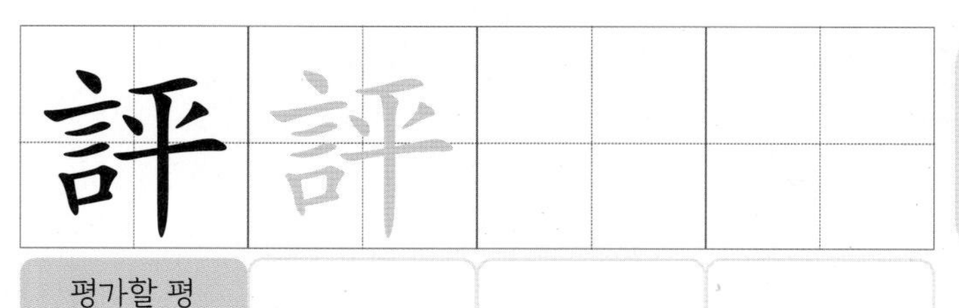

坪

평수 평 2급

平평평할 평에 土흙 토를 붙이면 坪평수 평이 됩니다. 평탄한 땅의 넓이를 재는 단위이기 때문에 土가 붙은 것입니다. 1坪은 현대의 단위로 보면 3.3㎡에 해당합니다.

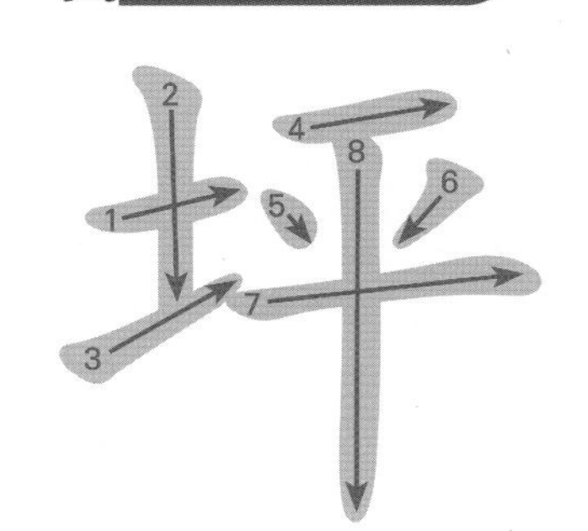

十坪  뜻 십평
십 평

 예 새로 마련한 집은 十坪 남짓한 마당이 있는 아담한 집이었다.

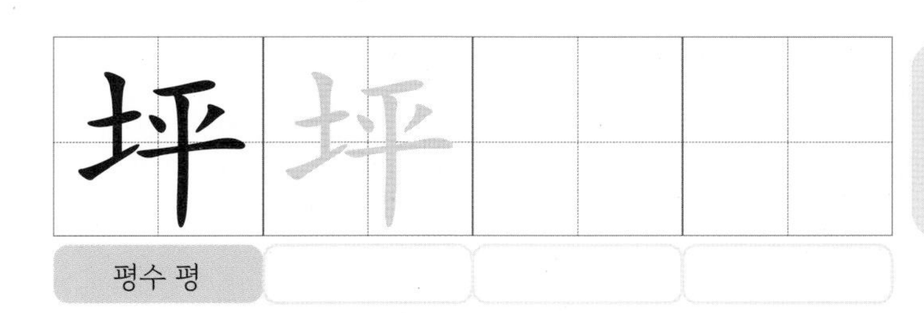
평수 평

萍

개구리밥 평 1급

平평평할 평에 艹풀 초와 氵물 수를 결합하여 물에서 사는 풀의 종류를 나타내기도 합니다. 萍개구리밥 평이 그것입니다. 개구리밥을 한자로 쓴 것이 浮萍草부평초입니다. 萍은 잔잔한 물 위에 평평하게 떠 있는 풀이므로 그렇게 이름하였습니다.

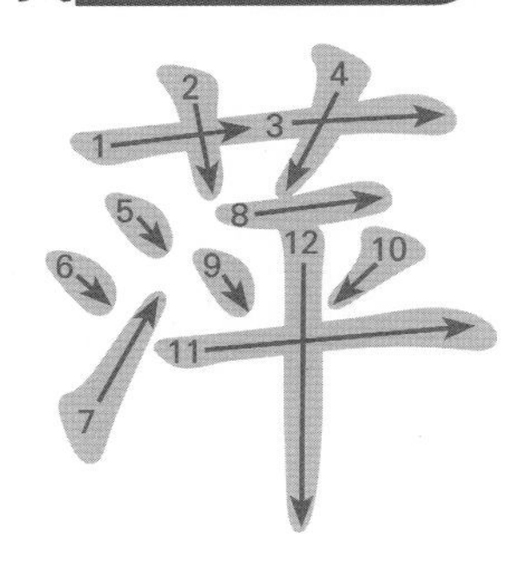

浮萍草 뜻 떠다니는 풀, 개구리밥
부 평 초

예 보따리장수들은 浮萍草처럼 떠돌이 생활을 하였다.

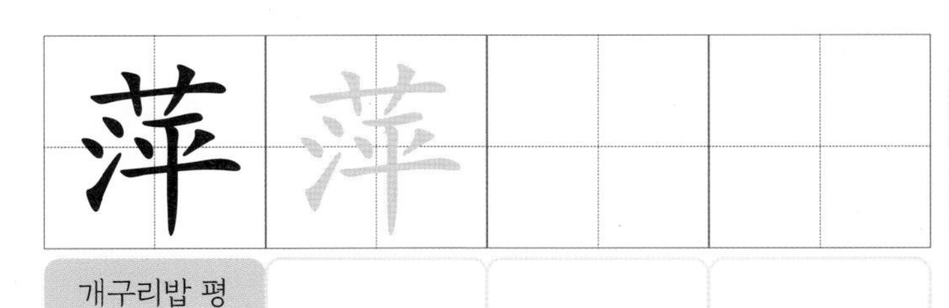
개구리밥 평

문제 풀기

1 네모칸에 알맞은 글자를 넣어 보아요.

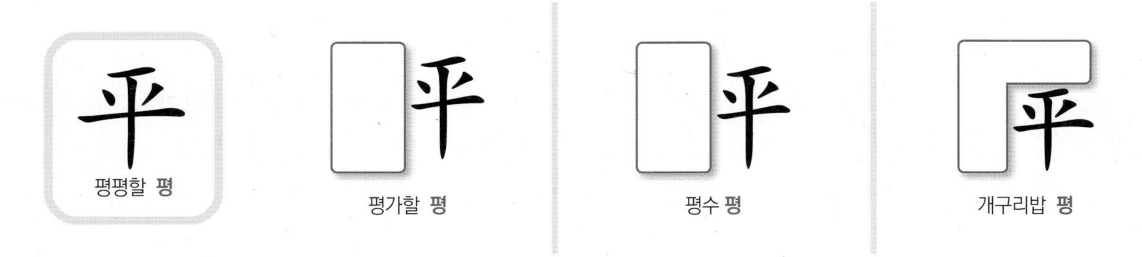

2 한자의 음과 뜻을 알맞게 이어 보아요.

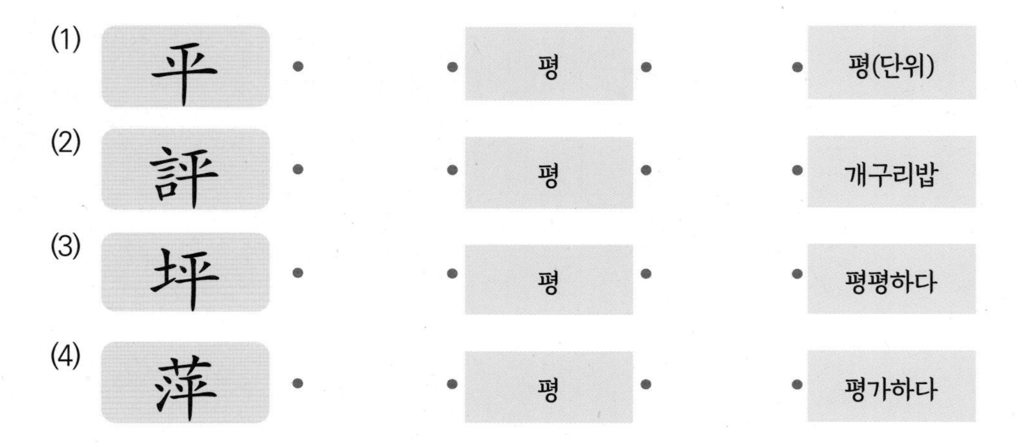

3 빈칸에 알맞은 한자를 써 보아요.

(1) 세계 지도는 둥근 지도를 평면(面)으로 나타낸 것이다.

(2) 이 영화는 작품성과 대중성 두 가지 모두에서 호평(好)을 받고 있다.

(3) 새로 마련한 집은 십평(十) 남짓한 마당이 있는 아담한 집이었다.

(4) 보따리장수들은 부평초(浮 草)처럼 떠돌이 생활을 하였다.

*정답 : 246쪽

4 내용을 소리 내어 읽고 한자를 한글로 써 보세요.

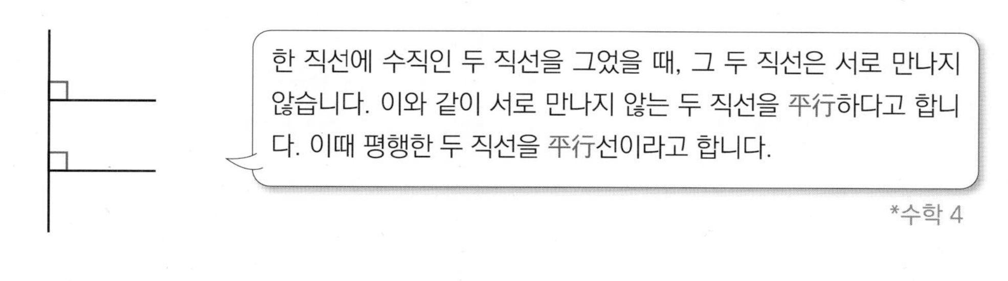

*수학 4

5 열쇠의 뜻 풀이를 이용하여 가로 세로 단어 퍼즐을 완성해 보세요.

[가로열쇠 ①] 수평하게 지나감, 두 직선이 나란히 지나가는 상태

[세로열쇠 ①] 평평한 면

6 QR코드를 찍어 영상을 본 후, 문제를 풀어 보아요.

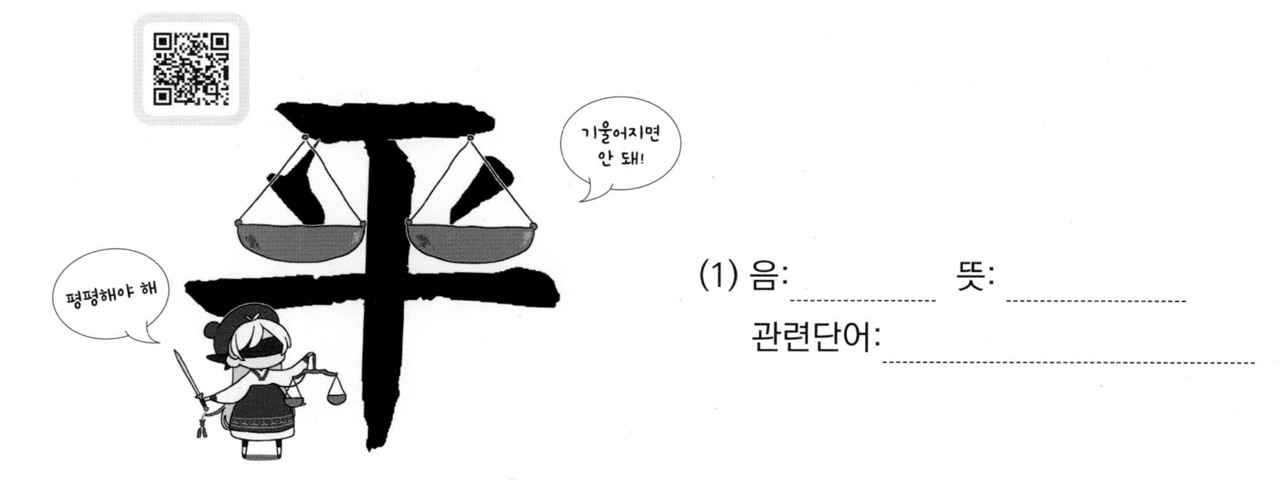

(1) 음: ____________ 뜻: ____________

관련단어: ____________

핵심 한자

월 일

6급

갈 행

行 알아 보기

옛 한자

行갈 행은 사거리의 모습을 본뜬 글자입니다. 옛 한자에서 두 길이 교차하는 모습이 뚜렷하게 보입니다. 사거리는 사람이 오가는 곳이기에 '가다'라는 뜻을 지니게 되었습니다.

行 따라 쓰기

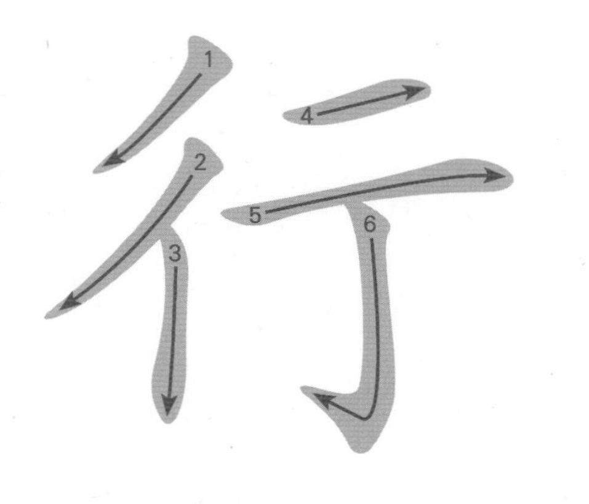

6획

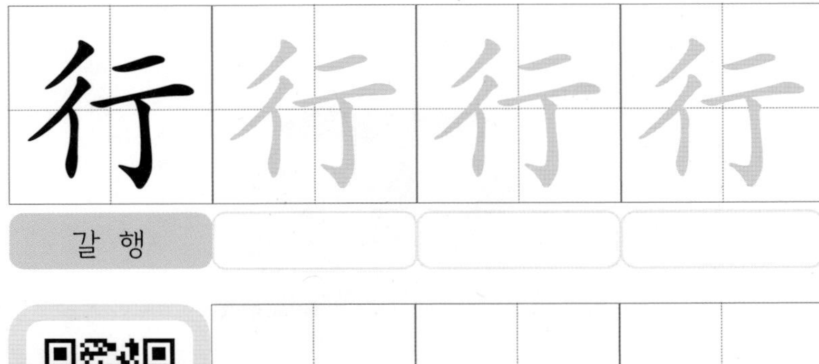

찍으면 획순 영상이 나옵니다.

교과서 핵심 단어

54블록
行

교과서에 나온 내용을 소리 내어 읽어 보아요.

과학 3

行動
갈 행 움직일 동
행동

뜻 행하며 움직임

남극 지역에서 사는 펭귄은 어떻게 차가운 바닷물에 뛰어들 수 있을까요? 펭귄의 이러한 行動에 호기심이 생긴 과학자들이 펭귄의 깃털을 연구하기 시작했습니다.

국어 4

暗行
숨길 암 갈 행
암행

뜻 몰래 다님

정약용은 暗行어사로 일하는 동안 지방 관리가 어떤 마음을 가져야 하는지에 대해 깊이 생각했어요.

핵심한자 완성하기!

*정답 : 246쪽

(1) 펭귄의 이러한 행동(動) 에 호기심이 생긴 과학자들이 펭귄 깃털을 연구하기 시작했습니다.

(2) 정약용은 암행(暗)어사로 일하는 동안 지방 관리에 대해 깊이 생각했어요.

블록 한자

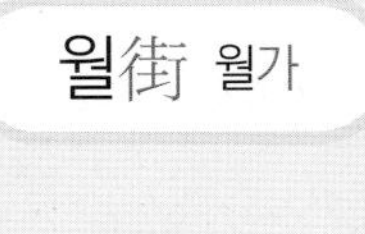

衝天 충천

美術 미술

* 圭 양토 규, 重 무거울 중, 朮 차조 출, 美 아름다울 미

街 길거리 가 

行갈 행의 사이에 土흙 토를 겹쳐 쓴 圭양토 규를 넣으면 街길거리 가가 됩니다. 土를 두 개 겹쳐서 行자 사이에 넣은 것은 흙으로 높이 쌓아서 걸어다는 길을 표현하기 위함입니다.

월街 월 가

 Wall street, 벽의 길거리, 미국 금융 중심가의 이름

 월街의 분석가들을 상대로 증권시장의 방향을 파악하고 있다.

찌를 충 3급

衝

行갈 행 가운데 重무거울 중을 넣으면 衝찌를 충이 됩니다. 重을 넣은 것은 무거운 것으로 가운데를 찌르는 것을 표현하기 위해서입니다.

衝天  하늘을 찌름

충 천  임금이 내려 준 술과 고기로 인해 군사들의 사기는 衝天하였다.

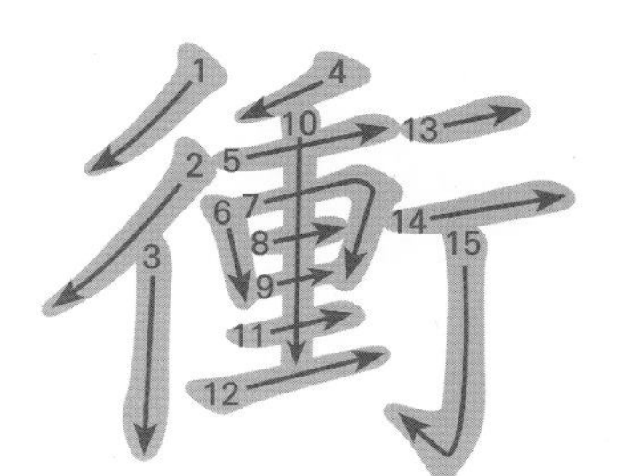
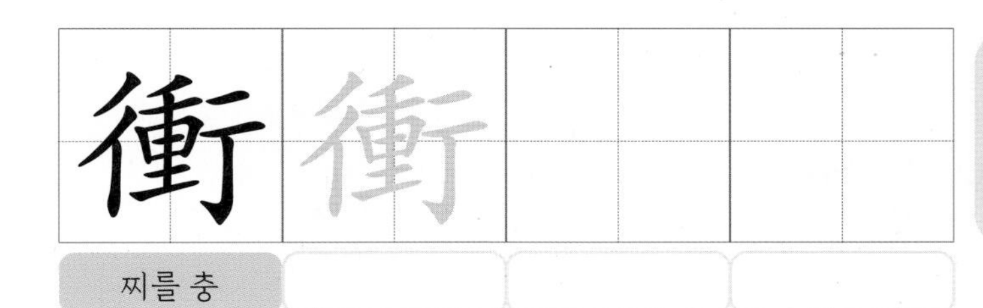

재주 술 6급

術

行갈 행 가운데 朮차조 출을 넣으면 '길'을 뜻하는 글자가 됩니다. 차조(곡물의 일종)가 심어져 있는 '길'이란 뜻인데, 차차 '방법, 재주'의 뜻을 지니게 되었습니다.

美術  아름다움을 만드는 재주

미 술  美術 시간에 교통질서 지키기 광고를 그리기로 했어.

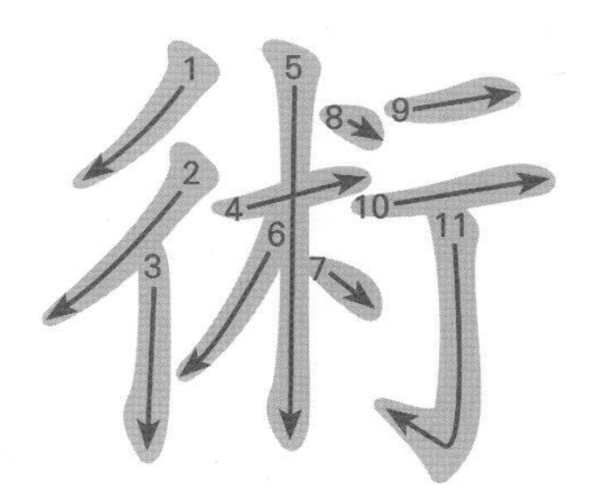
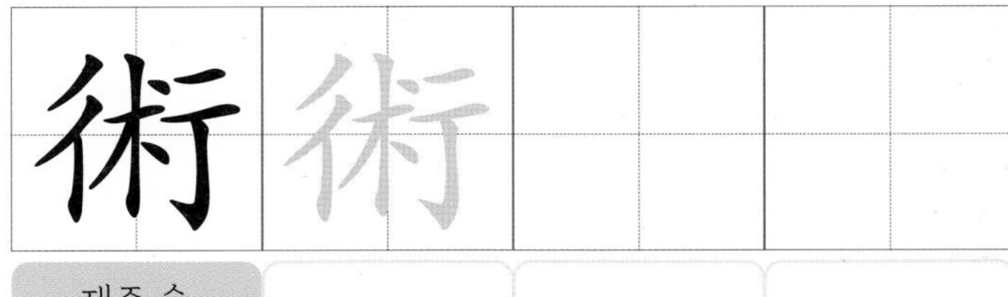

문제 풀기

1 네모칸에 알맞은 글자를 넣어 보아요.

2 한자의 음과 뜻을 알맞게 이어 보아요.

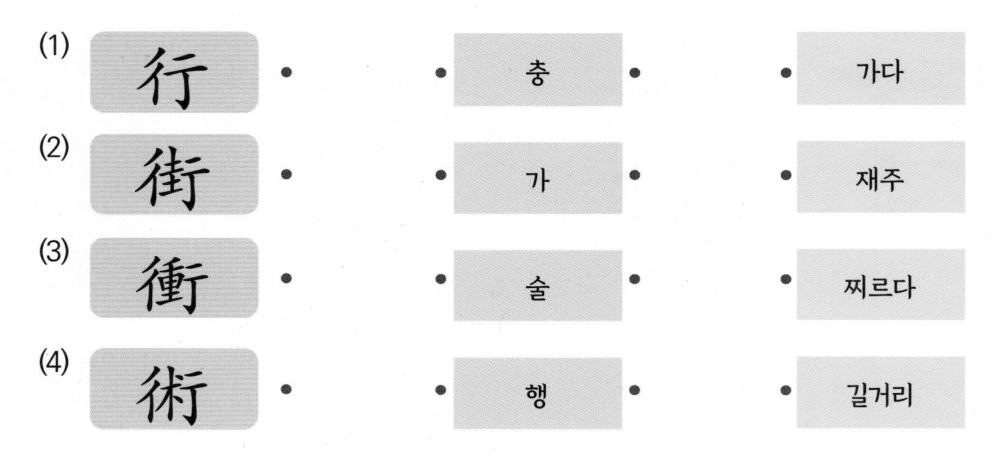

3 빈칸에 알맞은 한자를 써 보아요.

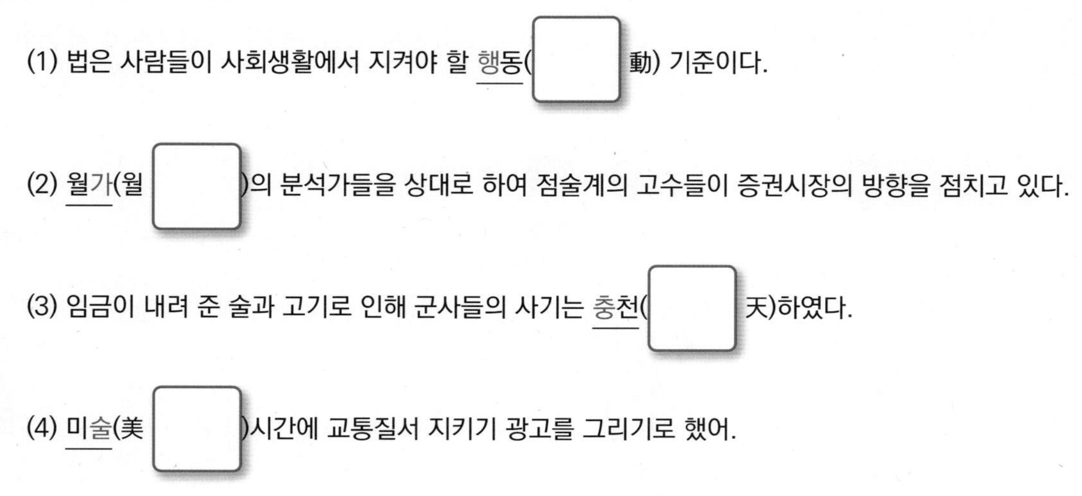
(1) 법은 사람들이 사회생활에서 지켜야 할 행동(　動) 기준이다.

(2) 월가(월 　)의 분석가들을 상대로 하여 점술계의 고수들이 증권시장의 방향을 점치고 있다.

(3) 임금이 내려 준 술과 고기로 인해 군사들의 사기는 충천(　天)하였다.

(4) 미술(美 　)시간에 교통질서 지키기 광고를 그리기로 했어.

*정답 : 246쪽

4 내용을 소리 내어 읽고 한자를 한글로 써 보세요.

우리 반 친구들이 고운 말을 사용하면 좋겠습니다.

"가는 말이 고와야 오는 말이 곱다."라는 말이 있습니다. 내가 남에게 말이나 行動을 좋게 해야 남도 나에게 좋게 한다는 뜻입니다. 우리 반 친구들도 고운 말을 사용하면 좋겠습니다.

*국어 6

5 열쇠의 뜻 풀이를 이용하여 가로 세로 단어 퍼즐을 완성해 보세요.

[가로열쇠 ①] 몰래 다님

[세로열쇠 ②] 행하며 움직임

6 QR코드를 찍어 영상을 본 후, 문제를 풀어 보아요.

(1) 음: 뜻:

관련단어:

만화로 배우는

한자성어

좌충우돌 (左衝右突)

왼쪽과 오른쪽에서 충돌함, 이리저리 충돌함.
[부딪칠 突]

동영상으로 익히는

블록한자

* 아래 QR을 찍으면 동영상이 나옵니다. 동영상을 따라서 한눈에 정리해보아요.

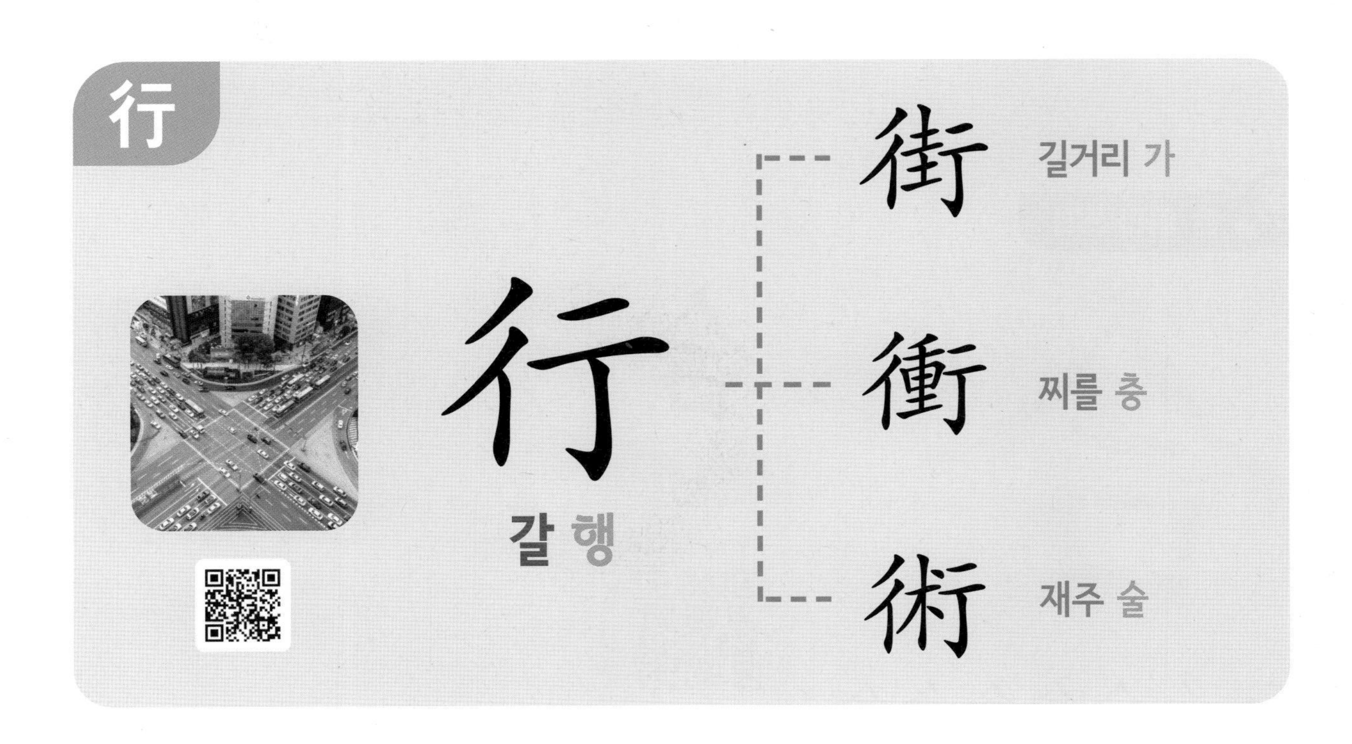

핵심 한자

월 일

모을 합

合 알아 보기

옛 한자

合모을 합은 아래와 위를 일치 시킨다는 뜻을 표현한 글자입니다. 亼은 윗부분을, 口는 아랫부분을 표현하여 이 둘이 합해지는 것을 표현하였습니다. 밥그릇, 조개 등 合하는 느낌의 사물을 표현할 때 이 글자가 많이 활용됩니다.

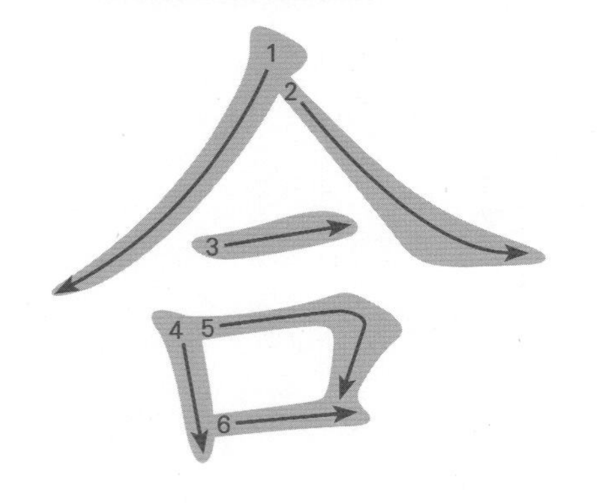

4획 丿 人 亼 亽 合 合

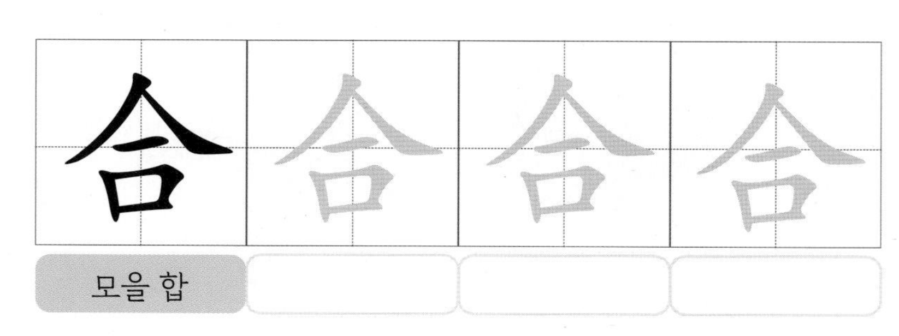

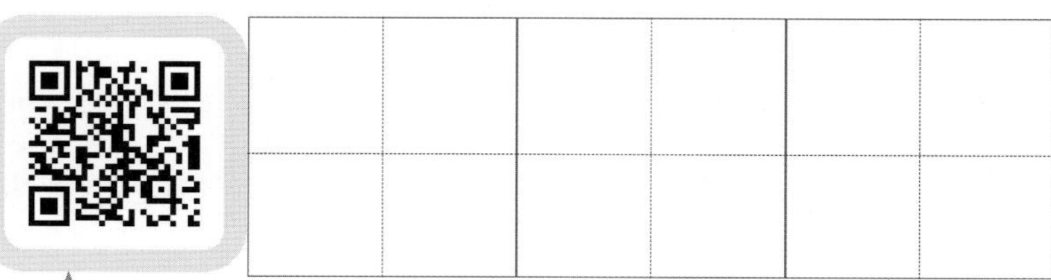

찍으면 획순 영상이 나옵니다.

교과서 핵심 단어

교과서에 나온 내용을 소리 내어 읽어 보아요.

수학 5

合同
모을 합 같을 동
합동

뜻 합쳐져서 같음

모양과 크기가 같아서 포개었을 때 완전히 겹치는 두 도형을 서로 合同이라고 합니다.

사회 6

合理
모을 합 이치 리
합리

뜻 이치에 맞음

특히 기업은 보다 많은 이윤을 얻기 위해 적은 비용으로 많은 수입을 얻을 수 있도록 合理적 선택을 한다.

핵심한자 완성하기!

*정답 : 246쪽

(1) 모양과 크기가 같아서 포개었을 때 완전히 겹치는 두 도형을 서로 합동(同)이라고 합니다.

(2) 적은 비용으로 많은 수입을 얻을 수 있도록 합리적(理的) 선택을 한다.

블록 한자

모을 합

糸 → 給 줄 급 — 供給 공급

竹 → 答 대답할 답 — 正答 정답

土 → 塔 탑 탑 — 石塔 석탑

*糸 실 멱, 竹 대 죽, 供 바칠 공, 正 바를 정, 石 돌 석

給 줄 급 5급

合모을 합 앞에 糸실 멱을 붙이면 給줄 급이 됩니다. 실을 담은 바구니에서 실을 계속 공급해 준다는 뜻입니다.

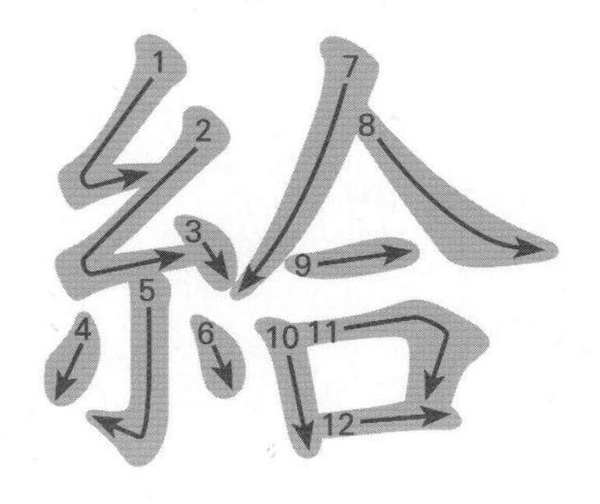

供給 공급

뜻 제공하여 줌

예 태양은 물이 순환하는 데 필요한 에너지를 供給합니다.

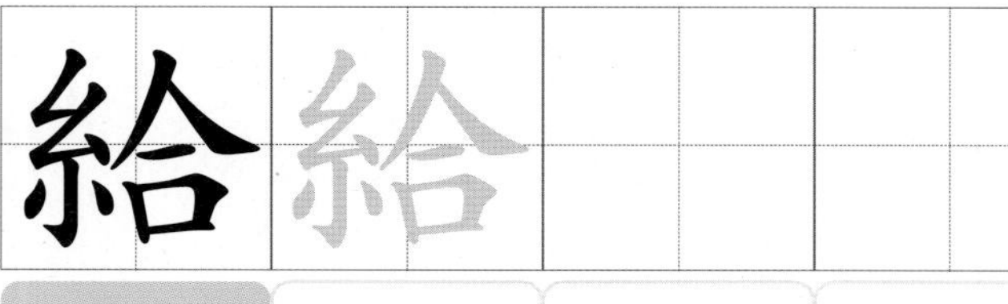

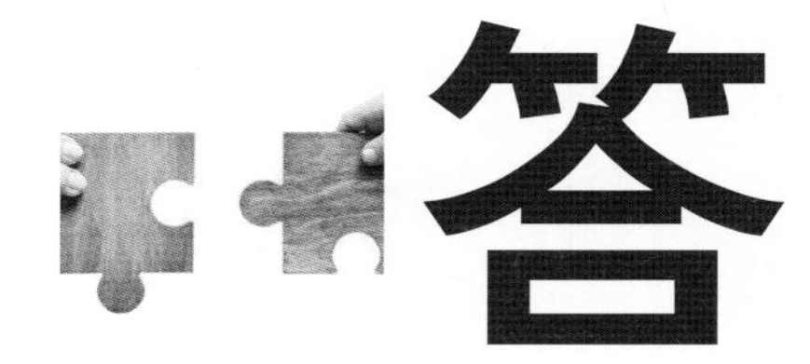

대답할 답 7급

合모을 합의 위쪽에 竹대 죽을 쓰면 答대답할 답이 됩니다. 이 글자는 대나무가 합쳐진다는 뜻으로, 질문을 담고 있는 대쪽과 대답을 담고 있는 대쪽이 딱 합쳐지게 된다는 뜻을 담고 있습니다.

올바른 답

정 답

네가 알고 있는 답은 正答이 아닌 오답이다.

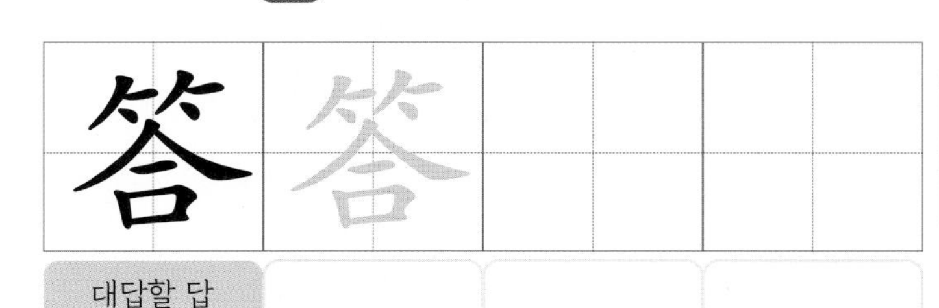

塔

탑 탑 3급

答대답할 답에 土흙 토를 쓰면 塔탑 탑이 됩니다. 비록 竹이 ++로 살짝 변하긴 했지만 塔도 딱 맞춘다는 의미를 그대로 지니고 있습니다. 아랫돌과 윗돌이 딱딱 맞아야 탑이 흔들리지 않고 오래 갈 테니까요.

石塔 뜻 돌로 된 탑

석 탑

익산 미륵사지 石塔은 목탑의 모습을 본떠 돌을 다듬어 만들었다.

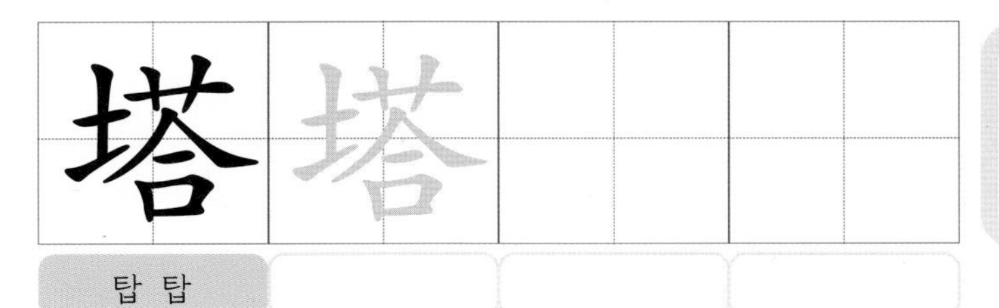

문제 풀기

1 네모칸에 알맞은 글자를 넣어 보아요.

2 한자의 음과 뜻을 알맞게 이어 보아요.

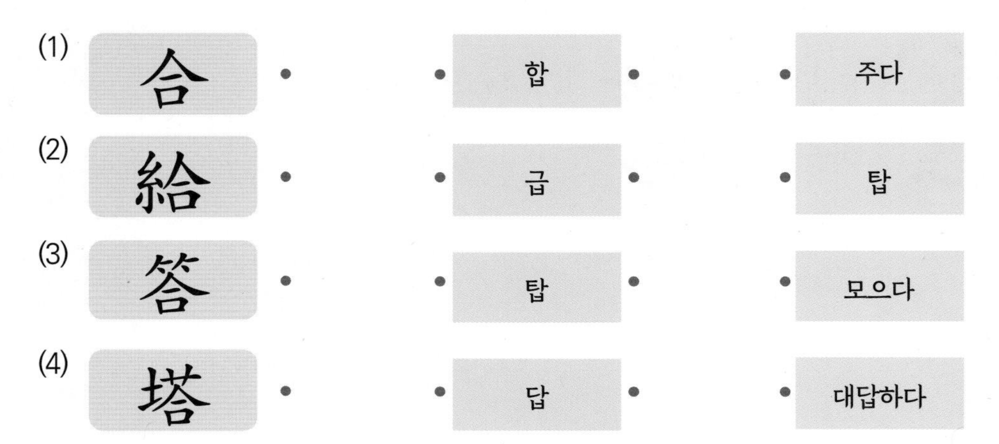

3 빈칸에 알맞은 한자를 써 보아요.

(1) 서로 평행하고 합동(　　同)인 두 면을 밑면이라고 합니다.

(2) 태양은 물이 순환하는 데 필요한 에너지를 공급(供　　)합니다.

(3) 네가 알고 있는 답은 정답(正　　)이 아닌 오답이다.

(3) 익산 미륵사지 석탑(石　　)은 목탑의 모습을 본떠 돌을 다듬어 만들었다.

*정답 : 246쪽

4 내용을 소리 내어 읽고 한자를 한글로 써 보세요.

*과학 3

5 열쇠의 뜻 풀이를 이용하여 가로 세로 단어 퍼즐을 완성해 보세요.

[가로열쇠 ①] 합쳐져서 같음

[세로열쇠 ①] 이치에 맞음

6 QR코드를 찍어 영상을 본 후, 문제를 풀어 보아요.

(1) 음: ______ 뜻: ______

관련단어: ______

핵심 한자

월 일

7급

같을 동

同 알아 보기

옛 한자

同같을 동은 '같다'는 뜻입니다. 어떤 테두리 [冂] 속에서 같은[一] 말[口]을 하는 모습으로 보아도 됩니다.

同 따라 쓰기

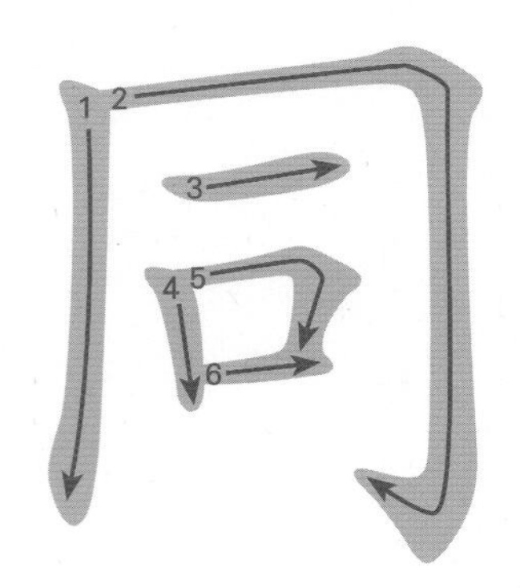

6획 丨 冂 冂 同 同 同

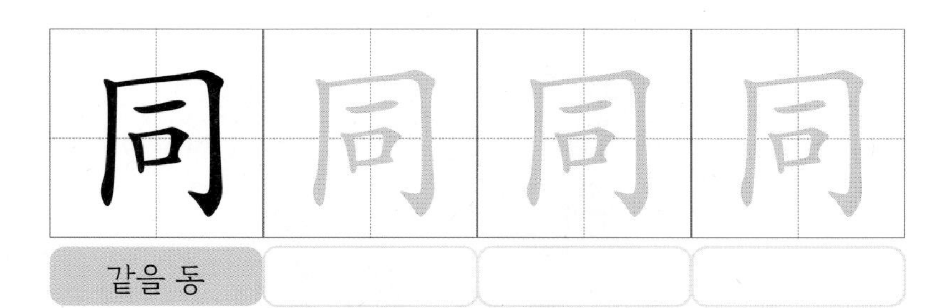

찍으면 획순 영상이 나옵니다.

교과서 핵심 단어

56블록
同

교과서에 나온 내용을 소리 내어 읽어 보아요.

국어 4

同生
같을 동 살 생
동생

뜻 같은 몸에서 생겨난 사이

아버지 제삿날이 돌아왔습니다. 同生이 형을 초대하였습니다. 형은 同生이 큰 부자가 된 것을 보고 그 까닭을 물었습니다.

과학 5

同時
같을 동 때 시
동시

뜻 같은 시간

어머니와 동생이 同時에 거실로 들어왔습니다. 그런데 어머니는 거실이 따뜻하다고 느꼈고 동생은 춥다고 느꼈습니다. 차갑거나 따뜻한 정도를 정확하게 표현하려면 어떻게 해야 할까요?

핵심한자 완성하기!

*정답 : 246쪽

(1) 형은 동생(　　生)이 큰 부자가 된 것을 보고 그 까닭을 물었습니다.

(2) 어머니와 동생이 동시(　　時)에 거실로 들어왔습니다.

블록 한자

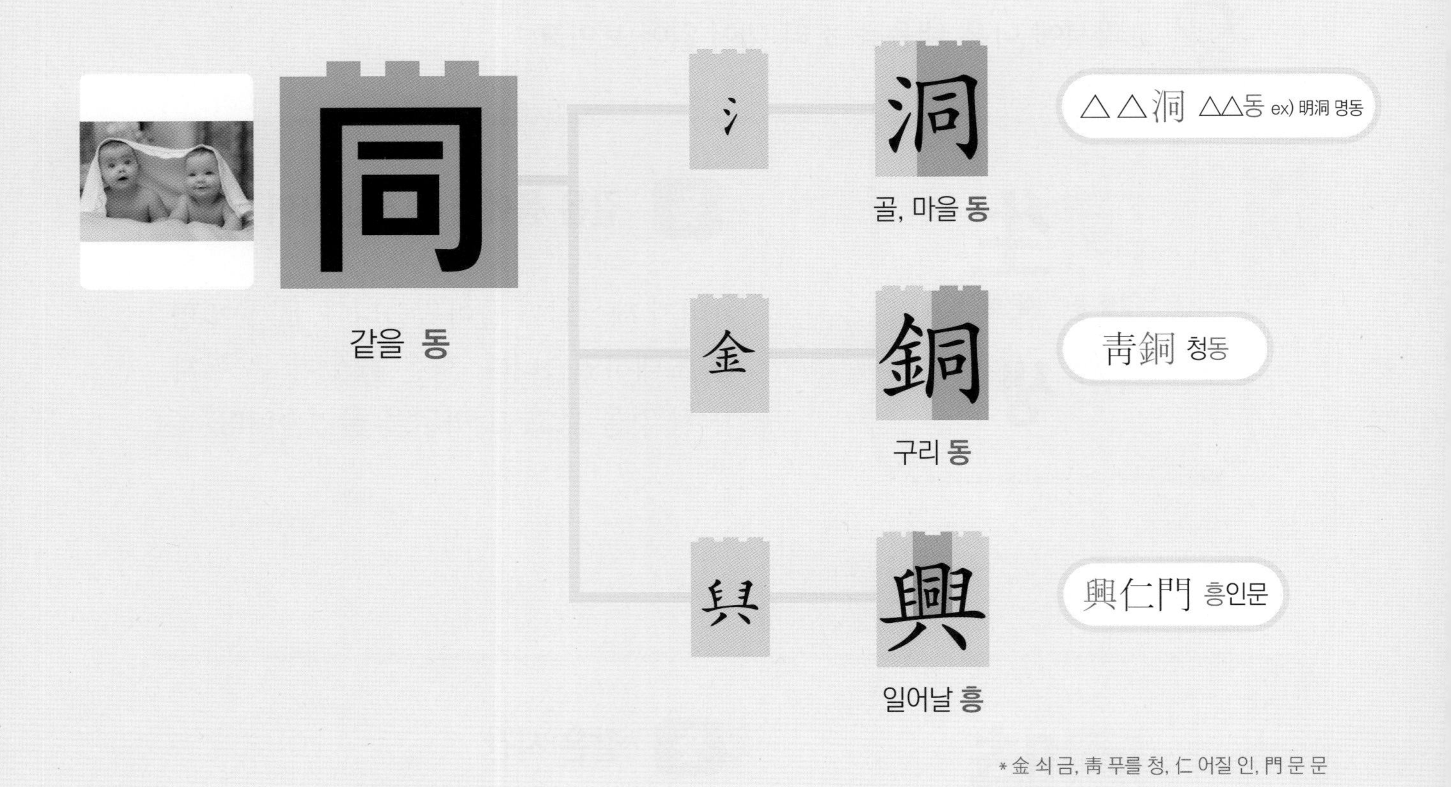

*金 쇠 금, 青 푸를 청, 仁 어질 인, 門 문 문

골, 마을 동 

同같을 동 앞에 氵물 수를 넣으면 洞골, 마을 동이 됩니다. 물이 흐르는 골짜기라는 뜻인데, 여기에는 사람들이 함께 모여 살기 때문에 '고을, 동네'라는 뜻도 지닙니다.

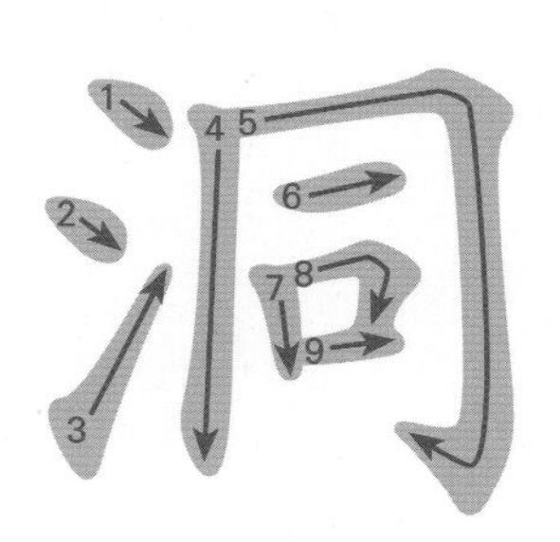

△△洞  동, 행정단위

△△동  예전에는 洞사무소였던 것이 지금은 주민센터로 바뀌었다.

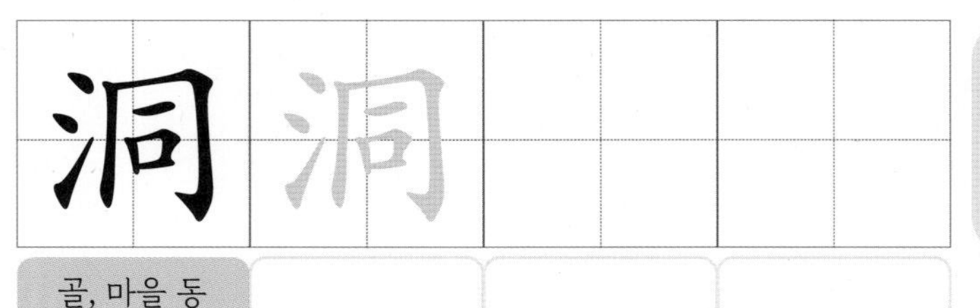

구리 동 4급

銅

同같을 동에 金쇠 금을 붙이면 銅구리 동이 됩니다. 구리로 만든 그릇이나 악기가 '동동' 이런 소리가 나서 혹 銅으로 표현된 것이 아닐까요?

 푸른 구리

청 동

 靑銅보다 훨씬 단단한 철로 도구를 만들기 시작했습니다.

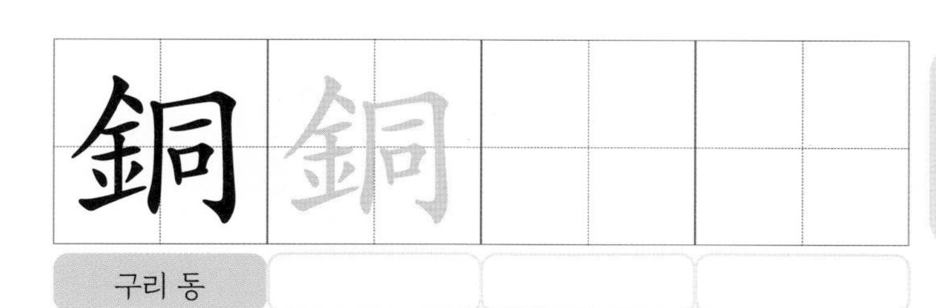

일어날 흥 4급

同같을 동이 들어간 글자로 興일어날 흥도 있습니다. 잘 보면 두 손 모양 사이에 同이 들어가 있습니다. 여러 사람들이 동시에 흥을 내는 모습을 떠올리면 쉽습니다.

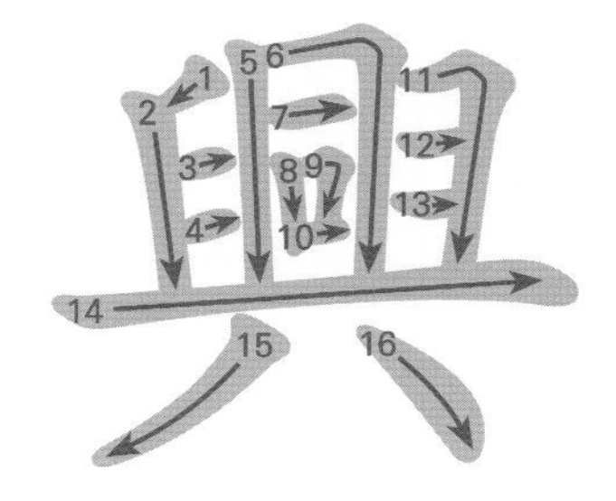

興仁門 뜻 인[사랑]을 일으키는 문, 동대문

흥 인 문

 興仁門은 서울의 동쪽에 난 대문으로 동대문이라고도 한다.

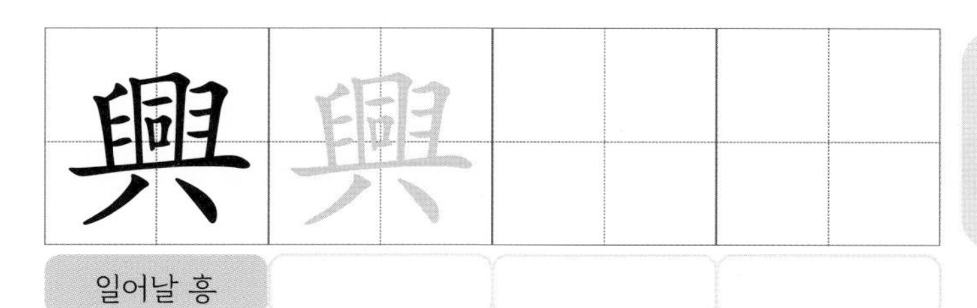

문제 풀기

1 네모칸에 알맞은 글자를 넣어 보아요.

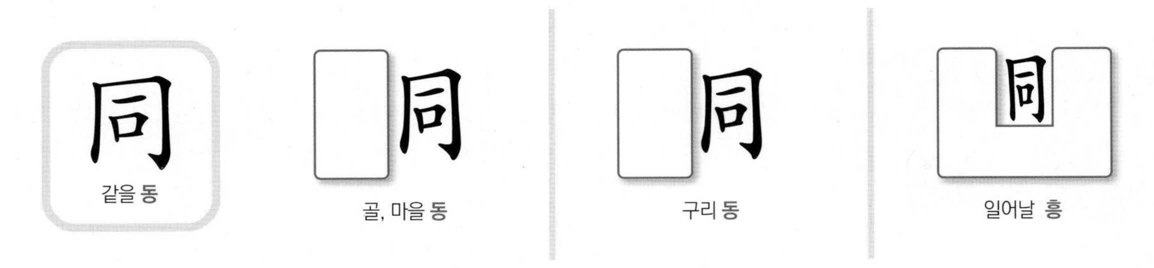

2 한자의 음과 뜻을 알맞게 이어 보아요.

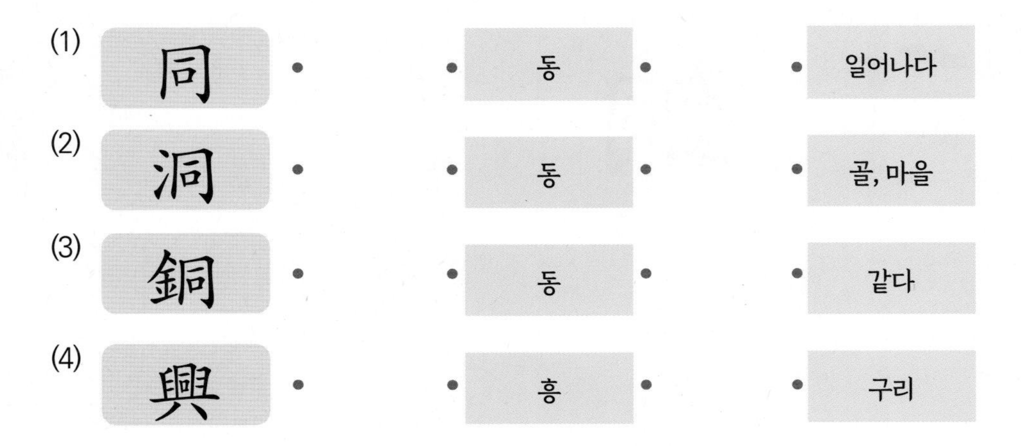

3 빈칸에 알맞은 한자를 써 보아요.

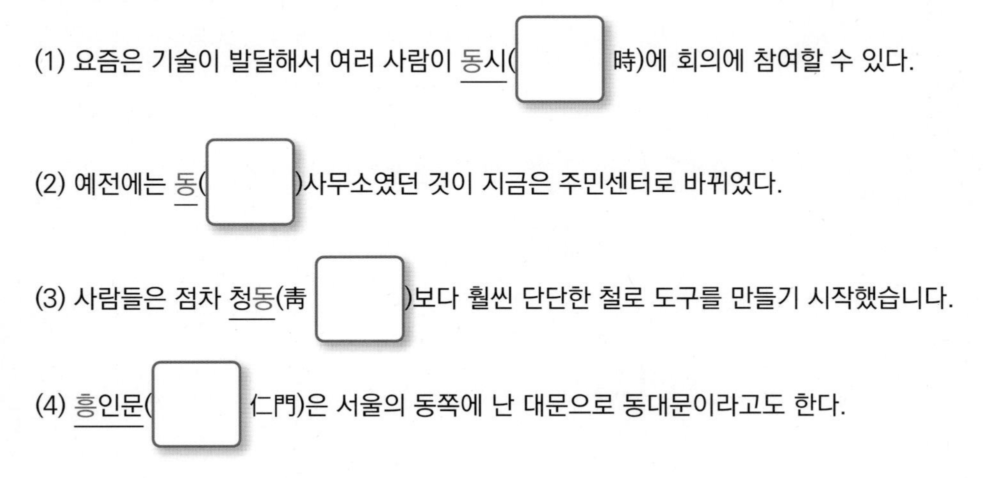

4 내용을 소리 내어 읽고 한자를 한글로 써 보세요.

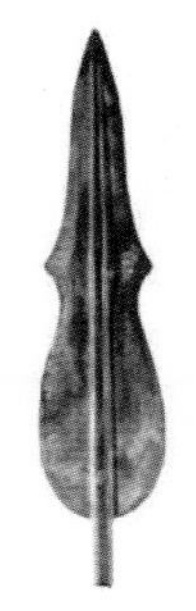

〈비파형 동검〉
중국 악기인 비파를 닮은 靑銅검이다

고조선은 우수한 靑銅 문화를 바탕으로 다른 부족을 정복하거나 통합하면서 세력을 확장했다.

*국어 5

5 열쇠의 뜻 풀이를 이용하여 가로 세로 단어 퍼즐을 완성해 보세요.

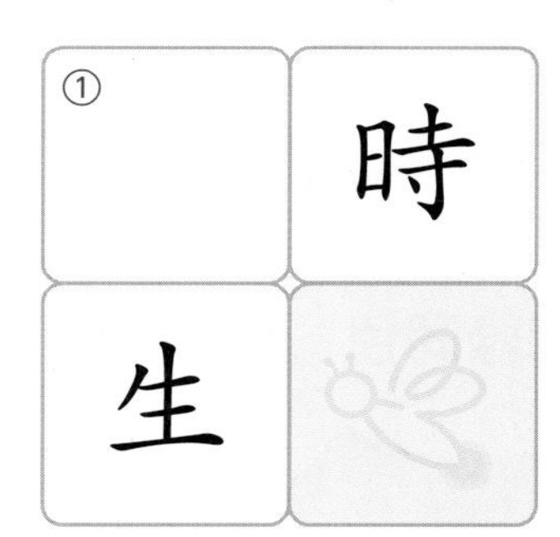

[가로열쇠 ①] 같은 시간

[세로열쇠 ①] 같은 몸에서 생겨난 사이

6 QR코드를 찍어 영상을 본 후, 문제를 풀어 보아요.

(1) 음: ________ 뜻: ________

관련단어: ________

만화로 배우는

한자성어

초록동색
(草綠同色)

풀색과 녹색은 같은 색, 비슷한 것은 비슷한 편을 듦.
[풀 草, 푸를 綠, 빛 色]

동영상으로 익히는

블록한자

* 아래 QR을 찍으면 동영상이 나옵니다. 동영상을 따라서 한눈에 정리해보아요.

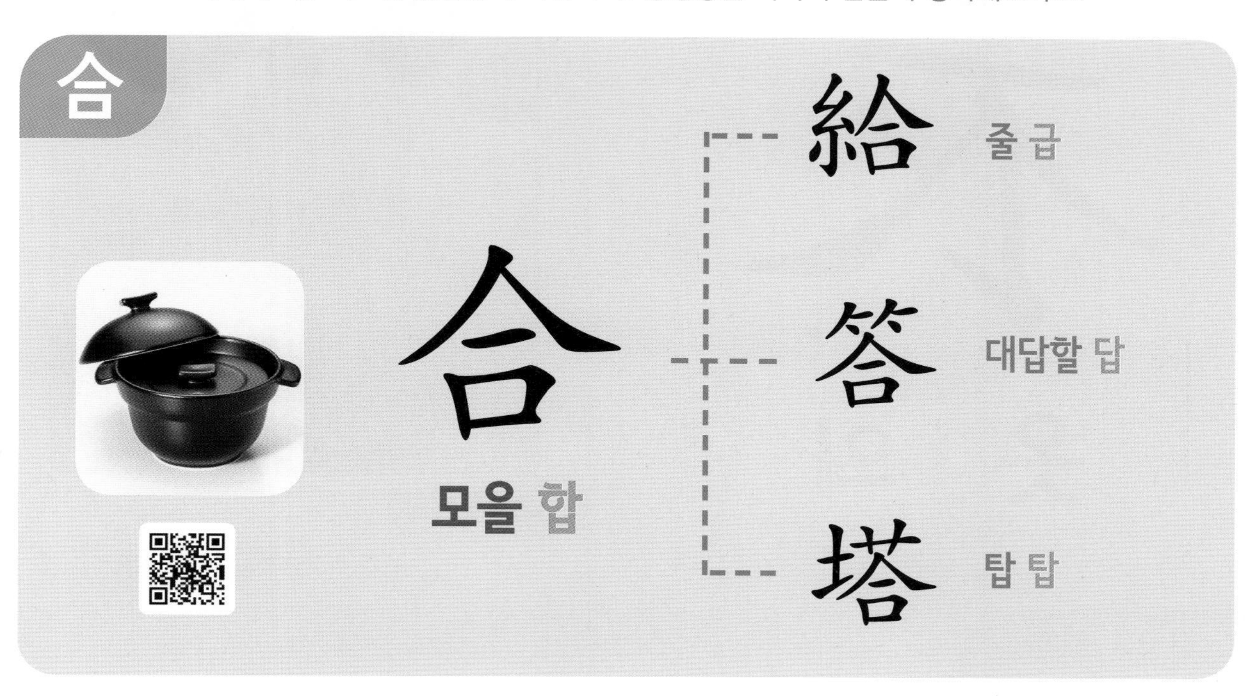

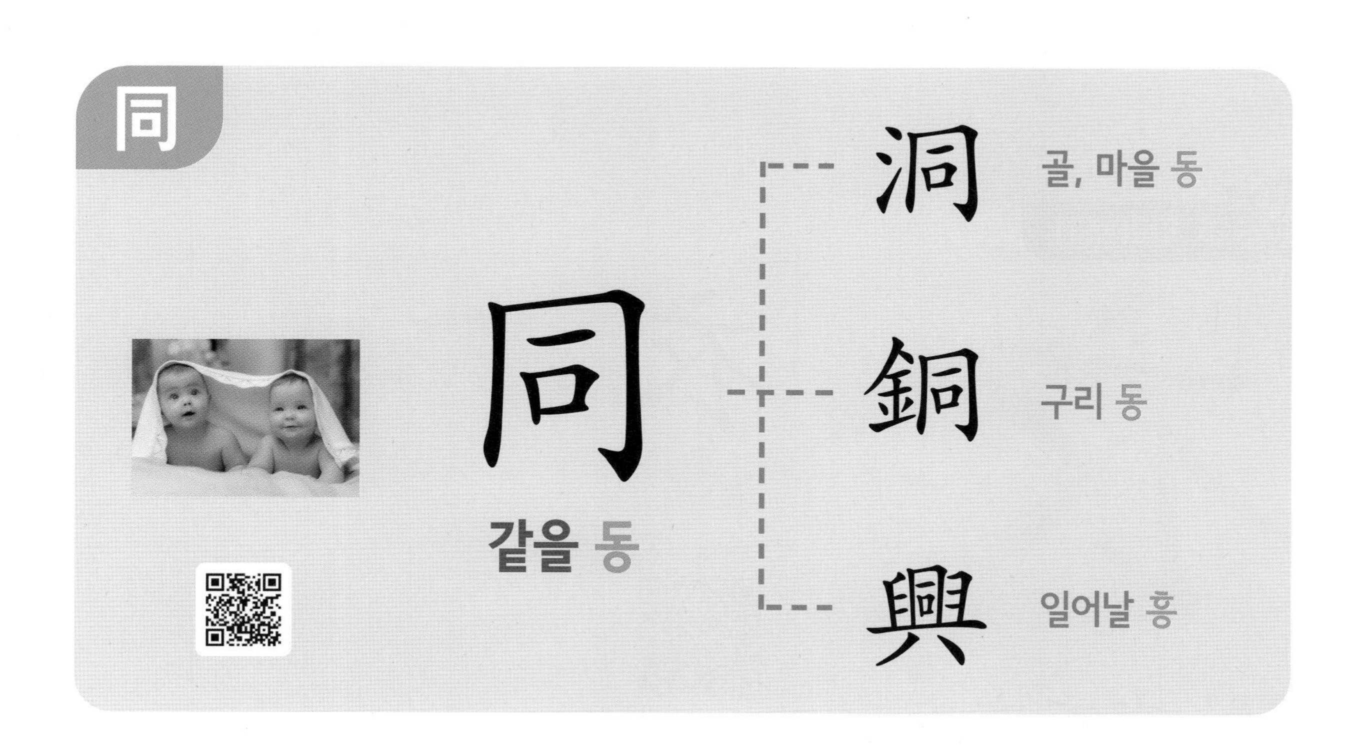

핵심 한자

월 일

6급

옷 의

衣 알아 보기

옛한자

衣옷 의는 옷의 모양을 본뜬 글자입니다. 첫 두 획은 머리 부분, 나머지 부분은 어깨 및 소매 등을 나타냅니다. 다른 글자와 함께 쓰일 때는 衤의 형태로도 많이 쓰입니다.

衣 따라 쓰기

6획

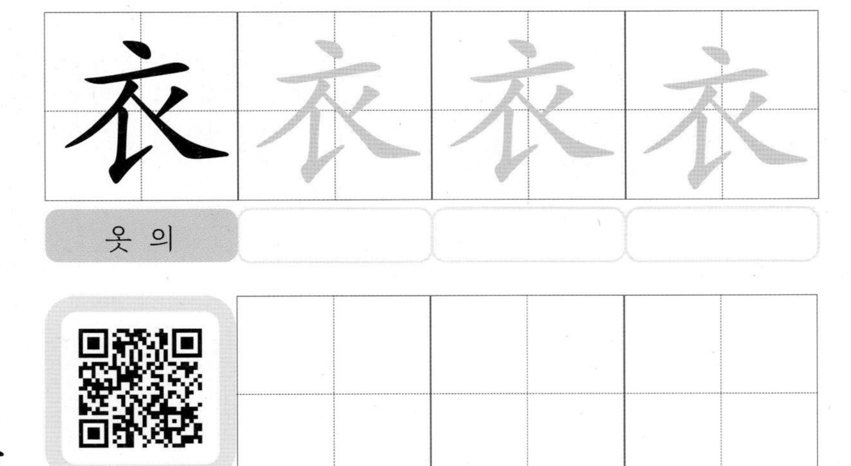

찍으면 획순 영상이 나옵니다.

교과서 핵심 단어

57블록
衣

교과서에 나온 내용을 소리 내어 읽어 보아요.

사회 3

衣食住

옷 의 먹을 식 살 주

의식주

뜻 옷, 음식, 주거지

사람이 살아가려면 몸을 보호하는 옷과 영양분을 얻기 위한 음식이 필요합니다. 또한 안전하고 편안하게 쉴 수 있는 집도 필요합니다. 이와 같은 것들을 衣食住라고 합니다.

국어 5

白衣

흰 백 옷 의

백의

뜻 흰옷

의사나 간호사는 보통 白衣를 입는다. 감염에 민감한 환자들이 있는 병원에서는 위생이 매우 중요한 문제이기 때문이다.

핵심한자 완성하기!

*정답 : 247쪽

(1) 우리가 살아가는 데 꼭 필요한 옷과 음식과 집을 의식주(食住)라고 합니다.

(2) 의사나 간호사는 보통 백의(白   )를 입는다.

블록 한자

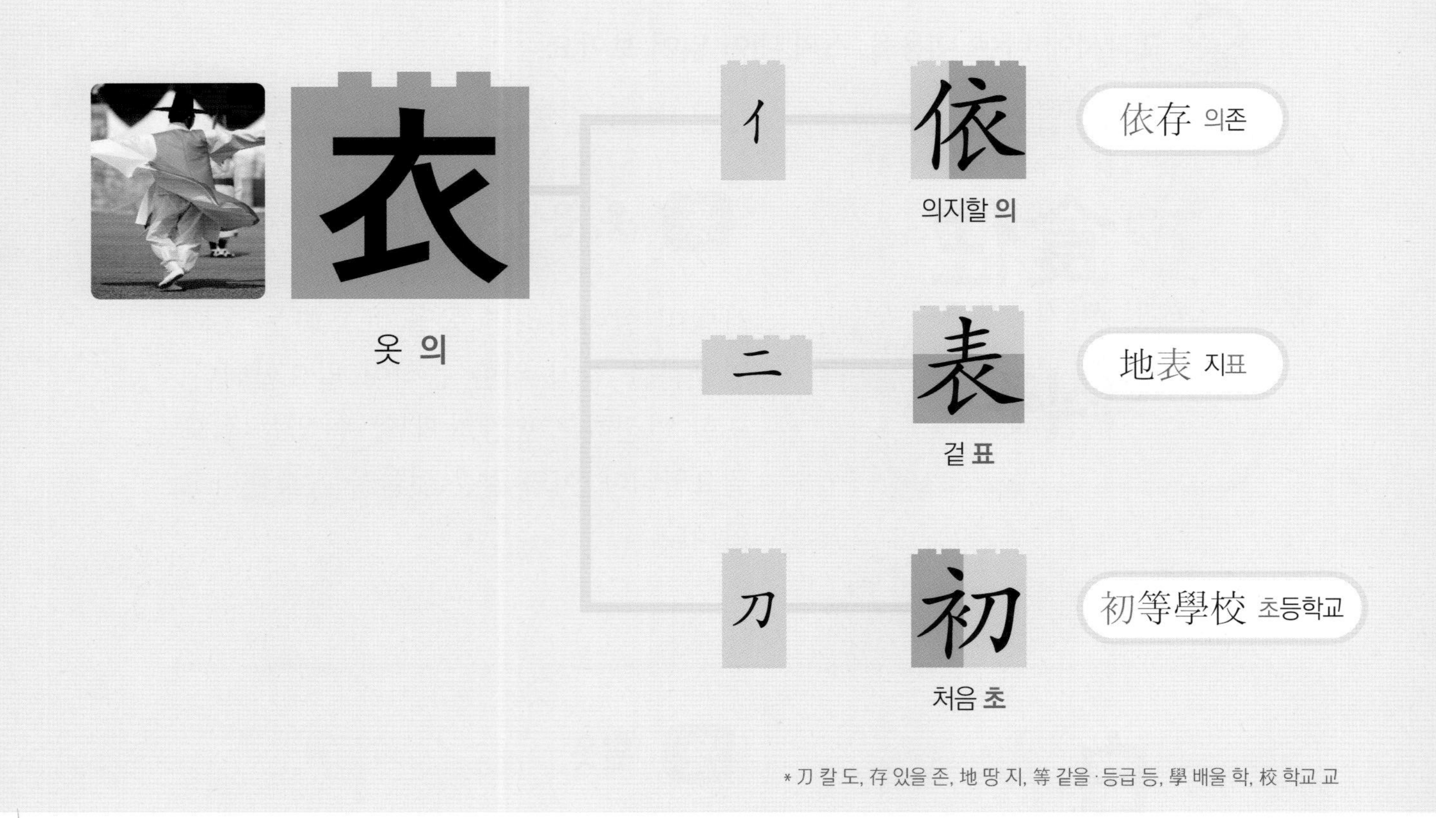

* 刀 칼 도, 存 있을 존, 地 땅 지, 等 같을·등급 등, 學 배울 학, 校 학교 교

의지할 의 

衣옷 의 앞에 亻사람 인을 쓰면 依의지할 의가 됩니다. 사람이 옷에 의지하여 살아가는 모습이 담겨 있습니다.

依存 뜻 기대어 존재함

의 존 예 우리나라 경제는 석유에 크게 依存하고 있다.

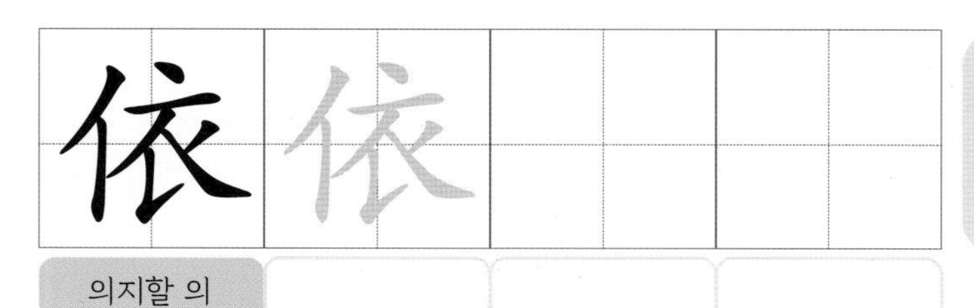

表 겉 표 6급

衣옷 의에 二두 이를 더하여 쓴 글자는 表겉 표입니다. 옷의 겉 면에 있는 털을 그대로 표현한 것입니다. 表面표면 등의 단어에 쓰입니다.

地表  땅의 겉면

지 표 **예** 흙은 地表가 깎인 곳에서 흐르는 물에 의해 먼 곳으로 떠내려간다.

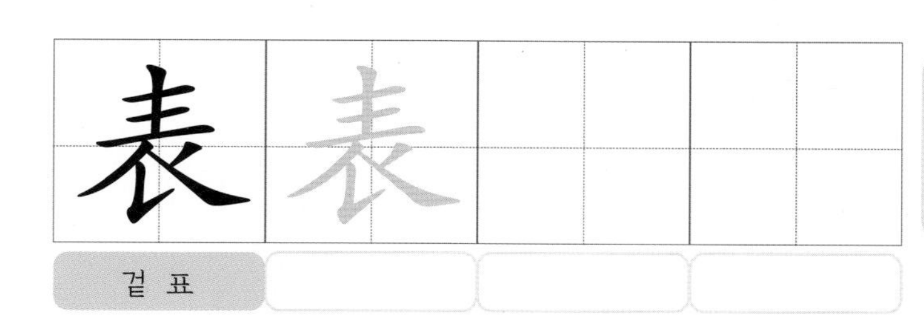

初 처음 초 5급

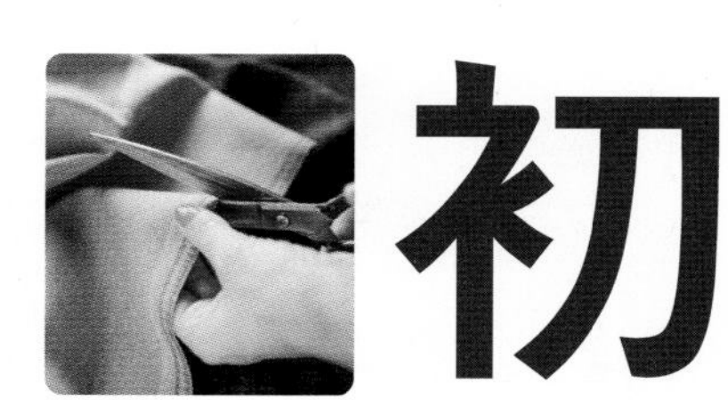

礻=衣옷 의에 刀칼 도를 쓰면 옷을 잘라내는 뜻이 됩니다. 옷을 만들 때 먼저 옷감을 잘라야 하므로 '처음'이라는 뜻을 지니게 되었습니다.

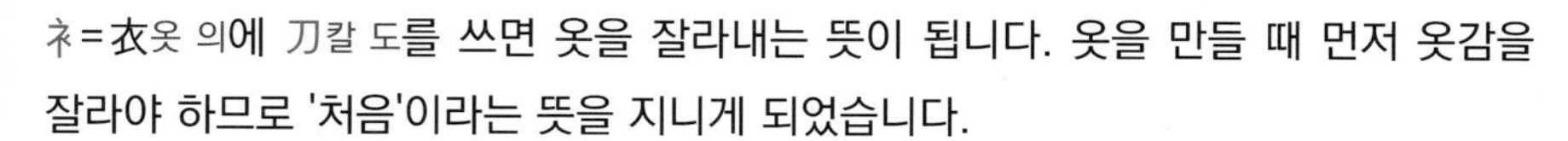

初等學校  첫 등급의 학교

초 등 학 교 **예** 1996년 국민학교가 初等學校로 명칭이 변경되었다.

문제 풀기

1 네모칸에 알맞은 글자를 넣어 보아요.

2 한자의 음과 뜻을 알맞게 이어 보아요.

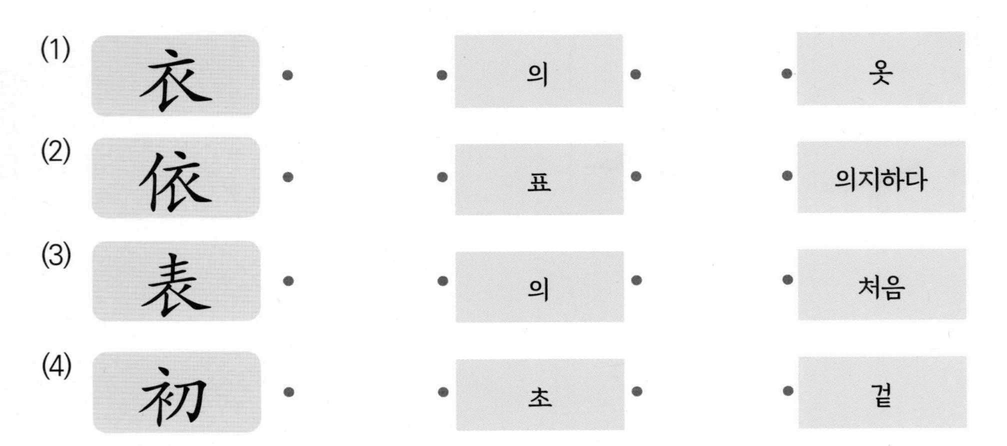

3 빈칸에 알맞은 한자를 써 보아요.

(1) 경제 성장은 의식주(☐食住)를 비롯한 다양한 분야에서 많은 변화를 가져왔다.

(2) 우리나라 경제는 석유에 크게 의존(☐存)하고 있다.

(3) 흙은 지표(地☐)가 깎인 곳에서 흐르는 물에 의해 먼 곳으로 떠내려갑니다.

(4) 1996년 국민학교가 초등학교(☐等學校)로 명칭이 변경되었다.

*정답 : 247쪽

4 내용을 소리 내어 읽고 한자를 한글로 써 보세요.

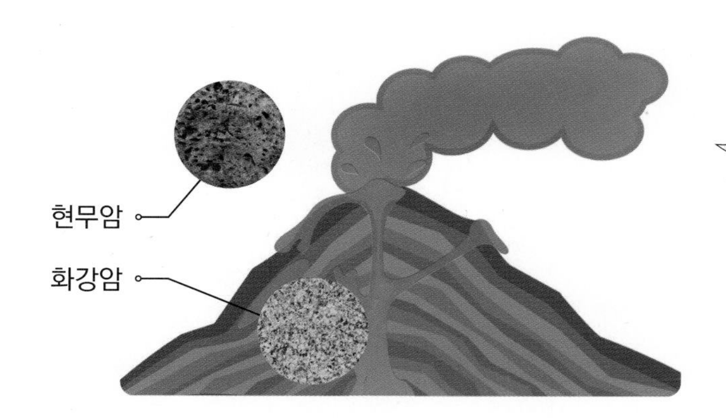

현무암은 마그마가 地表 가까이에서 식어서 만들어지고 화강암은 땅속 깊은 곳에서 식어서 만들어집니다.

*과학 4

5 열쇠의 뜻 풀이를 이용하여 가로 세로 단어 퍼즐을 완성해 보세요.

[가로열쇠 ①] 흰옷

[세로열쇠 ②] 옷, 음식, 주거지

6 QR코드를 찍어 영상을 본 후, 문제를 풀어 보아요.

(1) 음: ______ 뜻: ______

관련단어: ______

핵심 한자

월 일

7급

먹을 식

食 알아 보기

옛 한자

食먹을 식은 밥을 담은 그릇의 모습을 본뜬 글자입니다. 사진의 밥이 담긴 그릇과 옛 한자를 보면 食의 모습이 잘 느껴집니다. 다른 글자와 함께 쓰일 때는 飠의 형태로 많이 쓰입니다.

食 따라 쓰기

9획

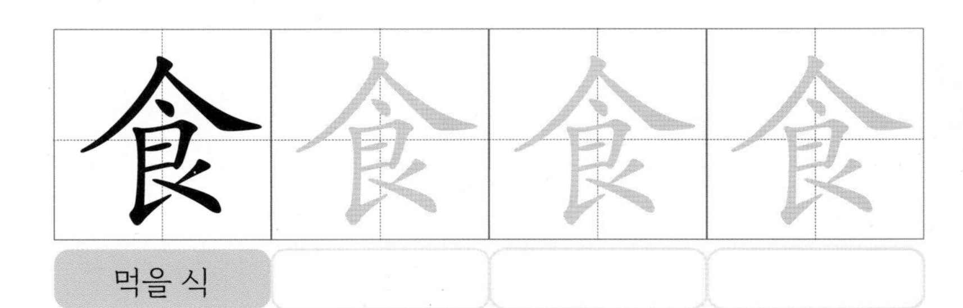

먹을 식

찍으면 획순 영상이 나옵니다.

교과서 핵심 단어

58블록
食

교과서에 나온 내용을 소리 내어 읽어 보아요.

국어 3

食堂
먹을 식 집 당
식당

뜻 음식을 팔고 먹는 집

나는 食堂에서 정확한 음을 자동으로 연주하는 피아노를 본 적이 있어요. 마치 투명 인간이 치는 듯했지요.

사회 5

飮食
마실 음 먹을 식
음식

뜻 마실 것과 먹을 것

기온이 높아 飮食이 쉽게 상하는 남쪽 지방에서는 소금과 젓갈이 많이 들어간 飮食이 발달했다. 반면 북쪽 지방에서는 싱거운 飮食이 발달했다.

핵심한자 완성하기!

*정답 : 247쪽

(1) 나는 식당(　　堂)에서 정확한 음을 자동으로 연주하는 피아노를 본 적이 있어요.

(2) 북쪽 지방에서는 싱거운 음식(飮　　)이 발달했다.

블록 한자

* 欠 하품 흠, 反 반대 반, 虫 벌레 충·벌레 훼, 福 복 복, 店 가게 점

飮 마실 음 

食먹을 식은 다른 글자와 함께 쓰일 때는 飠자로 쓰입니다. 食에 欠하품 흠을 붙이면 입을 크게 벌리고 무언가를 마시는 모습을 나타낸 飮마실 음이 됩니다.

飮福 음 복

뜻 복을 마심

예 제사가 끝나면 가족들에게 飮福 음식으로 떡이 배분된다.

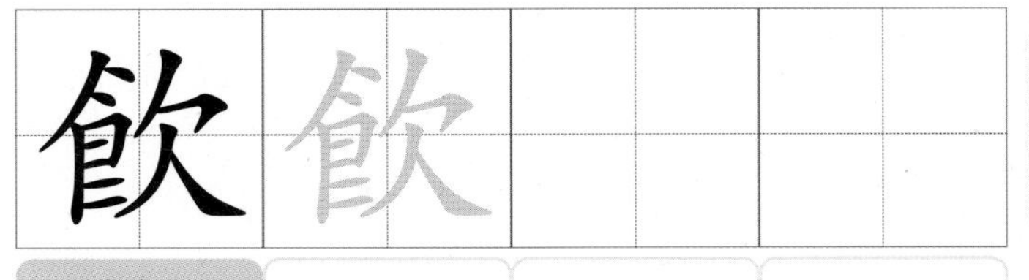

飯 밥 반 

食먹을 식에 反반대 반을 쓰면 飯밥 반이 됩니다. 이 글자에서 反은 발음기호의 역할을 합니다.

飯店  밥집

반 점

예 어느 飯店에 들어가서 요기를 하고 공연장으로 돌아왔다.

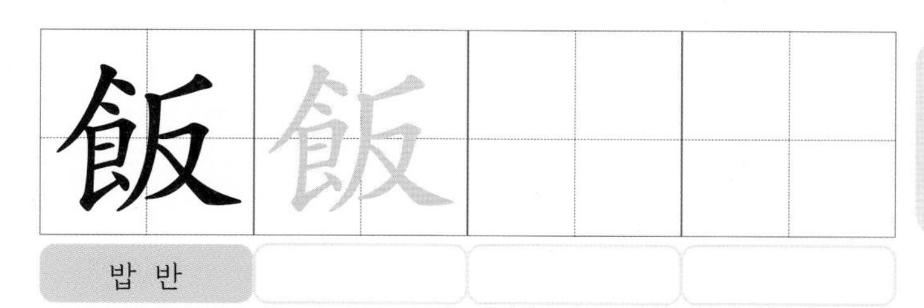

밥 반

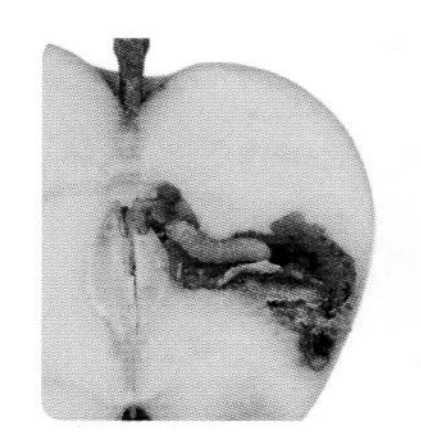

蝕 벌레먹을 식 

食먹을 식에 虫벌레 충, 벌레 훼을 쓰면 蝕벌레먹을 식이 됩니다. 蝕은 주로 日蝕일식, 月蝕월식 등과 같은 단어에서 보입니다. 일식과 월식은 옛사람들 눈에는 벌레가 해와 달을 갉아먹는 것처럼 보였기에 생긴 단어입니다.

日蝕 뜻 해가 벌레에게 갉아 먹히는 듯한 현상

일 식

예 日蝕이 발생해 주위가 잠시 어두워졌다.

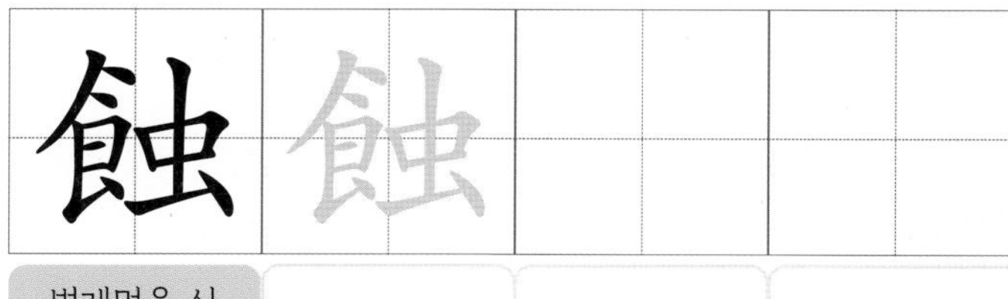

벌레먹을 식

문제 풀기

1 네모칸에 알맞은 글자를 넣어 보아요.

2 한자의 음과 뜻을 알맞게 이어 보아요.

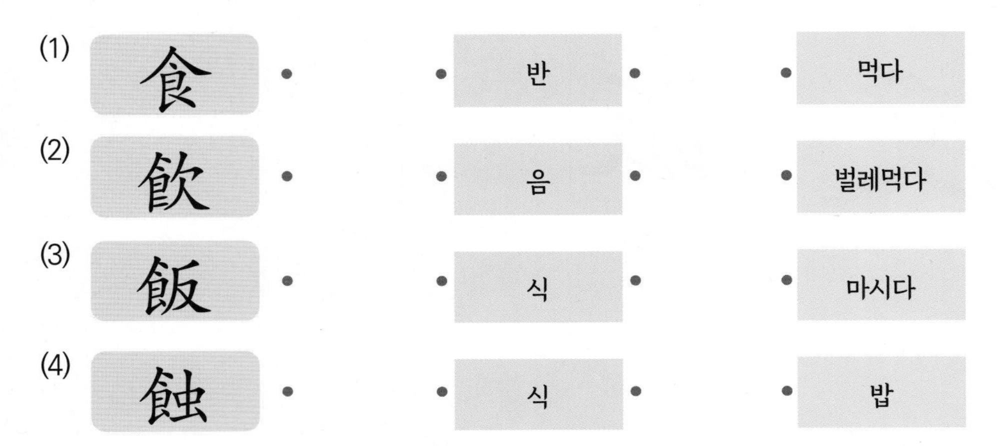

3 빈칸에 알맞은 한자를 써 보아요.

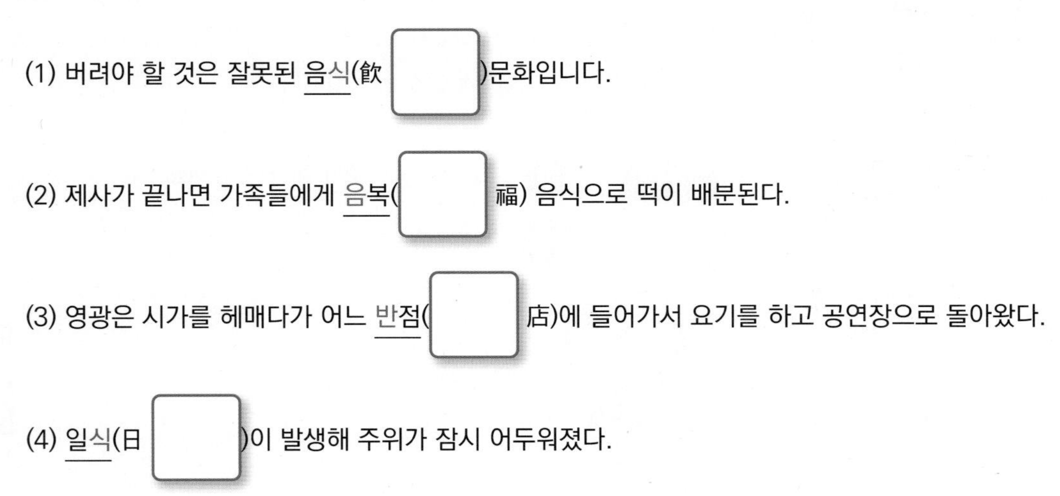

*정답 : 247쪽

4 내용을 소리 내어 읽고 한자를 한글로 써 보세요.

'시에스타'는 에스파냐, 그리스 등에서 볼 수 있는 낮잠을 자는 풍습이다. 에스파냐는 남부 유럽에 있어 낮이 길며 한낮에는 매우 더워 사람들이 활동하기 어렵다. 사람들은 점심 식사 후 한두 시간 동안 낮잠을 자거나 휴식을 취하고 상점이나 食堂 등은 문을 닫기도 한다.

*사회 6

5 열쇠의 뜻 풀이를 이용하여 가로 세로 단어 퍼즐을 완성해 보세요.

[가로열쇠 ①] 마실 것과 먹을 것

[세로열쇠 ②] 음식을 팔고 먹는 집

6 QR코드를 찍어 영상을 본 후, 문제를 풀어 보아요.

(1) 음: .... 뜻: ....

관련단어: ....

만화로 배우는

한자성어

호의호식
(好衣好食)

좋은 음식과 좋은 옷, 편안한 삶.
[좋을 好]

동영상으로 익히는

블록한자

* 아래 QR을 찍으면 동영상이 나옵니다. 동영상을 따라서 한눈에 정리해보아요.

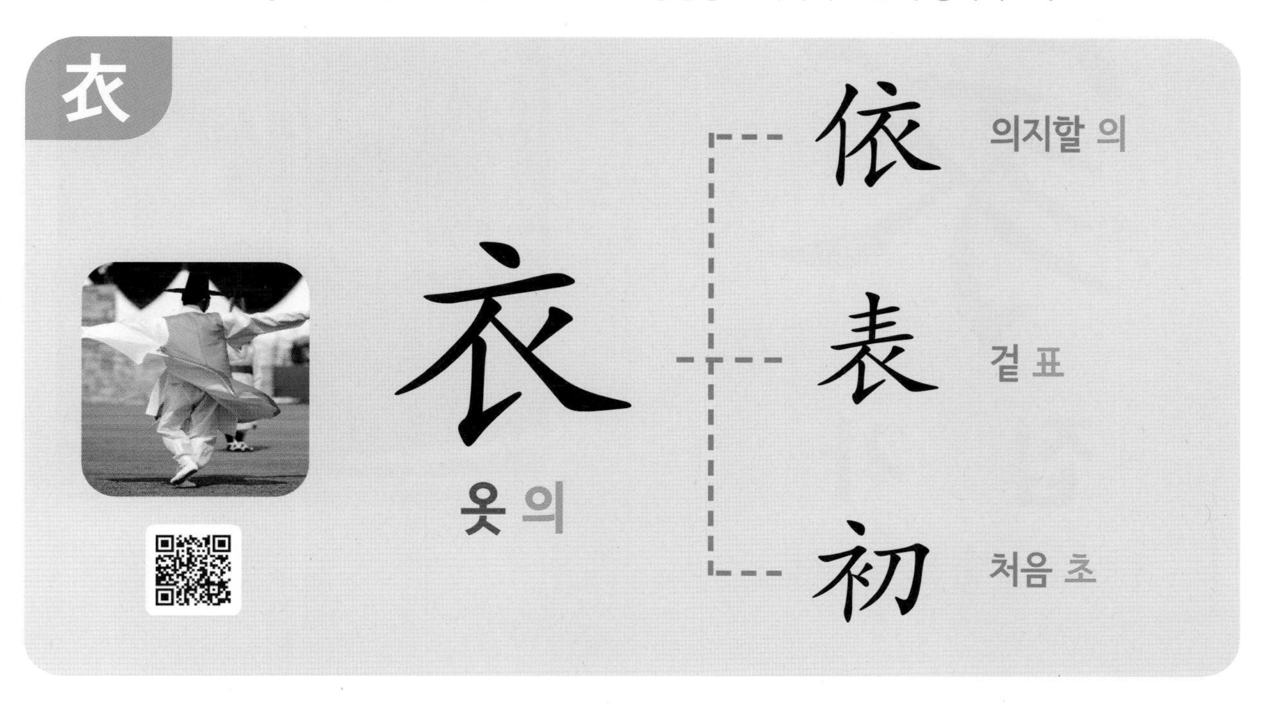

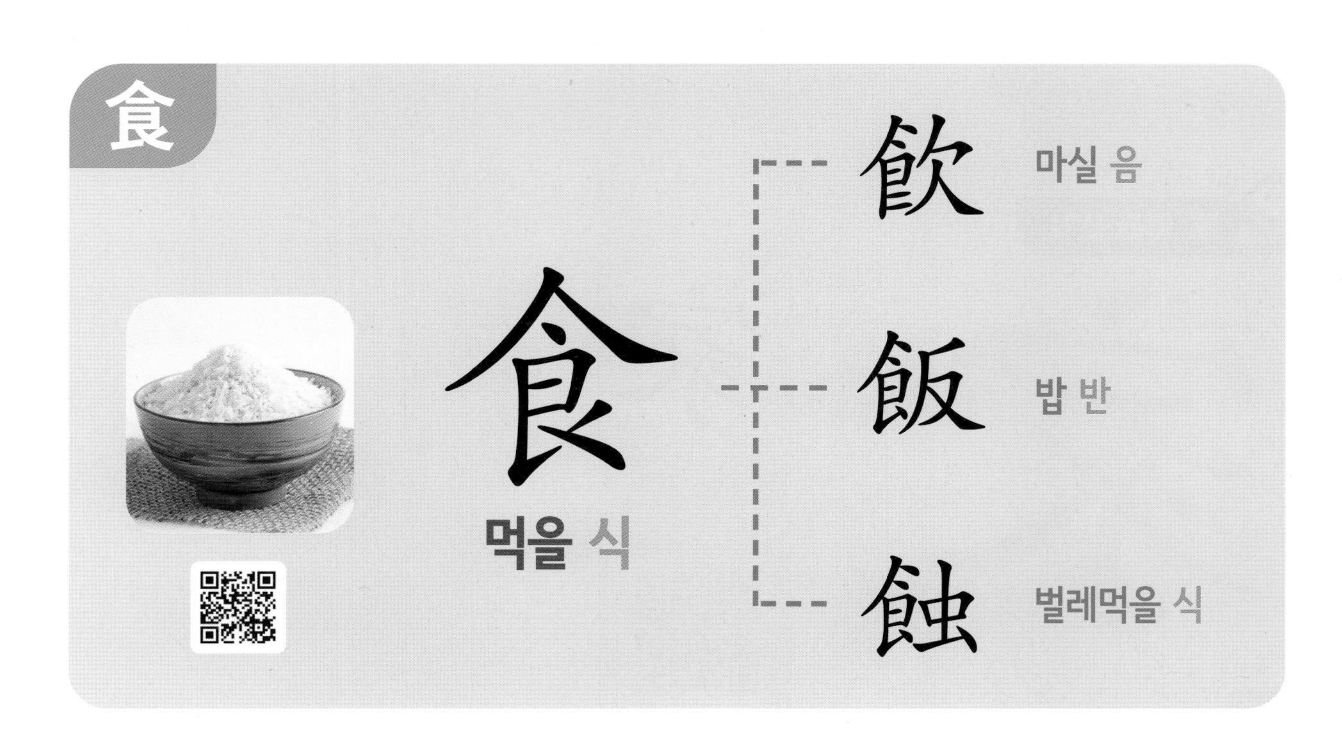

핵심 한자

월 일

7급

집 가

家 알아보기

家집 가는 宀집 면과 豕돼지 시가 결합한 글자입니다. 돼지[豕]를 키우는 곳이라는 뜻인데, 나중에는 집이란 뜻으로 확장되어 쓰였습니다. 家族가족, 國家국가 등 많은 단어를 만듭니다.

家 따라 쓰기

10획 丶 丷 宀 宀 宁 宇 宇 家 家 家

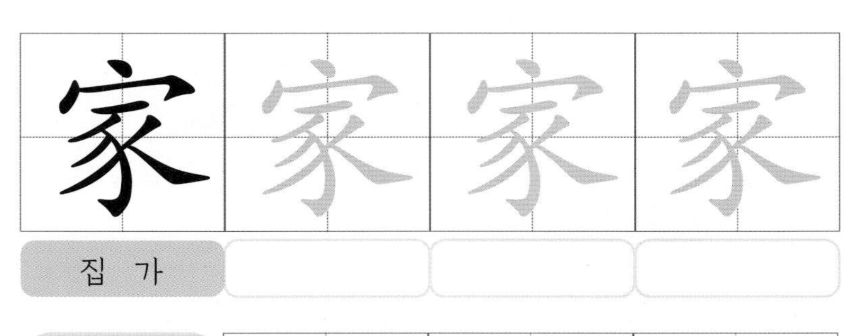

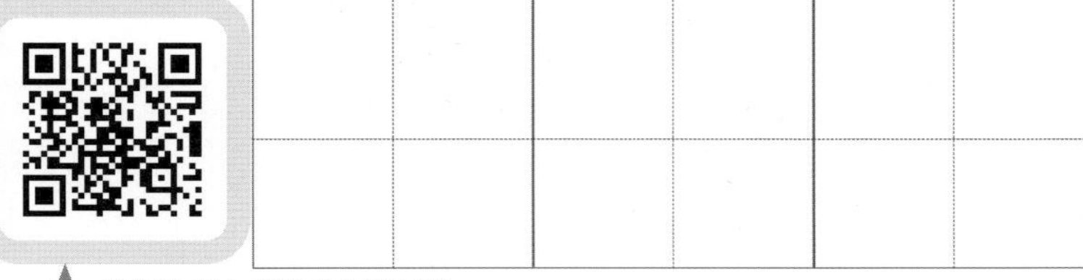

찍으면 획순 영상이 나옵니다.

교과서 핵심 단어

59블록
家

교과서에 나온 내용을 소리 내어 읽어 보아요.

사회 4

家族
집 가 겨레 족
가족

뜻 **한 집에 사는 겨레**

오늘날에는 설날에 家族들과 함께 고향을 찾아가서 친척들을 만나고 서로의 소식을 나눕니다. 또 다 함께 차례를 지내고 어른들께 세배하며 떡국과 맛있는 음식을 나누어 먹습니다.

과학 6

專門家
오로지 전 문 문 집 가
전문가

뜻 **오로지 맡아서 하는 사람**

화재가 발생한 뒤 화재 현장을 책임지고 조사하는 사람이 있습니다. 바로 화재 감식 專門家입니다.

핵심한자 완성하기!

*정답 : 247쪽

(1) 오늘날에는 설날에 가족(☐族)들과 함께 고향을 찾아가서 친척들을 만나고 서로의 소식을 나눕니다.

(2) 화재 감식 전문가(專門☐)는 화재가 발생한 뒤 화재 현장을 책임지고 조사합니다.

블록 한자

집 가

돼지 시

月

돼지 돈

養豚 양돈

⻌

逐

쫓을 축

逐出 축출

八

遂

드디어 수

完遂 완수

* ⻌ 움직일 착, 養 기를 양, 完 완전할 완

豚

돼지 돈 3급

豕돼지 시에 月=肉고기 육을 붙이면 豚돼지 돈이 됩니다. 한자에서 月이 들어가면 고기나 신체부위를 뜻하는 경우가 많은데, 지금은 돼지고기를 표현하기 위한 글자로 쓰였습니다. 豚돈까스, 養豚양돈 등의 단어를 만듭니다.

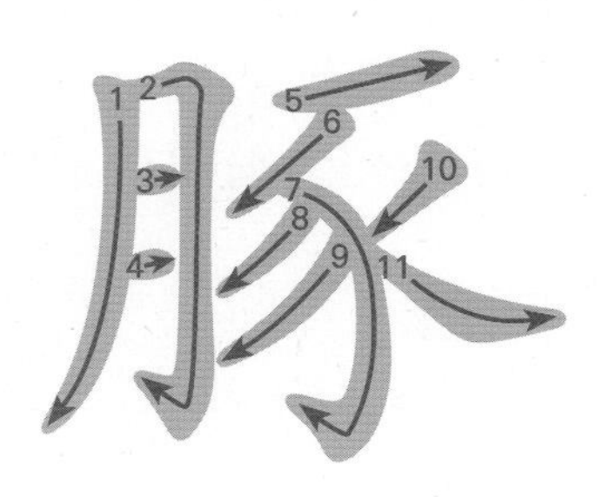

養豚 뜻 돼지를 기름

양 돈 예 농가에서는 부업으로 養豚이나 양계 등을 하기도 한다.

쫓을 축 3급

豕돼지 시에 辶움직일 착을 붙이면 逐쫓을 축이 됩니다. 돼지가 달리는 모습을 나타내는데, 돼지가 뛰어가는 모습에서 '쫓다, 쫓아내다'라는 뜻을 가지게 되었습니다.

逐出 뜻 쫓아서 내보냄
축 출
예 당에서는 뇌물을 받은 의원들을 逐出하기로 결정하였다.

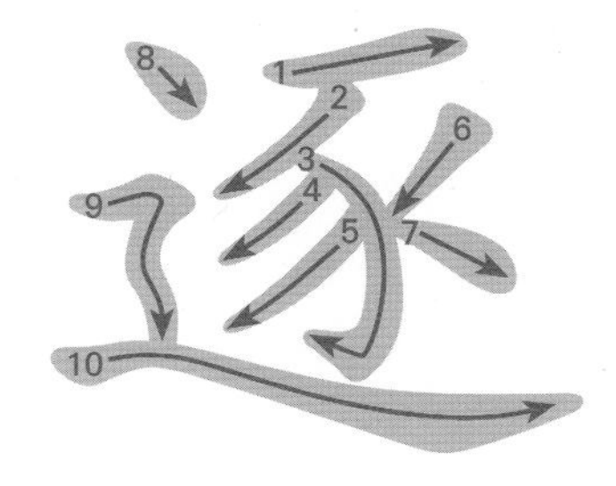
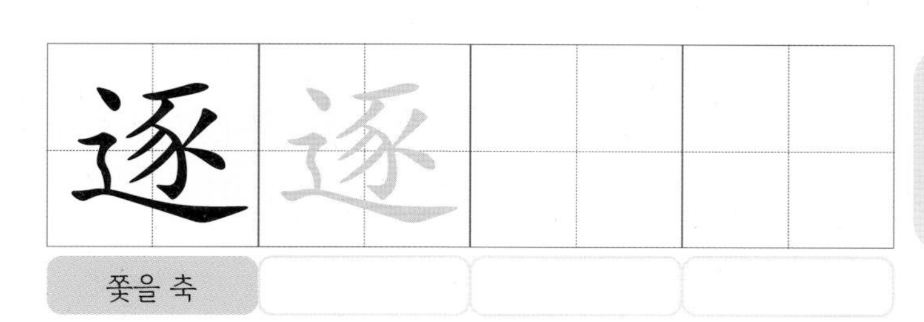
쫓을 축

드디어 수 3급

逐쫓을 축의 윗쪽에 八여덟 팔을 씌우면 돼지가 막다른 골목으로 몰렸다는 뜻을 나타냅니다. '드디어 모두 한 곳으로 몰았다'는 데서 '드디어, 이루다'의 뜻으로 쓰입니다. 完遂완수는 다 이룬 것이고, 未遂미수는 다 이루지 못한 것입니다.

完遂 뜻 완전히 이룸
완 수
예 그는 불타는 사명감으로 그 일을 完遂했다.

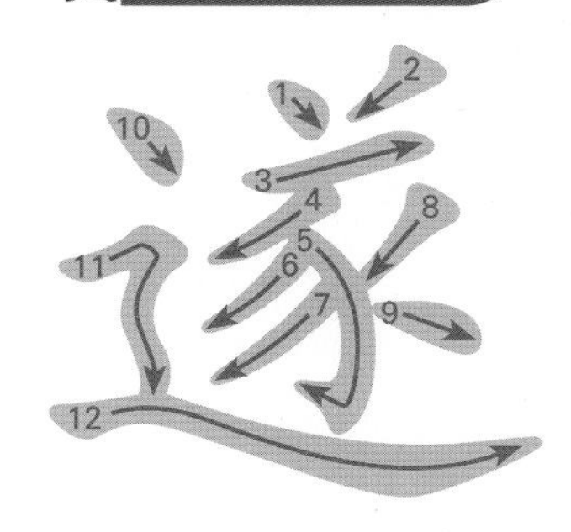
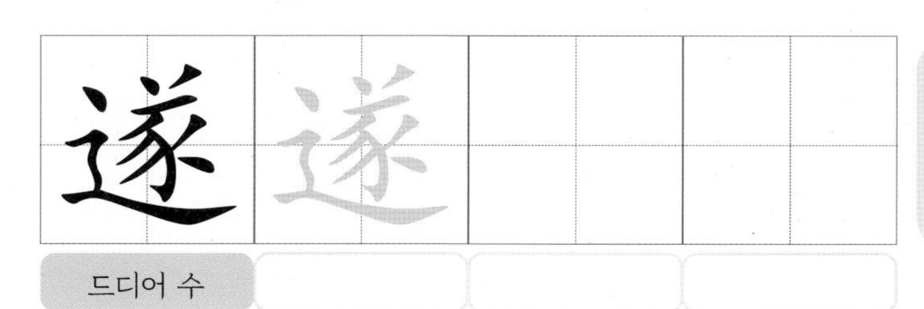
드디어 수

문제 풀기

1 네모칸에 알맞은 글자를 넣어 보아요.

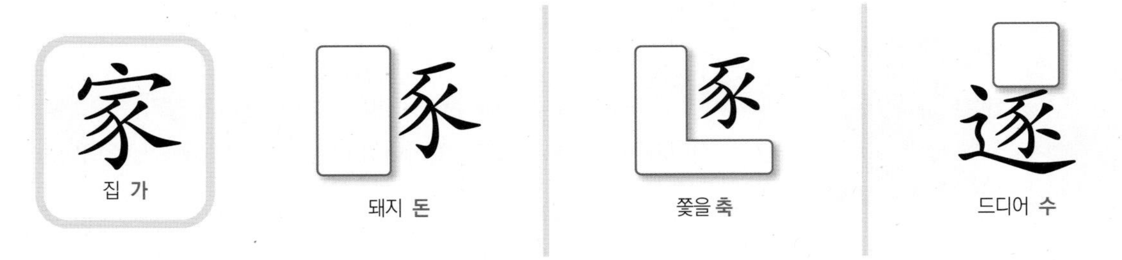

2 한자의 음과 뜻을 알맞게 이어 보아요.

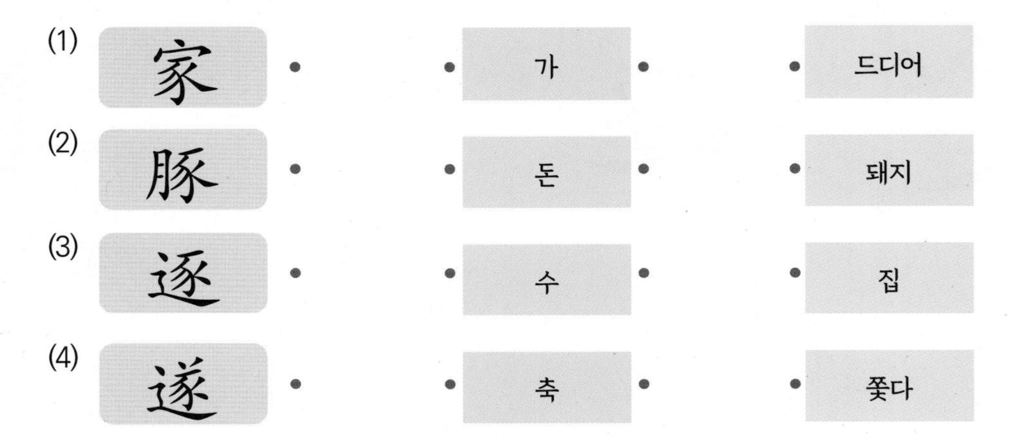

3 빈칸에 알맞은 한자를 써 보아요.

(1) 명절에는 가족(　族)이나 이웃과 함께 세시 음식을 만들어 먹습니다.

(2) 농가에서는 부업으로 양돈(養　)이나 양계 등을 하기도 한다.

(3) 당에서는 뇌물을 받은 의원들을 축출(　出)하기로 결정하였다.

(4) 그는 불타는 사명감으로 그 일을 완수(完　)했다.

*정답 : 247쪽

4 내용을 소리 내어 읽고 한자를 한글로 써 보세요.

화재가 발생한 뒤 화재 현장을 책임지고 조사하는 사람이 있습니다. 바로 화재 감식 專門家입니다.

*과학 6

5 열쇠의 뜻 풀이를 이용하여 가로 세로 단어 퍼즐을 완성해 보세요.

① 專	門	②
		族

[가로열쇠 ①] 오로지 맡아서 하는 사람

[세로열쇠 ②] 한 집에 사는 겨레

6 QR코드를 찍어 영상을 본 후, 문제를 풀어 보아요.

(1) 음: ______ 뜻: ______

관련단어: ______

핵심 한자

월 일

族

6급

겨레 족

族 알아 보기

옛 한자

族겨레 족은 㫃깃발 언과 矢화살 시가 결합한 글자입니다. 하나의 깃발 아래 같은 화살을 들고 모인 사람들을 나타낸 글자인데, '겨레, 피붙이'를 뜻합니다. 家族가족, 民族민족 등의 많은 단어를 만듭니다.

族 따라 쓰기

11획 丶 亠 方 方 方' 㫃 㫃 㫃 旌 族 族

族	族	族	族
겨레 족			

찍으면 획순 영상이 나옵니다.

교과서 핵심 단어

60블록
族

교과서에 나온 내용을 소리 내어 읽어 보아요.

사회 5

民族
백성 민 겨레 족
민족

뜻 **같은 겨레의 백성**

유목 民族은 가축이 먹을 만한 물과 풀밭을 찾아 주기적으로 일정 지역으로 이동하며 사는 民族이다.

사회 5

貴族
귀할 귀 겨레 족
귀족

뜻 **고귀한 족속**

청자는 만들기가 어렵고 가치가 높은 제품이라 왕실과 貴族들이 주로 사용했다. 고려청자에서 당시 貴族들의 화려한 문화를 엿볼 수 있다.

핵심한자 완성하기!

*정답 : 247쪽

(1) 유목 민족(民 ☐)은 가축이 먹을 만한 물과 풀밭을 찾아 주기적으로 일정 지역으로 이동한다.

(2) 고려청자에서 당시 귀족(貴 ☐)들의 화려한 문화를 엿볼 수 있다.

블록 한자

族
겨레 족

㫃
깃발 언

其 → 旗 깃발 기 — 國旗 국기

𠂤 → 旅 나그네 려 — 旅行 여행

斿 → 遊 놀, 떠돌 유 — 遊牧 유목

* 辶 걸을 착, 其 그 기, 國 나라 국, 行 다닐 행, 牧 칠 목

旗 깃발 기 7급

㫃깃발 언 속에 其그 기를 넣으면 旗깃발 기가 됩니다. 㫃은 뜻을, 其는 발음을 담당하고 있습니다. 國旗국기, 五輪旗오륜기 등의 단어를 만듭니다.

國旗 국 기

뜻 나라의 깃발

예 우리나라 國旗는 태극기, 미국 國旗는 성조기라고 부른다.

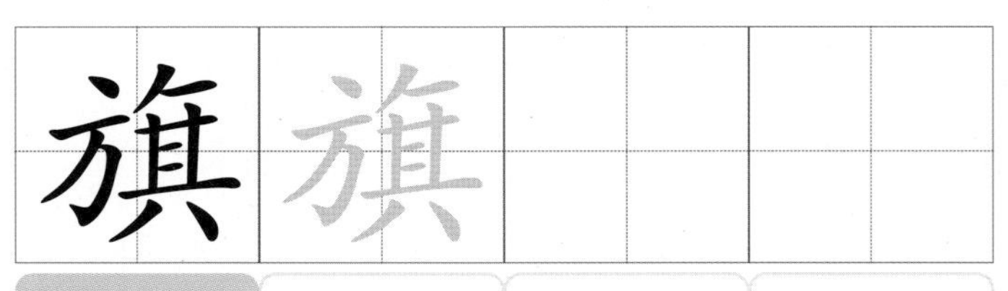

60블록 族

나그네 려 5급

旅

㫃깃발 언 속에 사람들을 나타내는 人人을 쓰면 旅나그네 려가 됩니다. 人人은 변하여 𠂢으로 되는데 획수는 둘 다 4획으로 같습니다. 깃발을 들고 여행하는 나그네나 군대를 뜻합니다. 旅行여행, 旅券여권 등의 단어를 만듭니다.

 旅行 여행

 나그네처럼 돌아다님

 우주 호텔은 우주를 旅行하다가 쉬는 곳이에요.

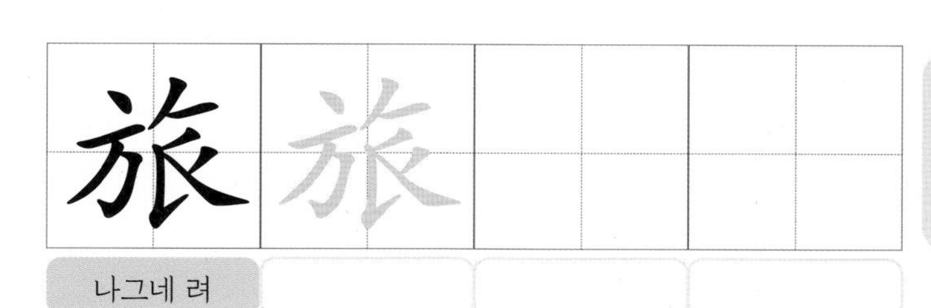

나그네 려

놀, 떠돌 유 4급

遊

㫃깃발 언 속에 子아들 자를 쓰고, 움직임을 나타내는 辶움직일 착을 앞에 쓰면 遊놀 떠돌 유가 됩니다. 아이에게 깃발을 들게 하고 움직이는 것을 표현한 것으로 '놀러다니다, 떠돌아다니다'란 뜻입니다. 遊牧民유목민, 野遊會야유회 등 많은 단어를 만듭니다.

遊牧 유목

뜻 떠돌며 가축을 기름

 초원지역 사람들은 가축과 함께 이동하며 遊牧생활을 한다.

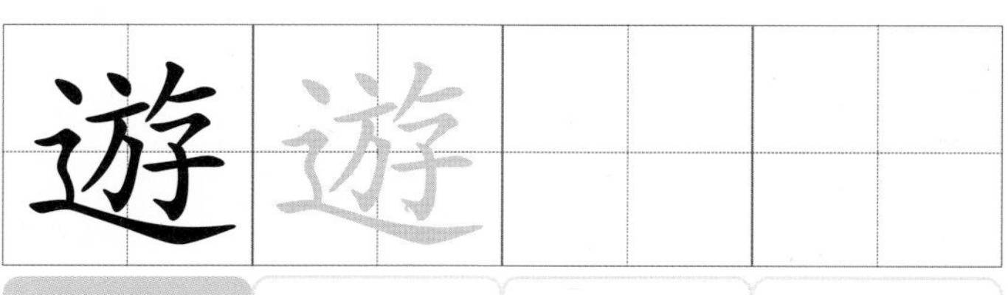

놀, 떠돌 유

문제 풀기

1 네모칸에 알맞은 글자를 넣어 보아요.

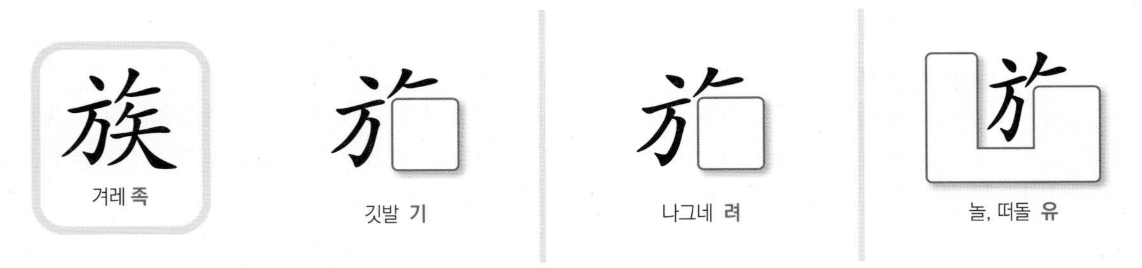

2 한자의 음과 뜻을 알맞게 이어 보아요.

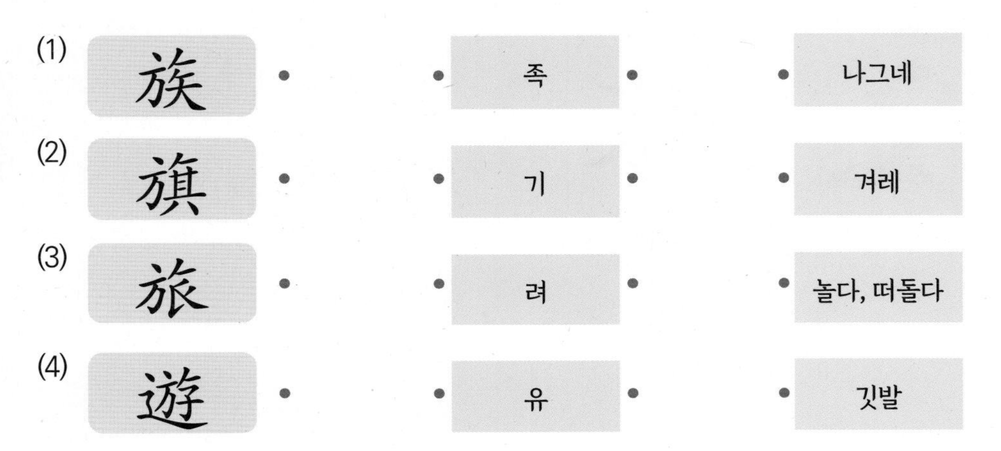

3 빈칸에 알맞은 한자를 써 보아요.

(1) 귀족(貴 ☐)들을 궁전에 초대해 연회를 즐기면서 세금을 낭비했다.

(2) 우리나라 국기(國 ☐)는 태극기, 미국 국기(國 ☐)는 성조기라고 부른다.

(3) 우주 호텔은 우주를 여행(☐ 行)하다가 쉬는 곳이에요.

(4) 초원지역 사람들은 가축과 함께 이동하며 유목(☐ 牧)생활을 한다.

*정답 : 247쪽

4 내용을 소리 내어 읽고 한자를 한글로 써 보세요.

유목 民族은 가축이 먹을 만한 물과 풀밭을 찾아 주기적으로 일정 지역으로 이동하며 사는 民族이다.

*사회 4

5 열쇠의 뜻 풀이를 이용하여 가로 세로 단어 퍼즐을 완성해 보세요.

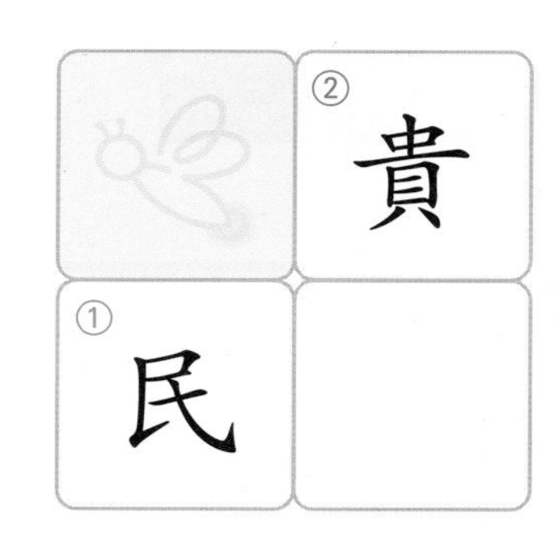

[가로열쇠 ①] 같은 겨레의 백성

[세로열쇠 ②] 고귀한 족속

6 QR코드를 찍어 영상을 본 후, 문제를 풀어 보아요.

(1) 음: 뜻:
관련단어:

만화로 배우는

한자성어

원족근린 (遠族近隣)

먼 이웃보다는 가까운 이웃이 나음, 이웃사촌.
[멀 遠, 가까울 近, 이웃 隣]

동영상으로 익히는

블록한자

* 아래 QR을 찍으면 동영상이 나옵니다. 동영상을 따라서 한눈에 정리해보아요.

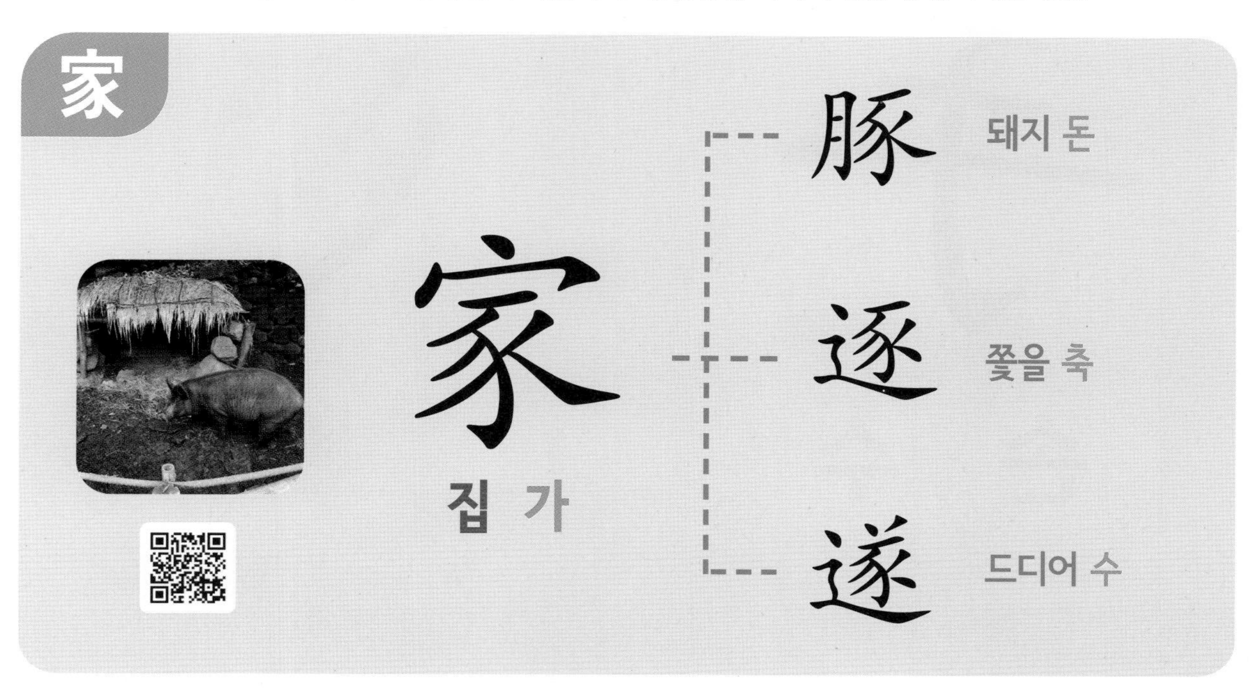

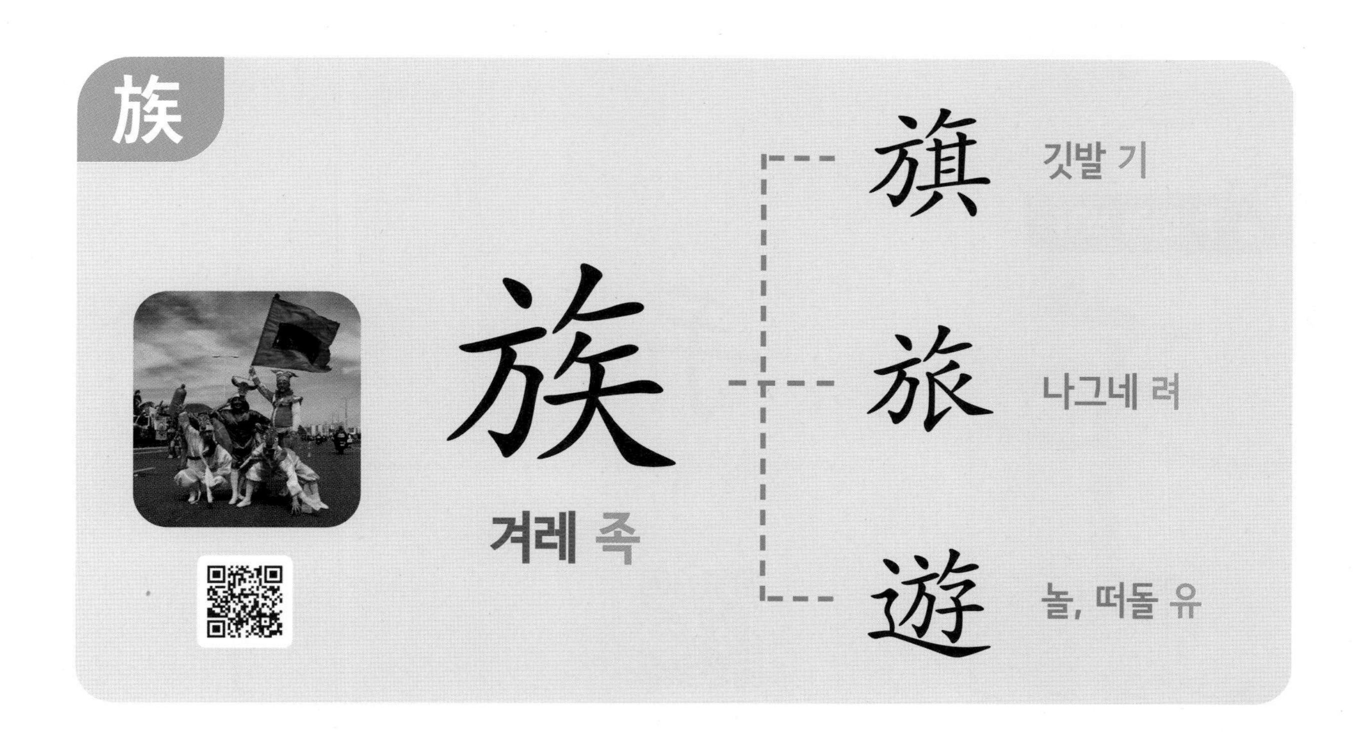

핵심 한자

월 일

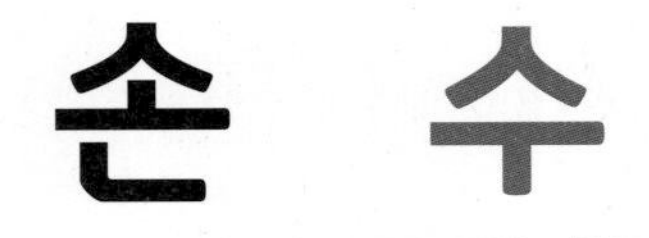

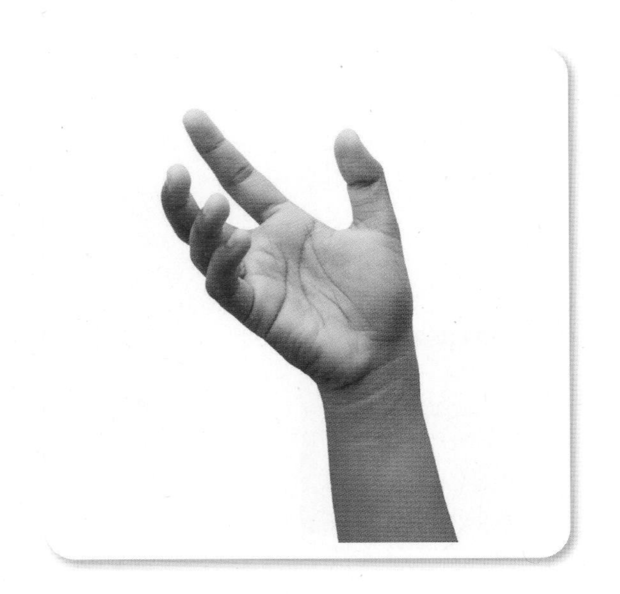

手 알아 보기

옛 한자

手손 수는 손의 모양을 본떠 만든 글자입니다. 手는 손가락과 손바닥, 그리고 팔뚝의 모양을 나타냅니다.

4획

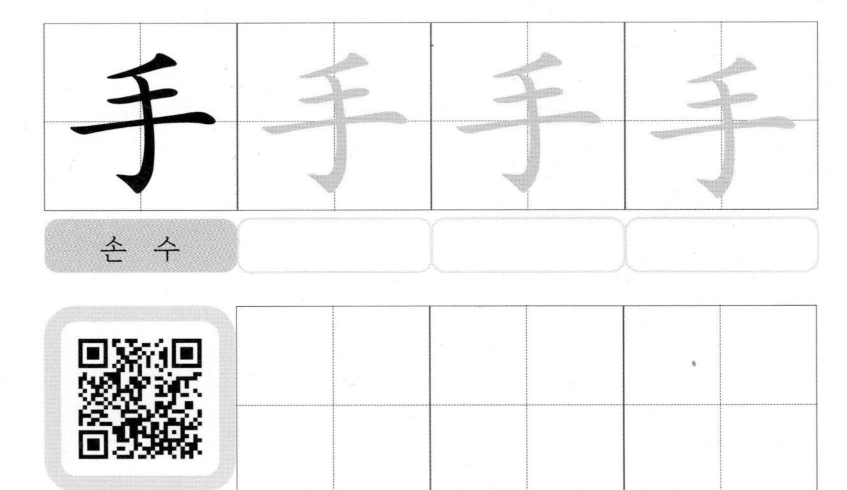

찍으면 획순 영상이 나옵니다.

교과서 핵심 단어

61블록
手

교과서에 나온 내용을 소리 내어 읽어 보아요.

수학 4

失手
잃을 실 손 수

실수

뜻 손에서 놓침, 잘못함

나는 훌라후프와 리본 경기에서는 失手를 하지 않아 8.5점으로 높은 점수를 받았다. 그런데 공경기에서는 아쉽게도 공을 떨어뜨리는 失手를 했다.

과학 6

手巾
손 수 수건 건

수건

뜻 손 닦는 천

화재가 발생하면 큰 소리로 "불이야."라고 외치거나 비상벨을 눌러 불이 난 것을 주변에 알립니다. 그리고 젖은 手巾으로 코와 입을 막고 몸을 낮춰 대피합니다.

핵심한자 완성하기!

*정답 : 247쪽

(1) 아쉽게도 공을 떨어뜨리는 실수(失 ☐)를 해서 7.5점으로 낮은 점수를 받았다.

(2) 젖은 수건(☐ 巾)으로 코와 입을 막고 몸을 낮춰 대피하고 119에 신고합니다.

블록 한자

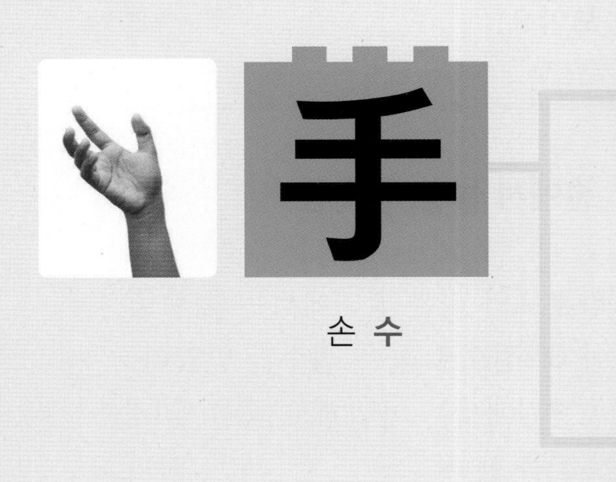

* 丰 풀이 예쁘게 자라는 모양 봉, 目 눈 목, 歲 해 세, 走 달릴 주, 馬 말 마, 用 쓸 용

拜 절 배 4급

풀을 뽑는 모습을 나타낸 글자로, 丰예쁠 봉은 풀이 예쁘게 자라는 모양이고, 手손 수는 그 풀을 뽑는 손입니다. 풀 뽑는 모습이 절 하는 모습과 같다고 하여 '절하다'의 뜻을 지닙니다.

歲拜 세배

뜻 새해에 하는 절

예 설빔을 입고 어른들께 歲拜를 했습니다.

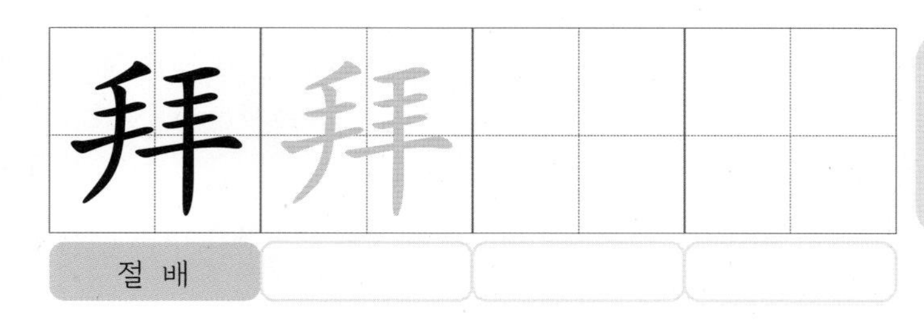

看

볼 간 4급

手손 수 아래 目눈 목을 그려 둔 글자가 看볼 간입니다. 우리가 멀리 있는 것을 볼 때 손을 눈 위에 댈 때가 있는데 看은 바로 이 순간을 포착하여 만든 글자입니다.

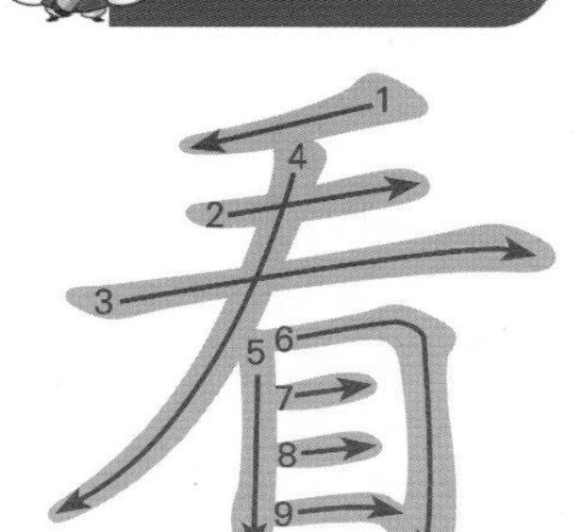

走馬看山 뜻 달리는 말에서 산을 보듯이 대충 훑어봄

주 마 간 산 예 대부분의 관광객은 走馬看山으로 지나친다.

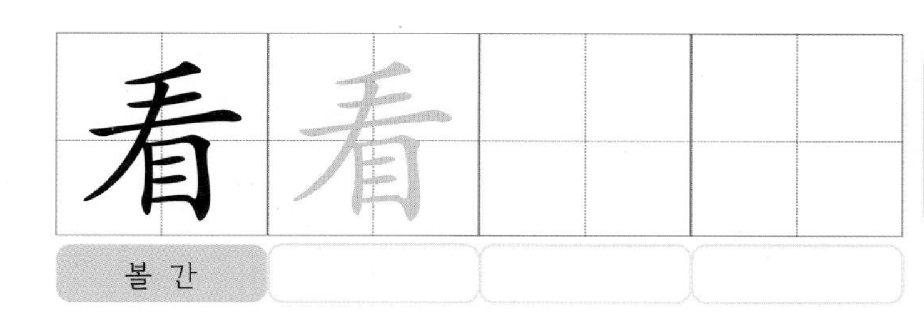

붙을 착 

看볼 간과 비슷한 글자로 着붙을 착이 있습니다. 이 글자는 羊양 양이 目눈 목 위에 올려져 있습니다. '머리에 쓰다, 입다, 붙다' 등의 뜻을 지닙니다. 着으로 써도 되고 한 획을 줄여서 着으로 써도 됩니다.

着用 뜻 붙여서 사용함

착 용 예 보안경과 면장갑을 반드시 着用하세요.

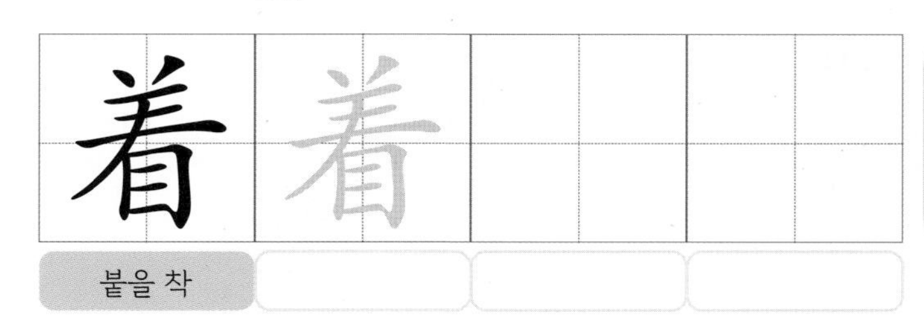

문제 풀기

1 네모칸에 알맞은 글자를 넣어 보아요.

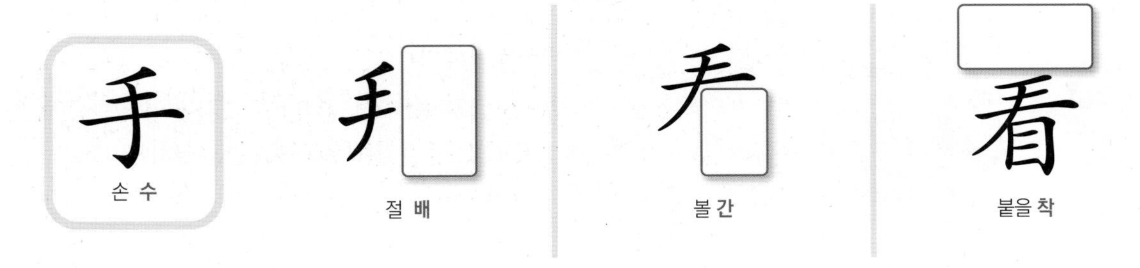

2 한자의 음과 뜻을 알맞게 이어 보아요.

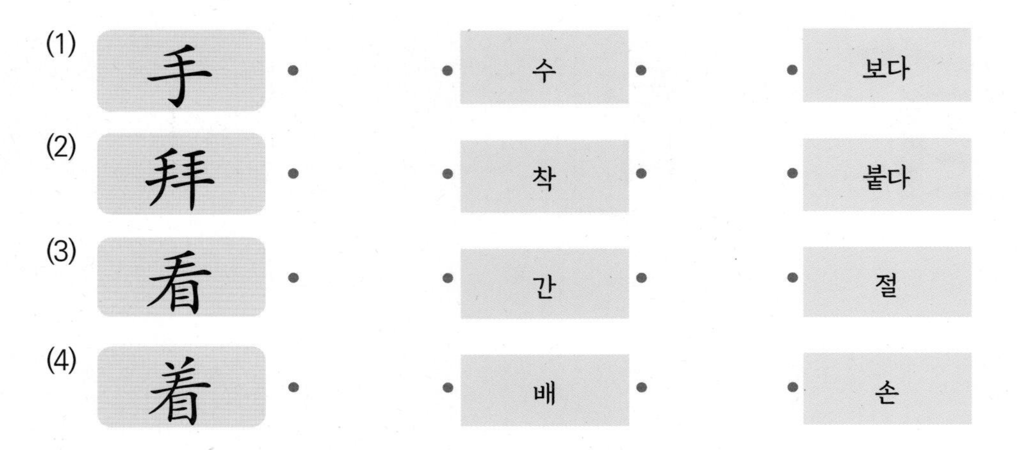

3 빈칸에 알맞은 한자를 써 보아요.

(1) 수성 사인펜으로 쓴 탐구 일지에 실수(失 　)로 물을 떨어뜨렸습니다.

(2) 설빔을 입고 어른들께 세배(歲 　)를 했습니다.

(3) 대부분의 관광객은 주마간산(走馬 　 山)으로 지나친다.

(4) 보안경과 면장갑을 반드시 착용(　 用)하세요.

*정답 : 247쪽

4 내용을 소리 내어 읽고 한자를 한글로 써 보세요.

화재가 발생하면 젖은 手巾으로 코와 입을 막고 몸을 낮춰 대피합니다.

*과학 6

5 열쇠의 뜻 풀이를 이용하여 가로 세로 단어 퍼즐을 완성해 보세요.

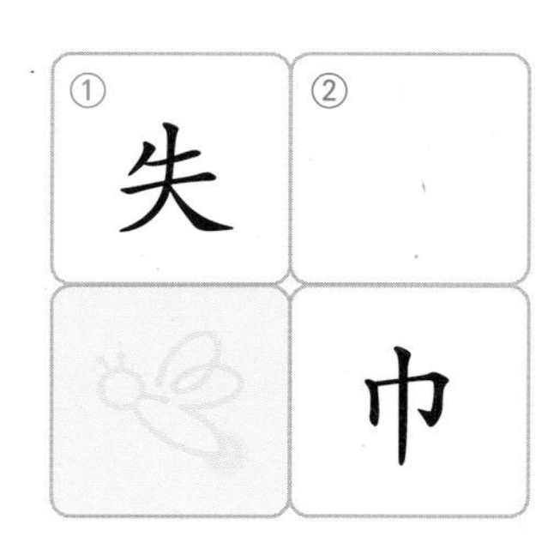

[가로열쇠 ①] 손에서 놓침, 잘못함

[세로열쇠 ②] 손 닦는 천

6 QR코드를 찍어 영상을 본 후, 문제를 풀어 보아요.

(1) 음: 　　　　 뜻: 　　　　

관련단어: 　　　　

핵심 한자

월 일

7급

발 족

足 알아보기

옛 한자

足발 족은 발의 모양을 본뜬 글자입니다. 옛 글자에서는 발뒤꿈치를 동그랗게 그렸지만, 현재는 네모로 만들어 쓰고 있습니다. '발'이라는 뜻 외에 '만족하다'는 뜻도 가지고 있습니다.

足 따라 쓰기

7획

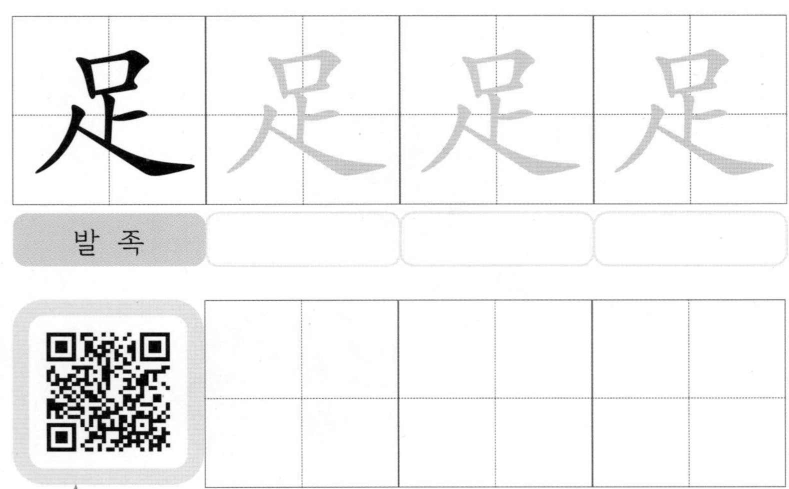

찍으면 획순 영상이 나옵니다.

교과서 핵심 단어

62블록
足

교과서에 나온 내용을 소리 내어 읽어 보아요.

사회 4

不足
아니 불 발 족
부족

뜻 만족스럽지 못함

지난주 토요일, 밤마다 주차공간이 不足해 갈등을 일으켜 온 A 씨와 이웃 주민 B 씨 사이에 결국 다툼이 일어났다.

교과서 밖

蛇足
뱀 사 발 족
사족

뜻 뱀의 발, 쓸데없는 짓

옛날에 어떤 사람들이 뱀을 먼저 그리는 내기를 했는데 한 사람이 뱀을 먼저 그리곤 시간이 남자 뱀의 발까지 그리던 중, 그 틈에 다른 사람이 뱀을 완성하여 일등을 차지해 버렸다는 이야기에서 비롯한다. 이후 蛇足은 '군더더기, 쓸데없는 짓'이란 뜻으로 사용된다.

핵심한자 완성하기!

*정답 : 247쪽

(1) 밤마다 주차 공간이 부족(不 ☐)해 갈등을 일으켜 온 A 씨와 이웃 주민 B 씨.

(2) 쓸데없는 짓을 하는 것을 '뱀의 발' 즉 사족(蛇 ☐)이라 부른다.

블록 한자

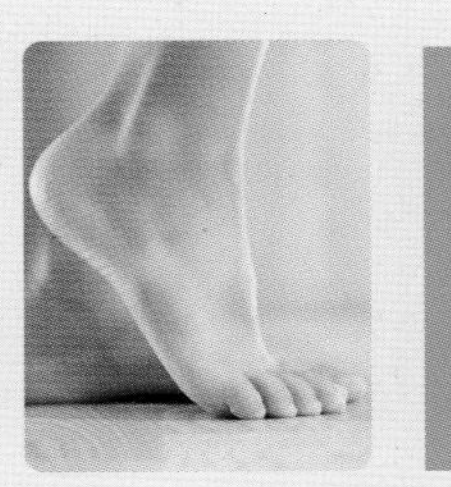

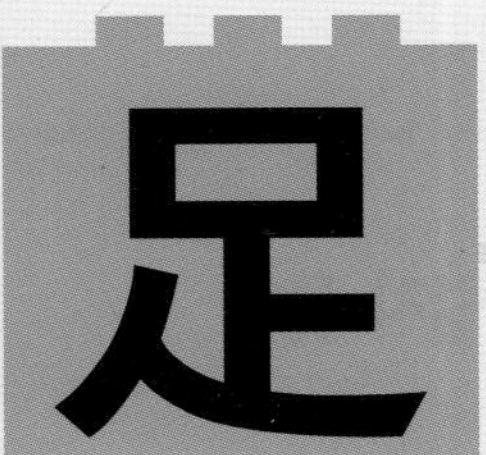

발 족

부수	한자	단어
亻	促 재촉할 촉	促求 촉구
扌	捉 잡을 착	捕捉 포착
就	蹴 찰 축	蹴球 축구

* 扌= 手 손 수, 就 이룰 취, 求 구할 구, 捕 잡을 포, 球 공 구

促 재촉할 촉 

3급

足발 족에 亻사람 인을 쓰면 促재촉할 촉이 됩니다. 사람이 발길질을 하며 재촉하는 모습을 글자화한 것입니다. 促求촉구, 促進촉진 등의 단어에 들어갑니다.

促求 촉구

뜻 재촉하여 요구함

예 독립운동 참여를 促求하는 「안사람 의병가」를 지어 널리 알렸다.

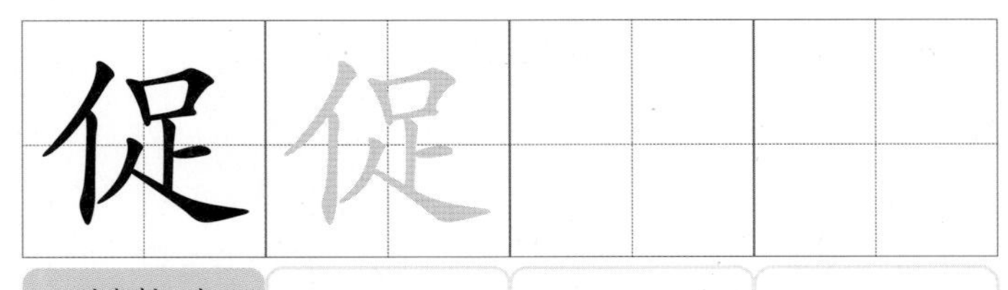

捉 잡을 착 3급

足발 족에 손을 뜻하는 扌= 手손 수를 붙이면 捉잡을 착이 됩니다. 손으로 발목을 잡는 모습을 생각하시면 됩니다.

捉捉 

잡고 잡음, 예리하게 잡아냄

포 착 

좋은 인물 사진은 구도와 표정의 捕捉에 성패가 달려 있다.

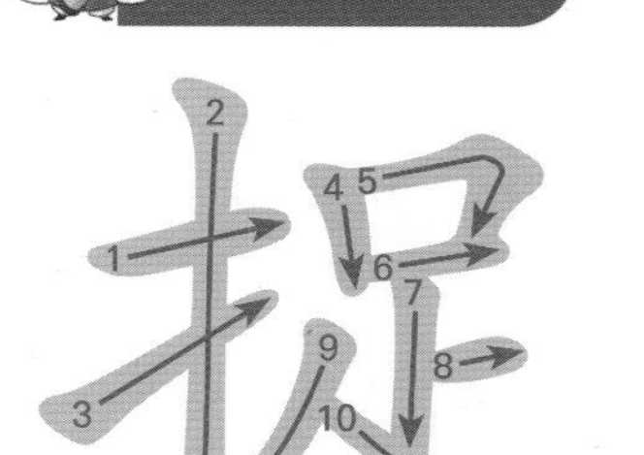

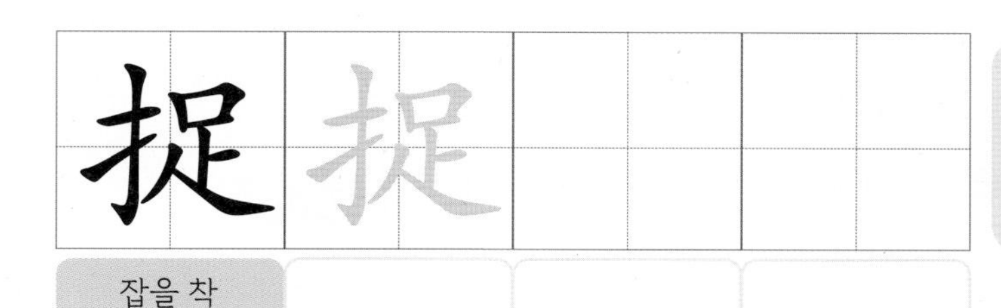

잡을 착

蹴 찰 축 2급

발로 하는 가장 유명한 게임은 단연 蹴球축구! 축구는 공 하나를 가지고 하는 단순한 게임인데 글자는 그보다 몇 배 더 복잡합니다. 그래도 "京서울 경에 犬개 견이 놀러왔다 → 就이룰 취"를 먼저 외워 두시고 그 후에 足발 족을 살짝 가져다 붙여 보세요.

蹴球 

공을 참

축 구 

10월의 어느 날, 드디어 반 대항 蹴球 대회가 열리는 날이었다.

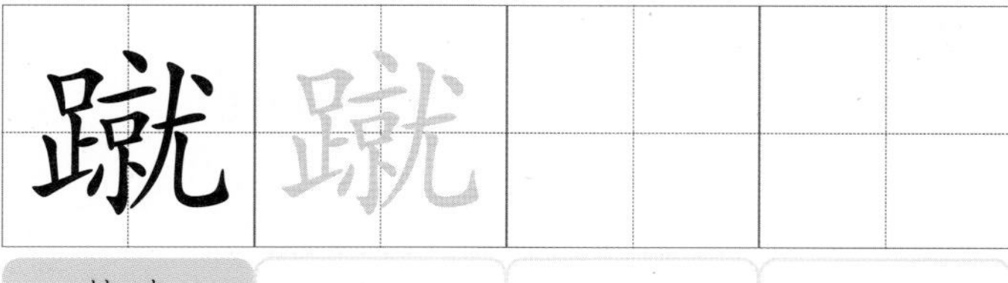

찰 축

문제 풀기

1 네모칸에 알맞은 글자를 넣어 보아요.

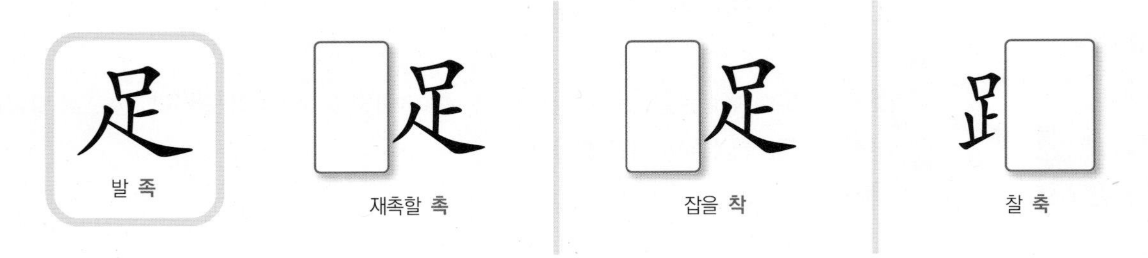

2 한자의 음과 뜻을 알맞게 이어 보아요.

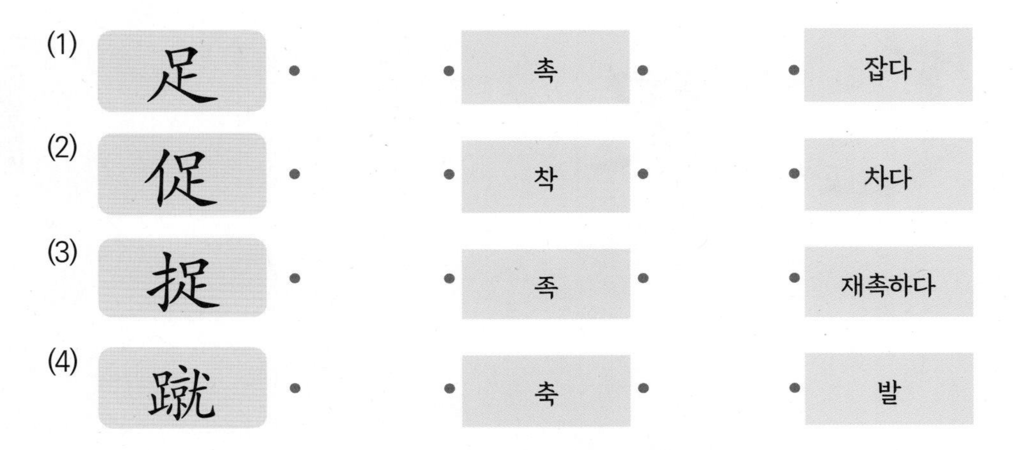

3 빈칸에 알맞은 한자를 써 보아요.

(1) 물이 부족(不 □)해 농작물이 피해를 입는다.

(2) 윤희순은 여성들의 독립운동 참여를 촉구(□ 求)하는 「안사람 의병가」를 지어 널리 알렸다.

(3) 좋은 인물 사진은 구도와 표정의 포착(捕 □)에 성패가 달려 있다.

(4) 10월의 어느 날, 드디어 반 대항 축구(□ 球)대회가 열리는 날이었다.

*정답 : 247쪽

4 내용을 소리 내어 읽고 한자를 한글로 써 보세요.

남을 이해하고 사랑하고 받아들이려면 먼저 자기 자신을 사랑해야 해. 사랑의 첫걸음은 바로 자기 자신을 사랑하는 게지.

*국어 5

5 열쇠의 뜻 풀이를 이용하여 가로 세로 단어 퍼즐을 완성해 보세요.

[가로열쇠 ①] 뱀의 발, 쓸데없는 짓

[세로열쇠 ②] 만족스럽지 못함

6 QR코드를 찍어 영상을 본 후, 문제를 풀어 보아요.

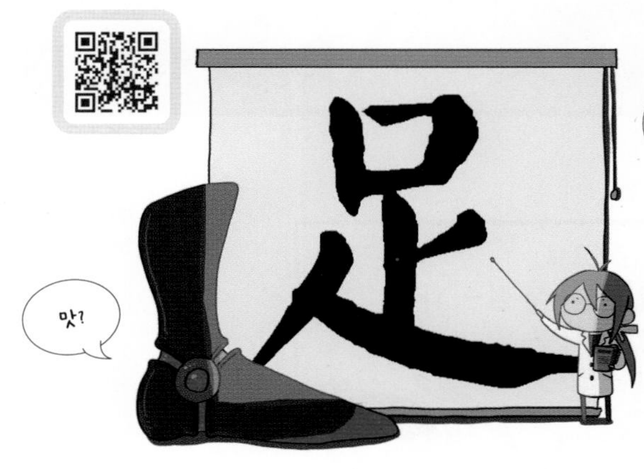

(1) 음: ______ 뜻: ______

관련단어: ______

만화로 배우는

한자성어

사족
(蛇足)

뱀을 다 그리고 나서 있지도 아니한 발을 덧붙여 그려 넣는다는 뜻으로, 쓸데없는 군짓을 하여 도리어 잘못되게 함을 이르는 말. [뱀 蛇]

동영상으로 익히는

블록한자

* 아래 QR을 찍으면 동영상이 나옵니다. 동영상을 따라서 한눈에 정리해보아요.

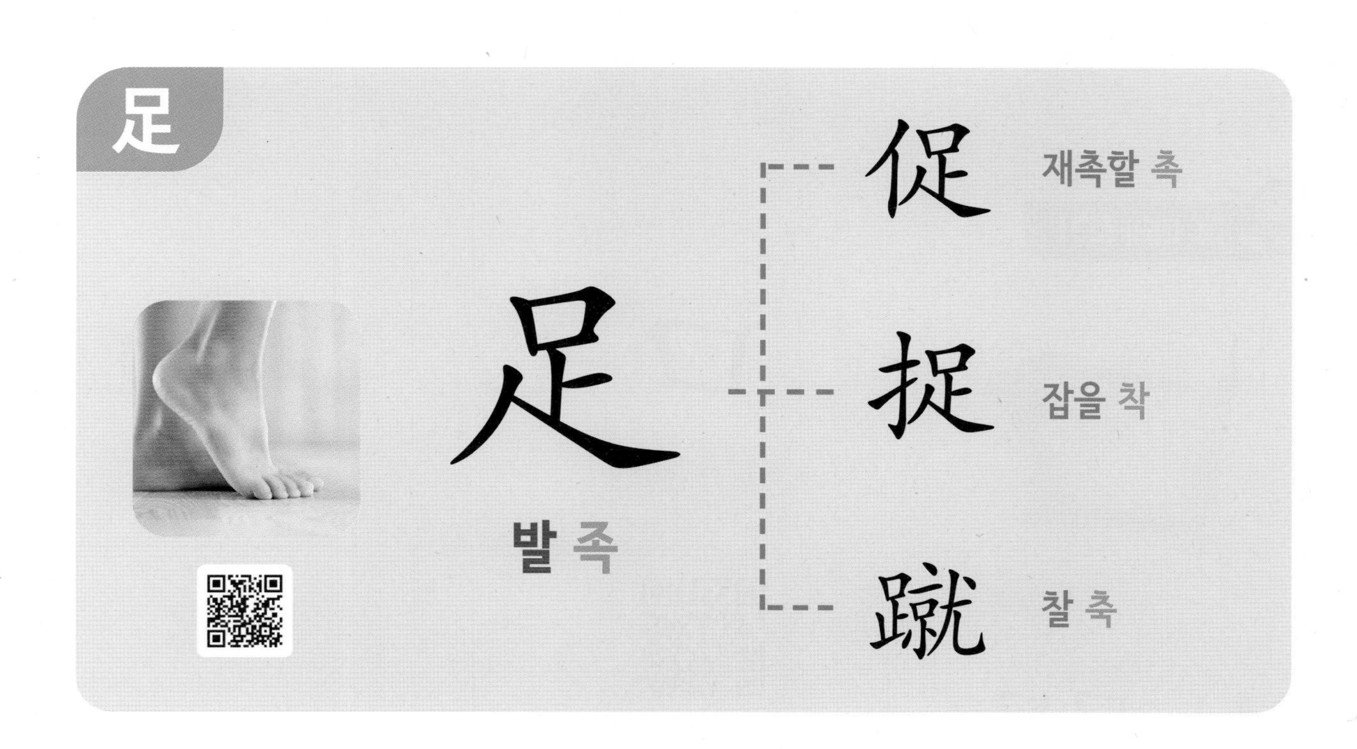

7급

입 구

口 알아 보기

옛한자

口입 구는 입을 벌린 모습을 본뜬 글자입니다. 입은 사람이 말하고 먹는 기관으로 입을 통하여 우리 몸의 안과 밖이 연결됩니다. 그래서 어디로 드나드는 통로를 出入口출입구라고 합니다.

口 따라 쓰기

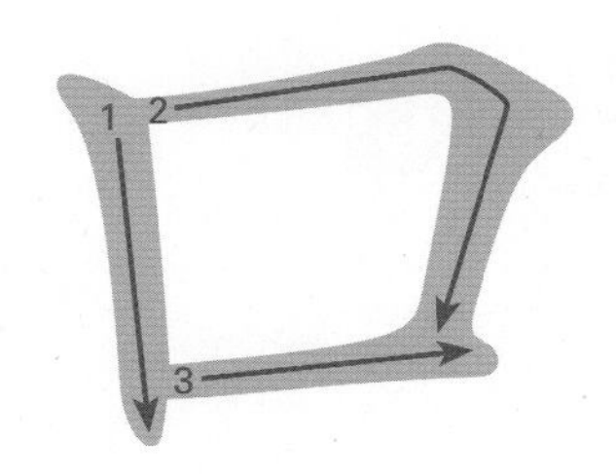

3획 丨 冂 口

찍으면 획순 영상이 나옵니다.

교과서 핵심 단어

63블록
口

교과서에 나온 내용을 소리 내어 읽어 보아요.

국어 4

먹을 식 입 구

식구

뜻 **같이 먹는 입, 가족**

앞을 볼 수 없었던 헬렌 켈러는 제멋대로였고 성격이 난폭해져서 집안 食口들을 괴롭혔습니다. 그러나 자기 자신이 다른 사람을 얼마나 괴롭히는지 알지 못했습니다.

국어 5

날 출 입 구

출구

뜻 **나가는 입, 나가는 통로**

지진이 일어나면 탁자 아래로 들어가 몸을 보호합니다. 할 수 있으면 전기와 가스를 차단하고, 문을 열어 出口를 확보한 뒤에 밖으로 나갑니다.

핵심한자 완성하기!

*정답 : 247쪽

(1) 헬렌은 성격이 난폭해져서 집안 식구(食 [ ])들을 괴롭혔습니다.

(2) 지진이 나면 문을 열어 출구(出 [ ])를 확보한 뒤에 밖으로 나갑니다.

블록 한자

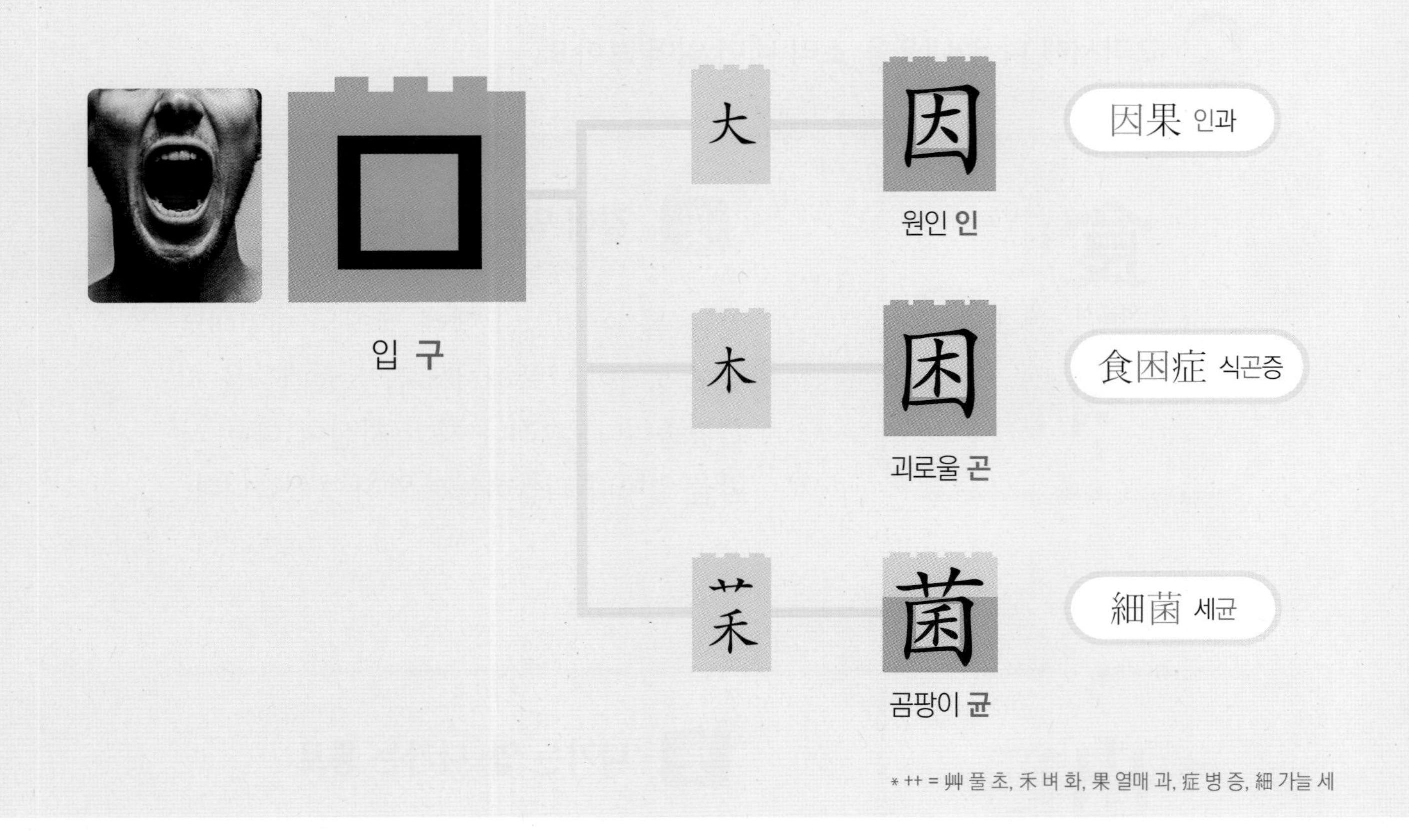

* ++ = 艸 풀 초, 禾 벼 화, 果 열매 과, 症 병 증, 細 가늘 세

원인 인

口입 구 속에 大큰 대를 쓰면 因원인 인이 됩니다. 이것은 사람이 바닥에 大자로 누워 있는 것을 표현한 것으로 '바탕, 원인'이란 뜻입니다.

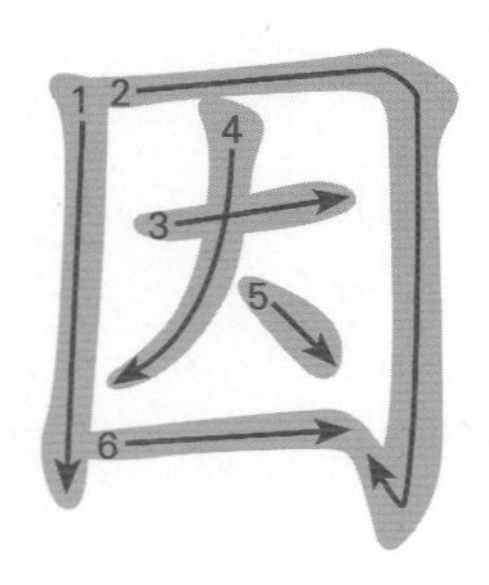

因果 인 과

뜻 원인과 결과

예 '왜냐하면'을 사용하면 因果가 잘 드러나게 말할 수 있어요.

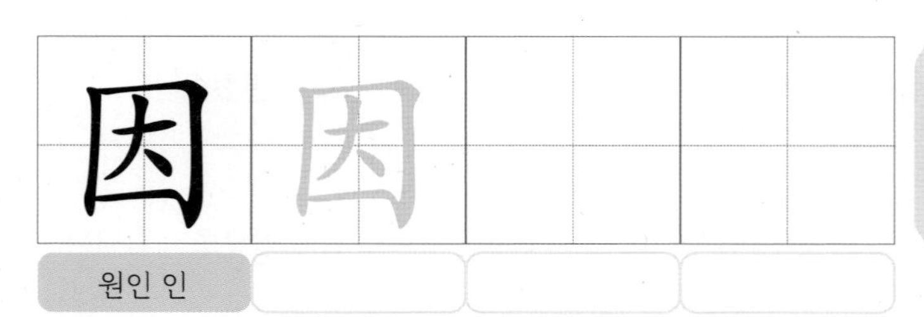

괴로울 곤 4급

口입 구 속에 木나무 목을 가두어 두면 困괴로울 곤이 됩니다. '나무를 통 속에 꽉꽉 끼워 둔 모습'에서 '괴롭다'의 의미가 나왔습니다. 疲困피곤, 食困症식곤증 등의 단어에 들어갑니다.

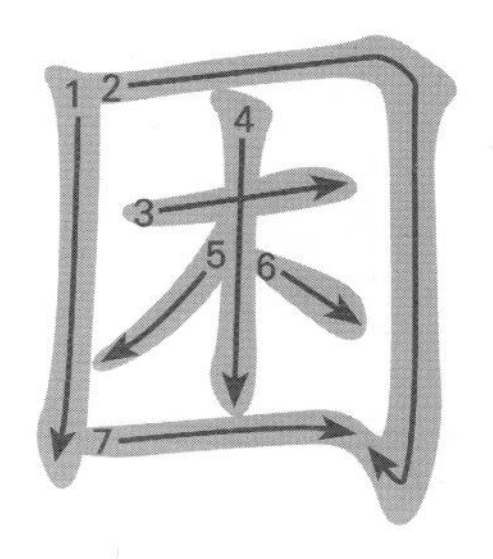

식 곤 증

 식사 후 피곤한 증세

예 점심을 먹은 후 食困症이 나서 제대로 일을 하지 못했다.

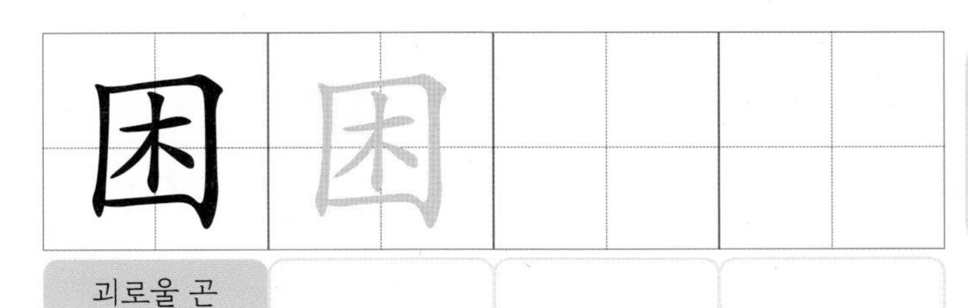

괴로울 곤

곰팡이 균 3급

禾벼 화를 넣어 둔 네모난 통 口입 구에서 생긴 ++풀 초를 쓴 글자가 菌곰팡이 균입니다. 細菌세균, 病菌병균 등에 많이 쓰이는 단어이니 꼭 외워두세요!

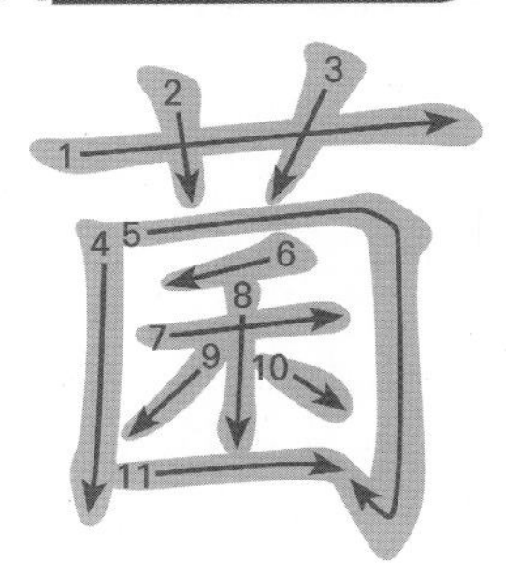

細菌

세 균

 미세한 곰팡이

예 좋은 細菌만 남아 거름으로 사용할 수 있었습니다.

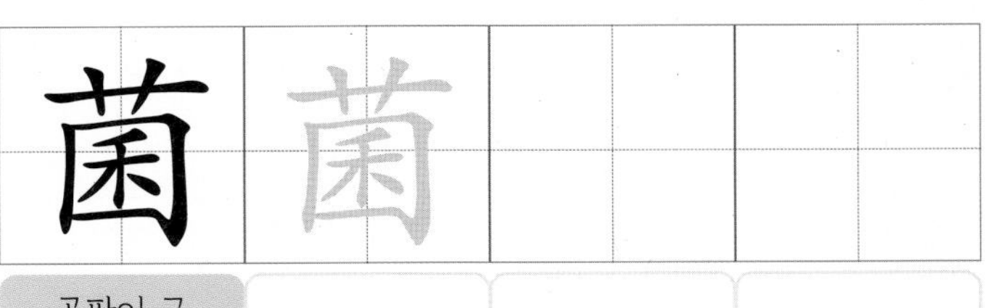

곰팡이 균

문제 풀기

1 네모칸에 알맞은 글자를 넣어 보아요.

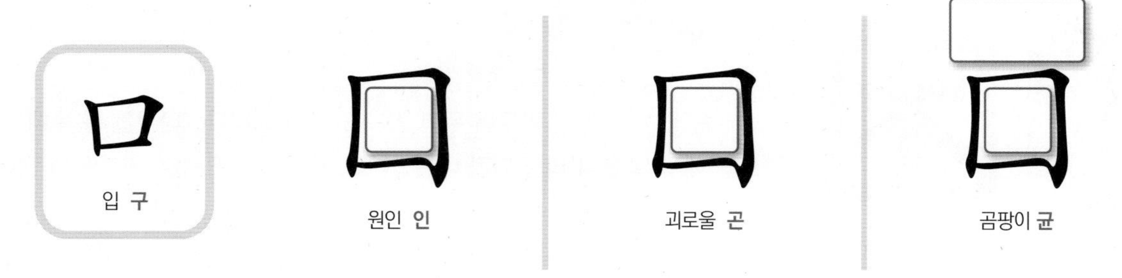

2 한자의 음과 뜻을 알맞게 이어 보아요.

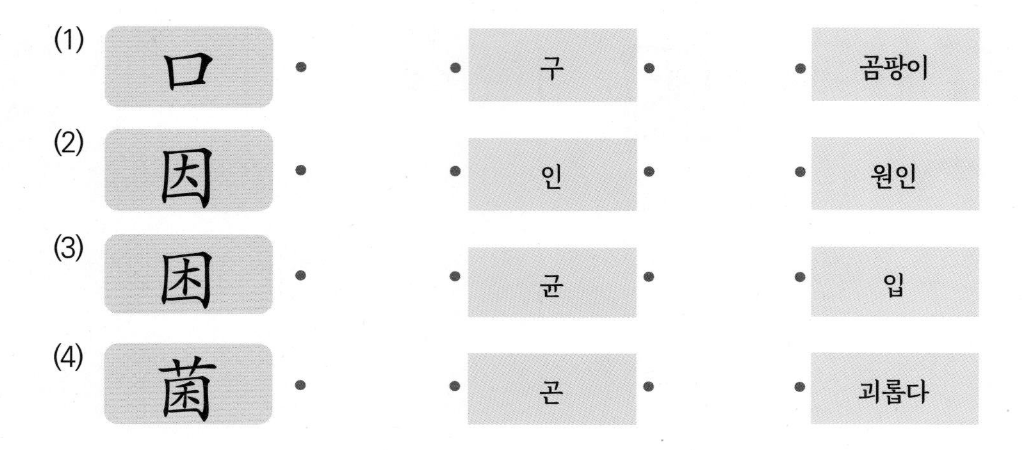

3 빈칸에 알맞은 한자를 써 보아요.

(1) 헬렌은 성격이 난폭해져서 집안 식구 (食 ☐)들을 괴롭혔습니다.

(2) '그래서, 왜냐하면'을 사용하면 인과(☐ 果)가 잘 드러나게 말할 수 있어요.

(3) 점심을 먹은 후 식곤증(食 ☐ 症)이 나서 제대로 일을 하지 못했다.

(4) 좋은 세균(細 ☐)만 남아 거름으로 사용할 수 있었습니다.

4 내용을 소리 내어 읽고 한자를 한글로 써 보세요.

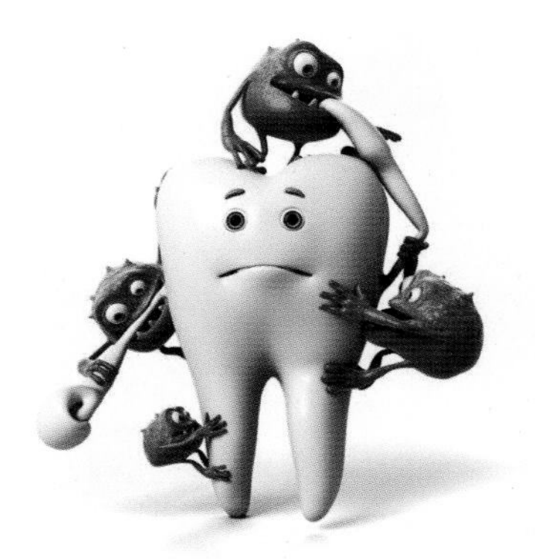

충치가 생기는 까닭은 細菌이 치아 표면을 썩게 하기 때문입니다. 細菌은 매우 작아서 맨눈으로 볼 수 없고, 배율이 높은 현미경을 사용해야 관찰할 수 있습니다.

*과학 5

5 열쇠의 뜻 풀이를 이용하여 가로 세로 단어 퍼즐을 완성해 보세요.

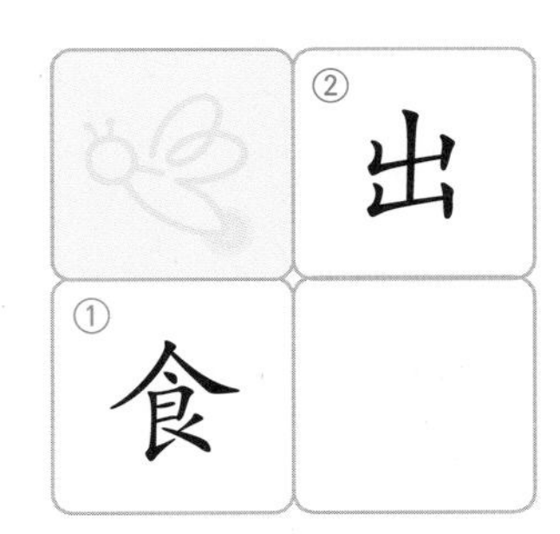

[가로열쇠 ①] 같이 먹는 입, 가족

[세로열쇠 ②] 나가는 입, 나가는 통로

6 QR코드를 찍어 영상을 본 후, 문제를 풀어 보아요.

(1) 음: 뜻:

관련단어:

핵심 한자

월 일

6급

뿔 각

角 알아 보기

옛 한자

角뿔 각은 짐승의 뿔을 본뜬 글자입니다. 첫 두 획이 날카롭게 되어 있습니다.

角 따라 쓰기

7획

角 角 角 角

뿔 각

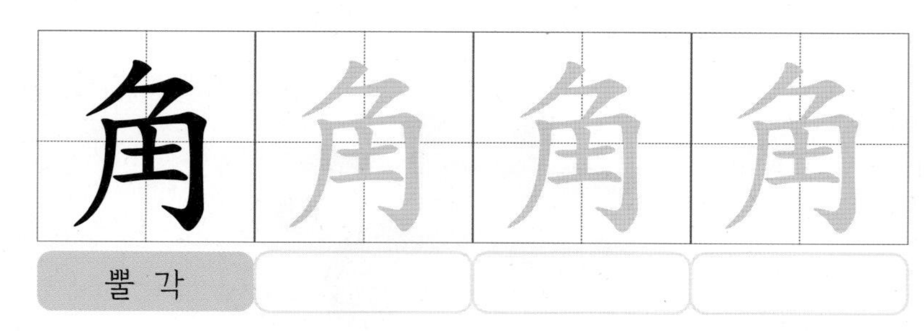

찍으면 획순 영상이 나옵니다.

교과서 핵심 단어

64블록
角

교과서에 나온 내용을 소리 내어 읽어 보아요.

수학 3

角

뿔 각

각

뜻 뿔, 뾰족한 끝

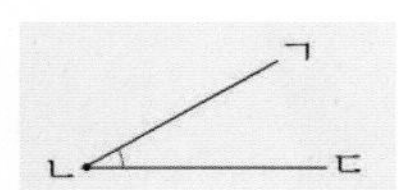

한 점에서 그은 두 반직선으로 이루어진 도형을 角이라고 합니다. 그림의 角을 角ㄱㄴㄷ 또는 角ㄷㄴㄱ이라 하고, 이때 점 ㄴ을 각의 꼭짓점이라고 합니다.

수학 4

三角形

석 삼 뿔 각 모양 형

삼각형

뜻 각이 3개 있는 형태

三角形의 세 각의 크기의 합은 180°입니다.

핵심한자 완성하기!

*정답 : 247쪽

(1) 한 점에서 그은 두 반직선으로 이루어진 도형을 각(　　)이라고 합니다.

(2) 삼각형(三　　形)의 세 角의 크기의 합은 180°입니다.

블록 한자

* 蜀 머리 큰 애벌레 촉, 有 있을 유, 法 법 법

쓸 용 

6급

角뿔 각에서 윗부분을 잘라내면 用쓸 용이 됩니다. 쓰다라는 뜻으로 使用사용, 有用유용 등 많은 단어에 들어갑니다.

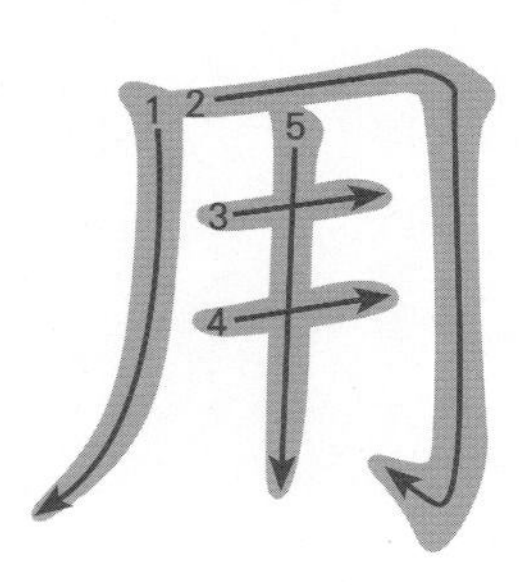

有用 유 용

뜻 쓸모가 있음

예 우리말에 대한 有用한 내용이 실려 있어요.

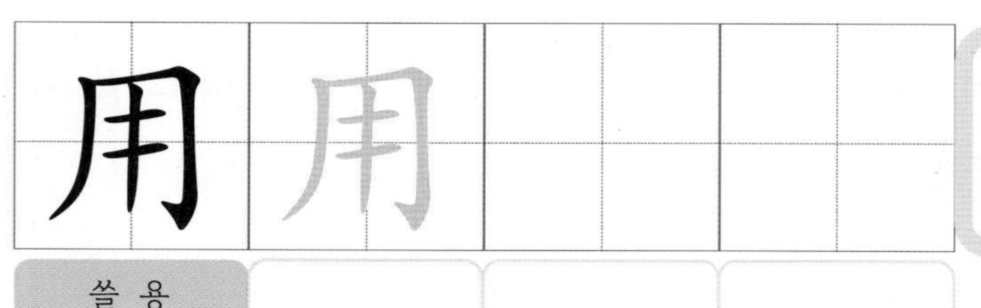

풀 해 4급

解

角뿔 각이 통째로 들어가는 글자 중에서 가장 유명한 글자는 解풀 해가 아닐까 합니다. 이 글자는 소[牛]의 뿔[角]을 칼[刀]로 해체하는 모습을 가진 글자입니다. 여기에서 '풀다, 해체하다'의 뜻이 나왔고 解體해체, 解法해법 등에 쓰입니다.

解法 해법

뜻 푸는 법

예 이 책은 복잡한 방정식을 푸는 解法을 잘 설명해 주고 있다.

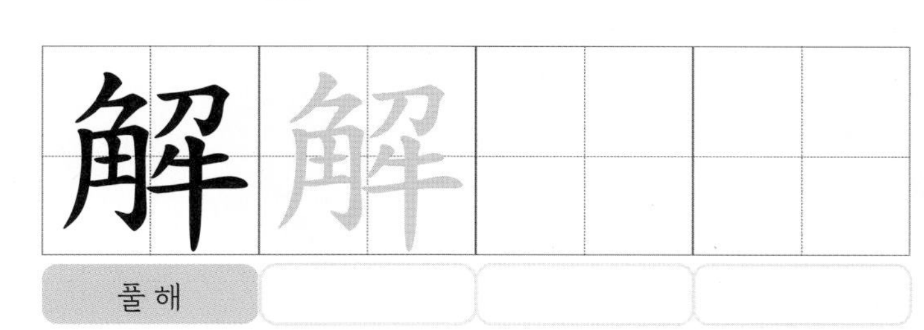

닿을 촉 3급

觸

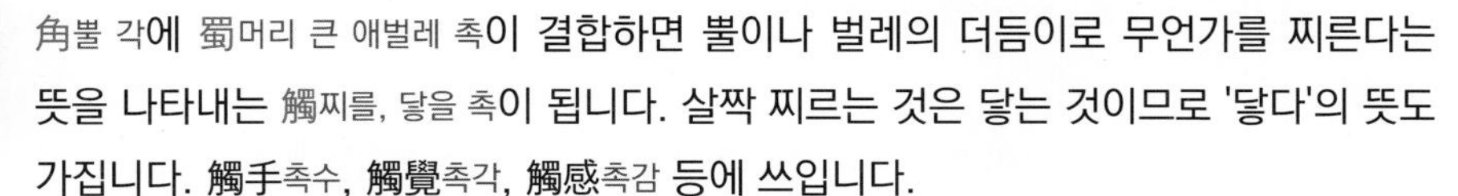
角뿔 각에 蜀머리 큰 애벌레 촉이 결합하면 뿔이나 벌레의 더듬이로 무언가를 찌른다는 뜻을 나타내는 觸찌를, 닿을 촉이 됩니다. 살짝 찌르는 것은 닿는 것이므로 '닿다'의 뜻도 가집니다. 觸手촉수, 觸覺촉각, 觸感촉감 등에 쓰입니다.

觸手 촉수

뜻 닿는 손. 더듬이

예 말미잘은 다른 물체에 접촉하자마자 觸手를 움츠렸다.

觸 觸

닿을 촉

문제 풀기

1 네모칸에 알맞은 글자를 넣어 보아요.

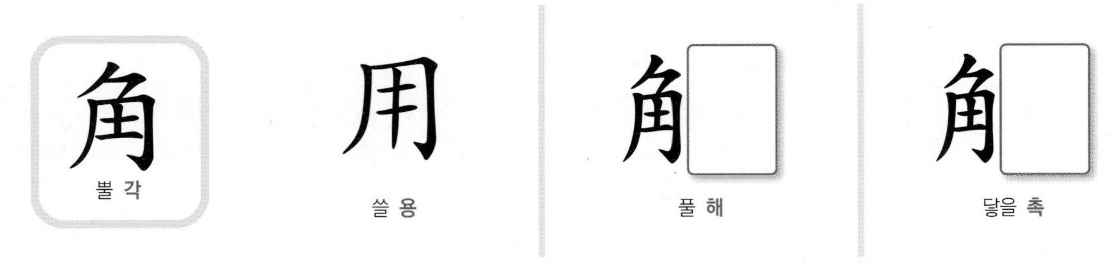

2 한자의 음과 뜻을 알맞게 이어 보아요.

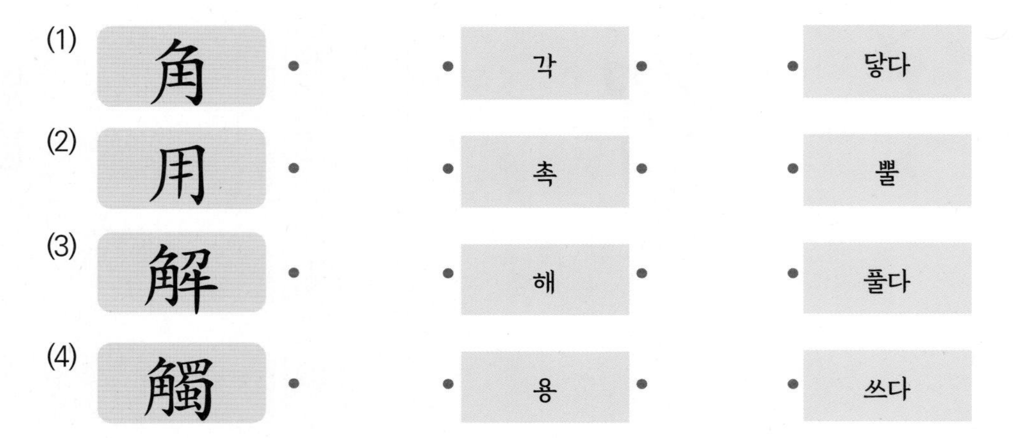

3 빈칸에 알맞은 한자를 써 보아요.

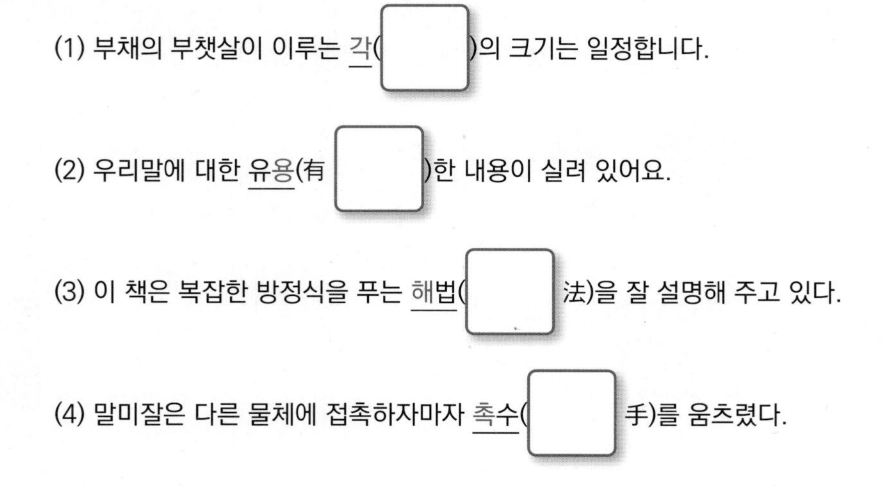

*정답 : 247쪽

4 내용을 소리 내어 읽고 한자를 한글로 써 보세요.

야구 선수 3명이 공을 주고받고 있습니다. 선수들이 만들고 있는 三角形의 세 角의 크기의 합은 얼마인지 알아봅시다.

*形 모양 형 *수학 4

5 열쇠의 뜻 풀이를 이용하여 가로 세로 단어 퍼즐을 완성해 보세요.

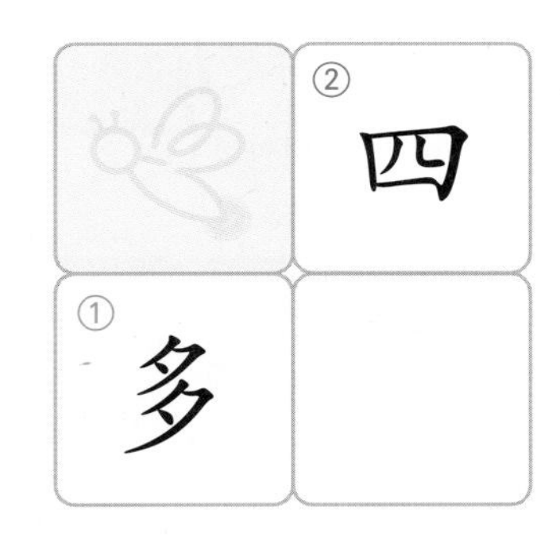

[가로열쇠 ①] 여러 개의 각

[세로열쇠 ②] 4개의 각

6 QR코드를 찍어 영상을 본 후, 문제를 풀어 보아요.

(1) 음: 뜻:

관련단어:

만화로 배우는

한자성어

각자무치 (角者無齒)

뿔이 있는 짐승은 이가 없음, 한 사람이 여러 가지 재주나 복을 다 가질 수 없다는 말. [사람 者, 없을 無. 이 齒]

동영상으로 익히는

블록한자

* 아래 QR을 찍으면 동영상이 나옵니다. 동영상을 따라서 한눈에 정리해보아요.

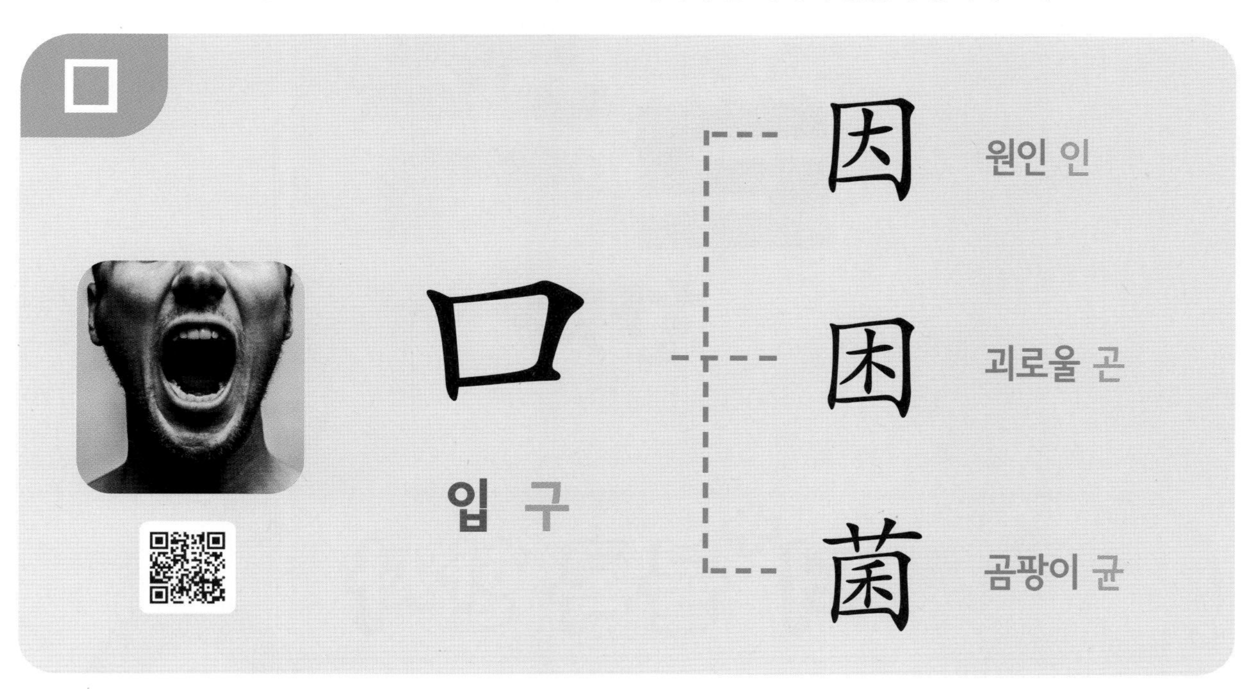

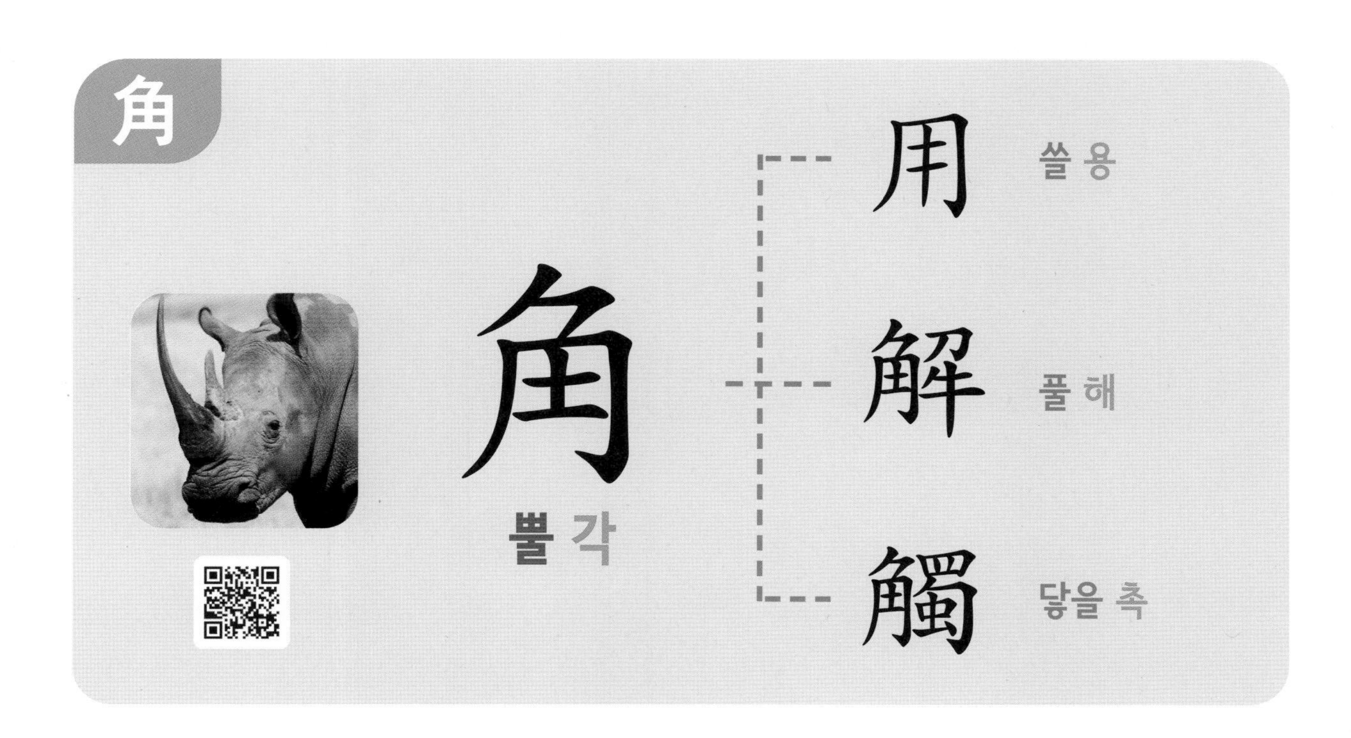

반디랑

블록

한자

더+블록 한자

2

方 모 방

부수	한자	설명	예시
女 여자 여	妨 방해할 방	女를 붙여 지나치게 여인을 생각하면 일에 방해됨을 나타냄	妨害 방 해 (* 害 해로울 해)
艹 풀 초	芳 꽃다울 방	++를 붙여 풀에서 나는 아름다운 향기를 나타냄	芳年 방 년 (* 年 해 년)
戶 집 호	房 방 방	戶를 붙여 지붕 아래의 네모난 곳을 표현함	冊房 책 방 (* 冊 책 책)

工 만들 공

부수	한자	설명	예시
攵 칠 복	攻 공격할 공	工에 攵을 붙여, 쳐서 공격하는 뜻을 나타냄	攻守 공 수 (* 守 지킬 수)
糸 실 멱	紅 붉을 홍	工에 糸을 붙여 실, 옷감의 대표적인 색깔을 나타냄	紅東白西 홍 동 백 서
月 고기 육	肛 항문 항	工에 신체를 뜻하는 月을 붙여 배설물을 만들어내는 항문을 표현함	肛門 항 문

田 밭 전

부수	한자	설명	예시
心 마음 심	思 생각할 사	田 아래 心을 써서 생각의 밭을 표현함	思考力 사 고 력 (* 考 생각할 고)
丨 뚫을 곤	由 말미암을 유	田의 가운데 획을 길게 뽑은 형태	由來 유 래
氵 물 수	油 기름 유	由에 氵를 붙여 물과 비슷한 기름을 표현함	食用油 식 용 유

己 나 기

부수	한자	설명	예시
攵 칠 복	改 고칠 개	攵을 붙여 몸을 때려서 성질을 고침을 나타냄	改善 개 선 (* 善 착할 선)
糸 실 멱	紀 벼리 기	糸을 붙여 굵은 밧줄(벼리)을 나타냄	西紀 서 기
酉 술병 유	配 짝, 배달할 배	酉를 붙여 함께 술을 마시는 배필을 나타냄	宅配 택 배 (* 宅 집 택)

口
입 구

人 사람 인	囚 죄수 수	口 안에 人을 넣어 네모난 틀 속에 갇힌 죄수를 나타냄	罪囚 죄 수 * 罪 허물 죄
古 옛 고	固 굳을 고	口 안에 古를 넣어 오래되어 딱딱해진 물건을 나타냄	固體 고 체 * 體 몸 체
亻 사람 인	個 낱 개	亻을 붙여 하나하나의 사람을 나타냄	個月 개 월

因
원인 인

心 마음 심	恩 은혜 은	心을 붙여 마음의 근본이라는 뜻을 나타냄	恩人 은 인
口 입 구	回 돌 회	빙글빙글 도는 모양 ◎를 口를 두 개 그려 나타낸 글자	回生 회 생
廴 걸을 인	廻 피할 회	廴을 붙여 피해서 돌아가는 뜻을 표현함	上廻 상 회

重
무거울 중

力 힘 력	動 움직일 동	力을 붙여 힘을 써서 움직이는 것을 나타냄	動力 동 력
禾 벼 화	種 씨앗 종	禾를 붙여 벼의 제일 묵직한 부분을 나타냄	新種 신 종 * 新 새 신
金 쇠 금	鍾 종 종	金을 붙여 무거운 쇠를 나타냄	自鳴鍾 자 명 종 * 自 스스로 자, 鳴 울릴 명

里
마을 리

玉 옥 옥	理 정리 리	王(=玉)을 붙여 옥을 잘 정리하다는 뜻을 표현함	定理 정 리 * 定 정할 정
衣 옷 의	裏 안 리	衣 속에 里를 넣어 옷으로 감싸고 있는 속을 표현함	表裏 표 리 * 表 겉 표
立 설 립	童 아이 동	立을 붙여 마을에서 노는 아이들을 표현함	兒童 아 동 * 兒 아이 아

昜 햇볕 양

부수	한자	설명	단어
阝 언덕 부	陽 태양 양	阝를 붙여 언덕 높이 뜬 昜을 더 강조함	太陽 태 양
土 흙 토	場 장소 장	土를 붙여 땅에 있는 장소를 표현함	場所 장 소 (* 所 바 소)
氵 물 수	湯 끓인물 탕	氵를 붙여 햇빛을 받아 뜨거워진 물을 표현함	沐浴湯 목 욕 탕

示 제단 기

부수	한자	설명	단어
林 수풀 림	禁 금할 금	林 앞에 세운 제단을 그려 금지된 지역을 나타냄	禁食 금 식
宀 집 면	宗 마루 종	示 위에 宀을 씌워 제사 지내는 종가집을 표현함	宗家 종 가
山 뫼 산	崇 높일 숭	宗에 山을 붙여 매우 높은 존재를 표현함	崇禮門 숭 례 문 (* 禮 예절 례, 門 문 문)

示 제단 기

부수	한자	설명	단어
見 볼 견	視 볼 시	示(=礻) 옆에 見을 붙여 제사지내는 모습을 유심히 본다는 뜻을 표현함	視野 시 야 (* 野 들 야)
申 펼 신	神 귀신 신	申은 번개의 상형인데, 이것을 붙여 신적인 힘을 표현함	鬼神 귀 신 (* 鬼 귀신 귀)
且 또 차	祖 할아버지 조	且를 붙여 우뚝 솟은 조상의 모습(비석으로 보아도 무방함)을 나타냄	先祖 선 조 (* 先 먼저 선)

右 오른 우

부수	한자	설명	단어
艹 풀 초	若 같을 약	右 위에 艹를 붙여 유연한 어린 풀의 모습을 표현함	萬若 만 약
工 만들 공	左 왼 좌	𠂇(손) 아래에 工을 붙여 물건을 쥐고 있는 왼손을 나타냄	左右間 좌 우 간 (* 間 사이 간)
月 고기육 월	有 있을 유	𠂇(손) 아래에 月을 붙여 손에 고기를 소유함을 나타냄	有無 유 무 (* 無 없을 무)

在 있을 재

부수	한자	설명	단어
子 아들 자	存 있을 존	𠂇 아래 子를 넣어 아들의 존재감을 표현함	存在 존 재
巾 수건 건	布 베, 펼칠 포	𠂇(손) 아래에 巾을 붙여 손으로 짠 베를 표현함	布告 포 고 (* 告 알릴 고)
忄 마음 심	怖 떨 포	布 앞에 忄을 붙여 베가 떨리듯이 떨리는 심리 상태를 표현함	恐怖 공 포 (* 恐 두려울 공)

舌 혀 설

부수	한자	설명	단어
氵 물 수	活 살 활	氵를 붙여 혀에 물기가 있는 것을 나타냄	活魚 활 어 (* 魚 고기 어)
門 문 문	闊 넓을 활	門 사이에 넣어 문을 활짝 여는 뜻을 나타냄	闊葉樹 활 엽 수 (* 葉 잎 엽, 樹 나무 수)
言 말씀 언	話 말할 화	言을 붙여 혀로 말하는 뜻을 나타냄	電話 전 화

直 곧을 직

부수	한자	설명	단어
木 나무 목	植 심을 식	木을 붙여 나무를 곧게 심음을 나타냄	植木日 식 목 일
罒 그물 망	置 둘 치	罒을 붙여 어떤 물건이 걸려 들어 있음을 나타냄	放置 방 치
歹 부숴진 뼈 알	殖 번성할 식	歹은 죽음을 뜻하는 말인데 죽음을 통하여 번식하는 뜻을 나타냄	生殖 생 식

寺 절 사

부수	한자	설명	단어
日 날 일	時 때 시	日을 붙여 시간을 나타냄	時計 시 계 (* 計 셀 계)
言 말씀 언	詩 시 시	言을 붙여 말의 종류를 나타냄	童詩 동 시 (* 童 아이 동)
亻 사람 인	侍 모실 시	亻을 붙여 곁에서 시중 드는 사람을 나타냄	侍女 시 녀

寺 절 사

부수	한자	설명	예시
彳 걸을 척	待 대접할 대	彳을 붙여 길거리에서 누군가를 기다리거나 대접하는 모습을 나타냄	忽待 홀 대 (* 忽 소홀할 홀)
牛 소 우	特 빼어날 특	牛를 붙여 절에 바치는 특별한 소를 뜻함	特別 특 별 (* 別 다를 별)
竹 대나무 죽	等 같을 등	竹을 붙여 대나무가 유사하듯 같은 등급을 나타냄	初等 초 등 (* 初 처음 초)

言 말씀 언

부수	한자	설명	예시
吾 나 오	語 말씀 어	言을 붙여 뜻을 나타냄, 吾는 발음을 담당함	言語 언 어
亻 사람 인	信 믿을 신	亻을 붙여 사람의 말이 믿음이 있어야 함을 나타냄	信用 신 용
十 열 십	計 헤아릴 계	十을 붙여 하나부터 열까지 헤아린다는 뜻을 나타냄	合計 합 계

夂 걸을 치

부수	한자	설명	예시
冫 얼음 빙	冬 겨울 동	걷고 있는 발 아래에 冫을 넣어 겨울을 표현함	冬眠 동 면
糸 실 멱	終 마칠 종	마지막 계절 冬에 糸을 붙여 매듭지음을 나타냄	終了 종 료
頁 머리 혈	夏 여름 하	頁을 간략히 百로 쓰고 아래에 夊를 붙여 무당이 기우제를 지내는 계절을 나타냄	夏服 하 복

巴 뱀 파

부수	한자	설명	예시
⺈ 사람 인, 칼 도	色 빛 색	⺈는 人의 변형으로, 色은 두 사람이 결합한 모양	色盲 색 맹
糸 실 멱	絶 끊을 절	허리를 굽힌 채 刀를 들고 糸을 끊는 사람의 모습을 표현함	絶交 절 교 (* 交 사귈 교)
口 입 구	邑 고을 읍	口를 위에 그려 사람들이 사는 마을의 테두리를 표현함	邑內 읍 내

世
세상 세

氵 물 수	泄 샐 설	氵를 붙여 물이 새는 것을 표현함	泄瀉 설 사 (* 瀉 쏟을 사)
艹 풀 초 / 木 나무 목	葉 나뭇잎 엽	世 아래 木을 쓰면 枼(나뭇잎 엽)이 되는데, 여기에 잎을 더 강조하기 위해 ++를 붙임	葉書 엽 서 (* 書 글 서)
虫 벌레 훼	蝶 나비 접	虫를 그려 나뭇잎처럼 생긴 벌레, 즉 나비를 표현함	蝶泳 접 영

也
어조사 야

土 흙 토	地 땅 지	土를 붙여 땅과 관련된 곳임을 나타냄	土地 토 지
氵 물 수	池 연못 지	氵를 붙여 물과 관련된 곳임을 나타냄	天池 (백두산) 천 지
亻 사람 인	他 남 타	亻을 붙여 사람을 나타냄	他人 타 인

出
날 출

扌 손 수	拙 서툴 졸	扌를 그려 자꾸 손에서 벗어나는 모습을 표현함	拙作 졸 작 (* 作 지을 작)
尸 주검 시	屈 굽힐 굴	尸를 붙여 목을 길게 빼서 허리를 굽힌 모습을 표현함	卑屈 비 굴 (* 卑 낮을 비)
穴 구멍 혈	窟 굴 굴	穴을 붙여 허리를 굽힌 채 가까스로 빠져나오는 동굴 모습을 표현함	石窟 석 굴

登
오를 등

火 불 화	燈 등불 등	登 앞에 火를 붙여 높이 올려서 다는 등을 표현함	電燈 전 등
言 말씀 언	證 증거 증	登 앞에 言을 붙여 가치를 높이 올리는 말을 표현함	證明 증 명
弓 활 궁 / 殳 화살 수	發 쏠 발	癶 아래 弓과 殳를 넣어 화살을 쏘는 모습을 표현함	發射 발 사 (* 射 쏠 사)

更 고칠 경

亻 사람 인 — 便 대소변 변 / 편안할 편
亻을 붙여 대소변을 다 본 편안한 모습을 나타냄
小便, 便安 소 변, 편 안

革 가죽 혁 — 鞭 채찍 편
革을 붙여 말을 편안히 몰 수 있는 도구를 표현함
走馬加鞭 주 마 가 편
* 走 달릴 주, 馬 말 마, 加 더할 가

石 돌 석 — 硬 굳을 경
石을 붙여 돌의 딱딱하고 굳은 속성을 표현함
硬直 경 직
* 直 곧을 직

气 기운 기

氵 물 수 — 汽 김 기
氵를 붙여 수증기가 된 물을 표현함
汽車 기 차

米 쌀 미 — 氣 기운 기
米를 아래에 넣어 밥이 끓을 때 생기는 뿌연 기운을 강조하여 표현함
空氣 공 기

忄 마음 심 — 愾 화날 개
忄을 붙여 마음에서 차 오르는 화김을 표현함
敵愾心 적 개 심
* 敵 원수 적

豕 돼지 시

玉 옥 옥 — 琢 다듬을 탁
豕에 ノ을 붙이면 豖(발묶인돼지 축)이 되는데 여기에 玉을 붙여 쪼는 뜻을 나타냄
切磋琢磨 절 차 탁 마

阝 언덕 부, 八 여덟 팔 — 隊 무리 대
阝와 八을 붙여 언덕에 많이 모인 돼지를 나타냄
軍隊 군 대

土 흙 토 — 墜 떨어질 추
隊 밑에 土를 그려 돼지 떼가 지나가며 떨어뜨리는 흙을 표현함
墜落 추 락

堇 형태만 있음

氵 물 수 — 漢 나라이름 한
氵를 붙여 물이름을 나타내던 글자. 변하여 나라이름으로 쓰임
漢江 한 강

欠 하품 흠 — 歎 탄식할 탄
欠을 붙여 입을 크게 벌리고 탄식하는 뜻을 표현함
恨歎 한 탄
* 恨 한할 한

隹 새 추 — 難 어려울 난
隹를 붙여 '난'이라는 새를 표현하던 말. 변하여 어렵다는 뜻이 됨
難解 난 해

令 명령 령

부수	한자	설명	예
口 입 구	命 명령 명	口를 넣어 입으로 명령하는 뜻을 나타냄	命令 명 령
冫 얼음 빙	冷 찰 냉	冫을 넣어 얼음의 차가운 속성을 표현함	冷水 냉 수
雨 비 우	零 시들 영 / ZERO 영	雨를 넣어 비가 내려 초목이 시들고 어는 모습을 표현함	零下 영 하

勿 말 물

부수	한자	설명	예
日 날 일	易 쉬울 이 / 바꿀 역	勿은 빛이 빛나는 모양과도 통하므로 日을 붙여 햇볕이 쉽게 바뀜을 표현함	簡易, 交易 간 이, 교 역 * 簡 대쪽 간
心 마음 심	忽 소홀할 홀	心을 아래에 붙여 마음속에서 사라졌음을 표현함	忽待 홀 대 * 待 기다릴 대
牛 소 우	物 물건 물	동물의 대표인 牛를 붙여 물건의 뜻을 나타냄	事物 사 물 * 事 일 사

氏 근본 저

부수	한자	설명	예
亻 사람 인	低 아래 저	氐 앞에 亻을 붙여 사람이 허리를 숙인 아랫방향을 표현함	高低 고 저 * 高 높을 고
扌 손 수	抵 막을 저	氐 앞에 扌를 붙여 손으로 막는 뜻을 표현함	抵抗 저 항 * 抗 막을 항
广 집 엄	底 바닥 저	广 아래 氐를 써서 집의 바닥을 표현함	海底 해 저

正 바를 정

부수	한자	설명	예
攵 칠 복	政 다스릴 정	正 옆에 攵을 붙여 쳐서 바르게 다스리는 모습을 나타냄	政治 정 치 * 治 다스릴 치
彳 걸을 척	征 정벌할 정	正 앞에 彳을 써서 원정을 떠나는 군대의 모습을 나타냄	征伐 정 벌 * 伐 칠 벌
束 묶을 속 / 攵 칠 복	整 가지런할 정	束은 묶음, 攵은 쳐냄을 뜻하는 말로, 묶고 쳐서 바르게 정리함을 표현함	整理 정 리

正理曰 日啖飲食之精熟者益氣 此氣生於穀故從气從米人身之中 全具天地陰陽造化之氣得勤而用 之人年二十而氣壯節慾少勞則氣 長而緩多慾勞倦則氣少而短

正理曰 日啖飲食之精熟者益氣 此氣生於穀故從气從米人身之中 全具天地陰陽造化之氣得勤而用 之人年二十而氣壯節慾少勞則氣 長而緩多慾勞倦則氣少而短

반디랑

블록 한자

정답과 풀이

2

正理曰 日啖飲食之精熟者益氣 此氣生於穀故從气從米人身之中 全具天地陰陽造化之氣得勤而用 之人年二十而氣壯節慾少勞則氣 長而緩多慾勞倦則氣少而短

正理曰 日啖飲食之精熟者益氣 此氣生於穀故從气從米人身之中 全具天地陰陽造化之氣得勤而用 之人年二十而氣壯節慾少勞則氣 長而緩多慾勞倦則氣少而短

정답

33 블록 元

핵심한자 완성하기 P.11

(1) 元 (2) 元

문제 풀기 P.14~15

1 (1) 玩 (2) 完 (3) 院

2

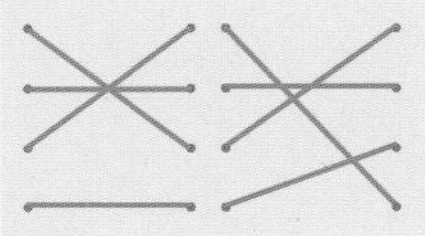

3 (1) 元 (2) 玩 (3) 完 (4) 院

4 완전 5 元

6 음: 완 뜻: 완전하다
관련단어: 완전

34 블록 首

핵심한자 완성하기 P.17

(1) 首 (2) 首

문제 풀기 P.20~21

1 (1) 道 (2) 導 (3) 領

2

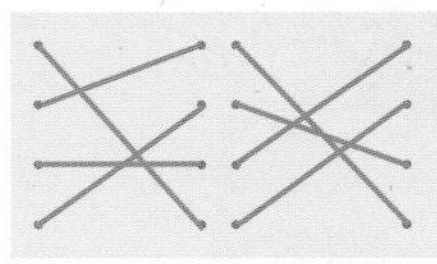

3 (1) 首 (2) 道 (3) 導 (4) 領

4 반도체 5 首

6 음: 수 뜻: 머리
관련단어: 수도, 학수고대

35 블록 公

핵심한자 완성하기 P.25

(1) 公 (2) 公

문제 풀기 P.28~29

1 (1) 松 (2) 翁 (3) 私

2

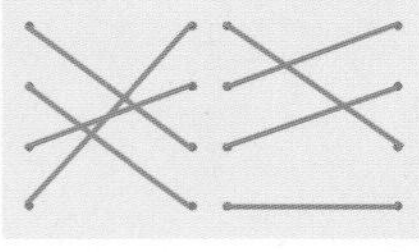

3 (1) 公 (2) 松 (3) 翁 (4) 私

4 공정 5 公

6 음: 옹 뜻: 늙은이
관련단어: 새옹지마

36 블록 主

핵심한자 완성하기 P.31

(1) 主 (2) 主

문제 풀기 P.34~35

1 (1) 注 (2) 住 (3) 往

2

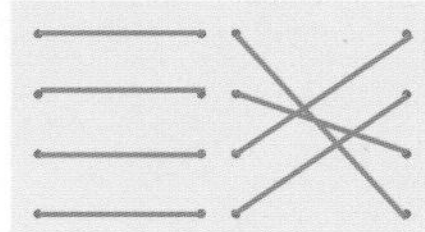

3 (1) 主 (2) 注 (3) 住 (4) 往

4 주의 5 主

6 음: 주 뜻: 물따를
관련단어: 주의

37 블록 市

핵심한자 완성하기 P.39

(1) 市 (2) 市

문제 풀기 P.42~43

1 (1) 柿 (2) 姉 (3) 肺

2

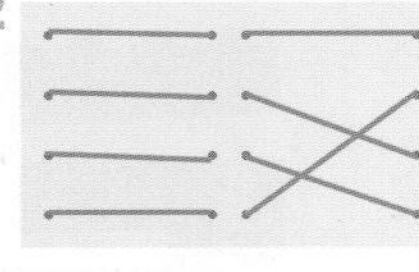

3 (1) 市 (2) 柿 (3) 姉 (4) 肺

4 도시 5 市

6 음: 시 뜻: 시장
관련단어: 시장, 도시

38 블록 井

핵심한자 완성하기 P.45

(1) 井 (2) 井

문제 풀기 P.48~49

1 (1) 形 (2) 刑 (3) 型

2

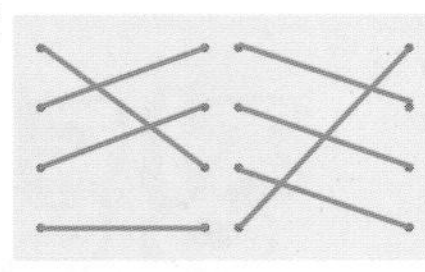

3 (1) 井 (2) 形 (3) 刑 (4) 型

4 유정 5 井

6 음: 형 뜻: 모양
관련단어: 형용사

39 블록 孔

핵심한자 완성하기 P.53

(1) 孔 (2) 孔

문제 풀기 P.56~57

1 (1)乳 (2) 浮 (3) 妥

2

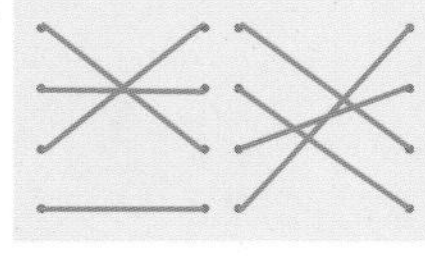

3 (1) 孔 (2) 乳 (3) 浮 (4) 妥

4 타협 5 孔

6 음: 유 뜻: 젖
관련단어: 우유

40 블록 方

핵심한자 완성하기 P.59

(1) 方 (2) 方

문제 풀기 P.62~63

1 (1) 放 (2) 防 (3) 訪

2

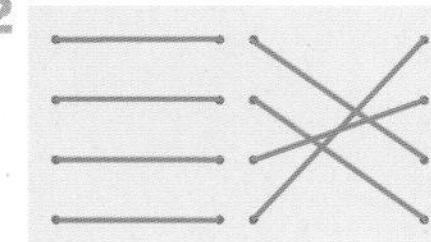

3 (1) 方 (2) 放 (3) 防 (4) 訪

4 방위 5 方

6 음: 방 뜻: 모
관련단어: 방위, 방향

41 블록 工

핵심한자 완성하기 P.67

(1) 工 (2) 工

문제 풀기 P.70~71

1 (1) 功 (2) 空 (3) 江

2

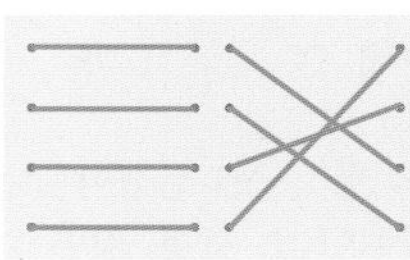

3 (1) 工 (2) 功 (3) 空 (4) 江

4 한강 5 工

6 음: 공 뜻: 만들다
관련단어: 공장, 인공

42 블록 品

핵심한자 완성하기 P.73

(1) 品 (2) 品

문제 풀기 P.76~77

1 (1) 區 (2) 嘔 (3) 樞

2

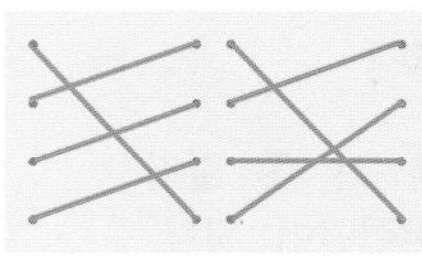

3 (1) 品 (2) 區 (3) 嘔 (4) 樞

4 구별 5 品

6 음: 구 뜻: 구별하다
관련단어: 구별

43 블록 去

핵심한자 완성하기 P.81

(1) 去 (2) 去

문제 풀기 P.84~85

1 (1) 法 (2) 怯 (3) 却

2

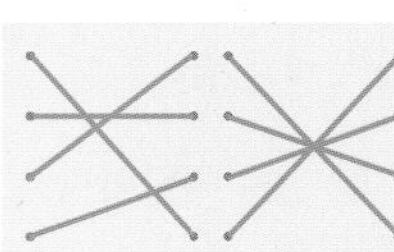

3 (1) 去 (2) 法 (3) 怯 (4) 却

4 과거 5 去

6 음: 법 뜻: 법
관련단어: 법인

44 블록 來

핵심한자 완성하기 P.87

(1) 來 (2) 來

문제 풀기 P.90~91

1 (1) 麥 (2) 麵 (3) 爽

2

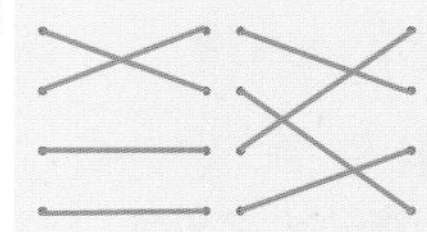

3 (1) 來 (2) 麥 (3) 麵 (4) 爽

4 미래 5 來

6 음: 맥 뜻: 보리
관련단어: 맥주

45 블록 雨

핵심한자 완성하기 P.95

(1) 雨 (2) 雨

문제 풀기 P.98~99

1 (1) 雪 (2) 雲 (3) 電

2

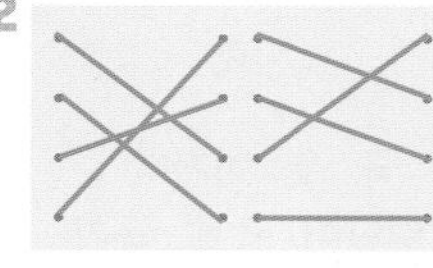

3 (1) 雨 (2) 雪 (3) 雲 (4) 電

4 전기 5 雨

6 음: 전 뜻: 번개
관련단어: 전기

46 블록 田

핵심한자 완성하기 P.101

(1) 田 (2) 田

문제 풀기 P.104~105

1 (1) 界 (2) 果 (3) 課

2

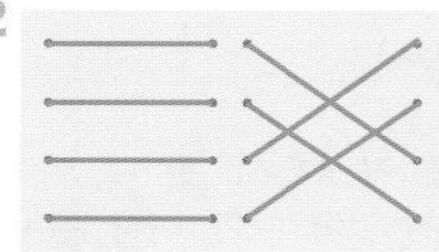

3 (1) 田 (2) 界 (3) 果 (4) 課

4 세계 5 田

6 음: 과 뜻: 과실
관련단어: 결과

47 블록 春

핵심한자 완성하기 P.109

(1) 春,春 (2) 春

문제 풀기 P.112~113

1 (1) 泰 (2) 奉 (3) 棒

2

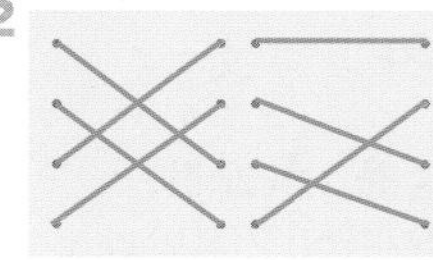

3 (1) 春 (2) 泰 (3) 奉 (4) 棒

4 춘향 5 春

6 음: 춘 뜻: 봄
관련단어: 춘향, 춘절

48 블록 秋

핵심한자 완성하기 P.115

(1) 秋 (2) 秋

문제 풀기 P.118~119

1 (1) 愁 (2) 秀 (3) 和

2

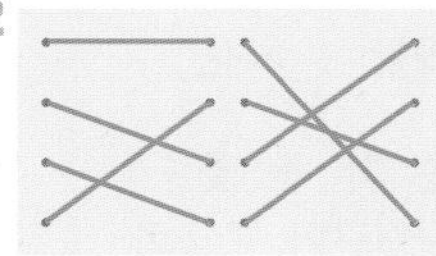

3 (1) 秋 (2) 愁 (3) 秀 (4) 和

4 추분 5 秋

6 음: 추 뜻: 가을
관련단어: 추수, 추분

정답

49 블록 克

핵심한자 완성하기 P.123

(1) 克 (2) 克

문제 풀기 P.126~127

1 (1) 兢 (2) 剋 (3) 競

2

3 (1) 克 (2) 兢,兢 (3) 剋 (4) 競

4 경기 5 克

6 음: 극 뜻: 이기다
관련단어: 극복, 극기

50 블록 己

핵심한자 완성하기 P.129

(1) 己 (2) 己

문제 풀기 P.132~133

1 (3) 記

2

3 (1) 己 (2) 已 (3) 巳 (4) 記

4 을사 5 己

6 음: 기, 이, 사 뜻: 나, 이미, 뱀띠
관련단어: 자기, 이왕, 을사늑약

51 블록 文

핵심한자 완성하기 P.137

(1) 文 (2) 文

문제 풀기 P.140~141

1 (1) 紋 (2) 紊 (3) 蚊

2

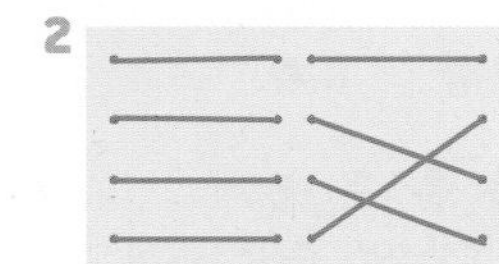

3 (1) 文 (2) 紋 (3) 紊 (4) 蚊

4 문자 5 文

6 음: 문 뜻: 모기
관련단어: 견문발검

52 블록 化

핵심한자 완성하기 P.143

(1) 化 (2) 化

문제 풀기 P.146~147

1 (1) 花 (2) 貨 (3) 靴

2

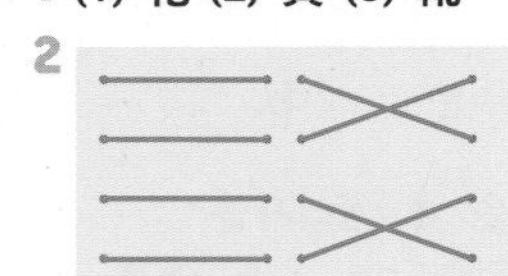

3 (1) 化 (2) 花 (3) 貨 (4) 靴

4 화학 5 化

6 음: 화 뜻: 꽃
관련단어: 무궁화

53 블록 平

핵심한자 완성하기 P.151

(1) 平 (2) 平

문제 풀기 P.154~155

1 (1) 評 (2) 坪 (3) 萍

2

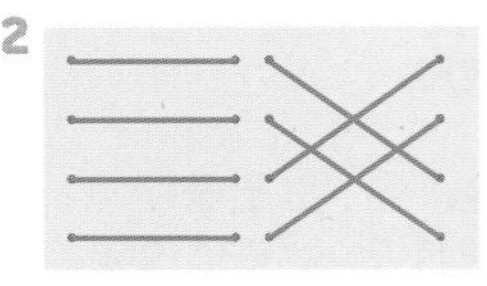

3 (1) 平 (2) 評 (3) 坪 (4) 萍

4 평행 5 平

6 음: 평 뜻: 평평하다
관련단어: 평행, 평면

54 블록 行

핵심한자 완성하기 P.157

(1) 行 (2) 行

문제 풀기 P.160~161

1 (1) 街 (2) 衝 (3) 術

2

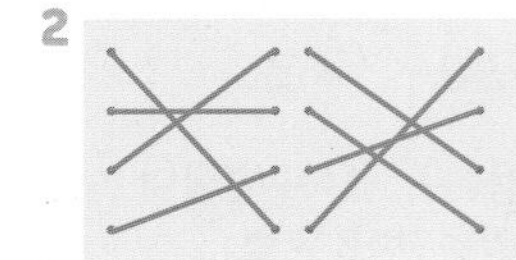

3 (1) 行 (2) 街 (3) 衝 (4) 術

4 행동 5 行

6 음: 가 뜻: 길거리
관련단어: 월가

55 블록 合

핵심한자 완성하기 P.165

(1) 合 (2) 合

문제 풀기 P.168~169

1 (1) 給 (2) 答 (3) 塔

2

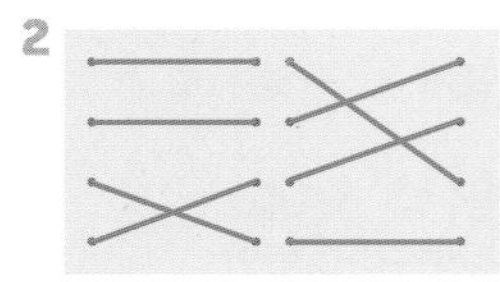

3 (1) 合 (2) 給 (3) 答 (4) 塔

4 정답 5 合

6 음: 답 뜻: 대답하다
관련단어: 정답

56 블록 同

핵심한자 완성하기 P.171

(1) 同 (2) 同

문제 풀기 P.174~175

1 (1) 洞 (2) 銅 (3) 興

2

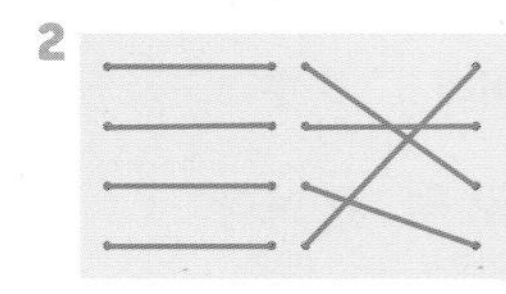

3 (1) 同 (2) 洞 (3) 銅 (4) 興

4 청동 5 同

6 음: 흥 뜻: 일어나다
관련단어: 흥인문

57 블록 衣

핵심한자 완성하기 P.179

(1) 衣 (2) 衣

문제 풀기 P.182~183

1 (1) 依 (2) 表 (3) 初

2

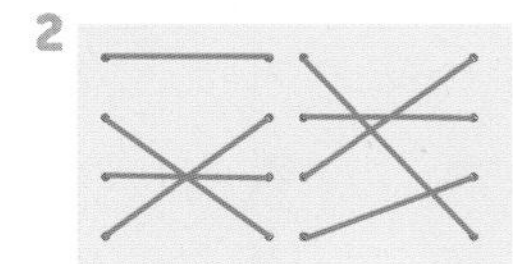

3 (1) 衣 (2) 依 (3) 表 (4) 初

4 지표 5 衣

6 음: 표 뜻: 겉
관련단어: 지표

58 블록 食

핵심한자 완성하기 P.185

(1) 食 (2) 食

문제 풀기 P.188~189

1 (1) 飮 (2) 飯 (3) 蝕

2

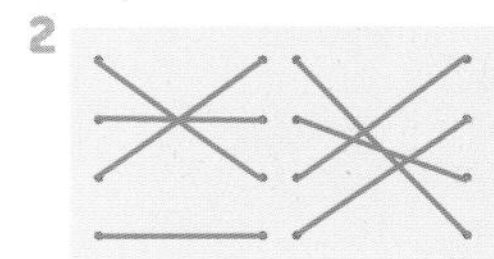

3 (1) 食 (2) 飮 (3) 飯 (4) 蝕

4 식당 5 食

6 음: 음 뜻: 마시다
관련단어: 음복

59 블록 家

핵심한자 완성하기 P.193

(1) 家 (2) 家

문제 풀기 P.196~197

1 (1) 豚 (2) 逐 (3) 遂

2

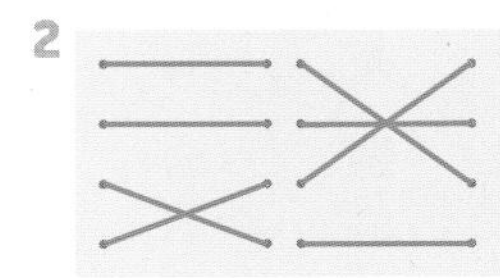

3 (1) 家 (2) 豚 (3) 逐 (4) 遂

4 전문가 5 家

6 음: 가 뜻: 집
관련단어: 가족, 전문가

60 블록 族

핵심한자 완성하기 P.199

(1) 族 (2) 族

문제 풀기 P.202~203

1 (1) 旗 (2) 旅 (3) 遊

2

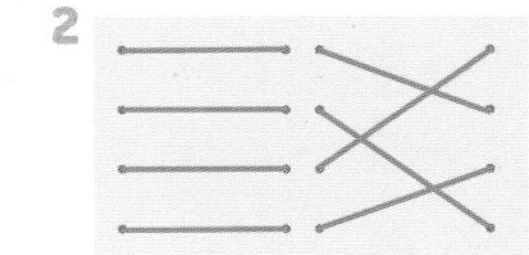

3 (1) 族 (2) 旗,旗 (3) 旅 (4) 遊

4 민족 5 族

6 음: 려 뜻: 나그네
관련단어: 여행

61 블록 手

핵심한자 완성하기 P.207

(1) 手 (2) 手

문제 풀기 P.210~211

1 (1) 拜 (2) 看 (3) 着

2

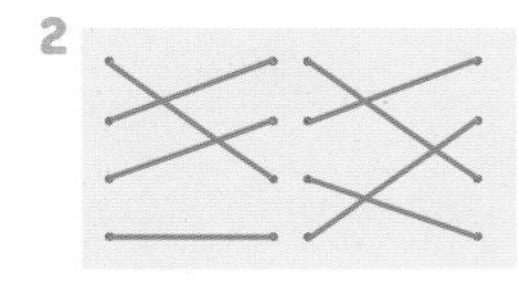

3 (1) 手 (2) 拜 (3) 看 (4) 着

4 수건 5 手

6 음: 간 뜻: 보다
관련단어: 주마간산

62 블록 足

핵심한자 완성하기 P.213

(1) 足 (2) 足

문제 풀기 P.216~217

1 (1) 促 (2) 捉 (3) 蹴

2

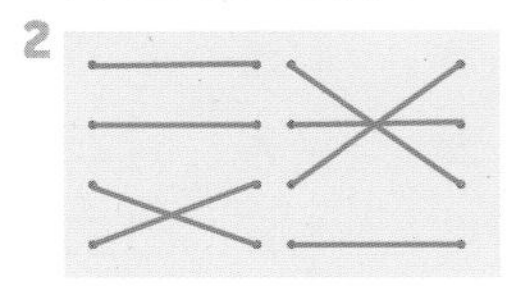

3 (1) 足 (2) 促 (3) 捉 (4) 蹴

4 부족 5 足

6 음: 족 뜻: 발
관련단어: 사족, 부족

63 블록 口

핵심한자 완성하기 P.221

(1) 口 (2) 口

문제 풀기 P.224~225

1 (1) 因 (2) 困 (3) 菌

2

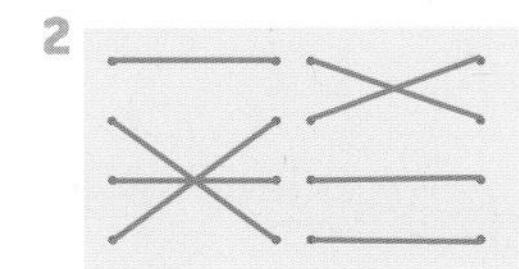

3 (1) 口 (2) 因 (3) 困 (4) 菌

4 세균 5 口

6 음: 균 뜻: 곰팡이
관련단어: 세균

64 블록 角

핵심한자 완성하기 P.227

(1) 角 (2) 角

문제 풀기 P.230~231

1 (2) 解 (3) 觸

2

3 (1) 角 (2) 用 (3) 解 (4) 觸

4 삼각형, 각 5 角

6 음: 해 뜻: 풀다
관련단어: 해법

2권에 나온 글자를 찾아 볼까요

ㅇ

ㅈ

ㅊ

ㅌ

ㅍ

ㅎ

반디랑
블록 한자 2

발행일: 2021년 12월 10일 [1판 1쇄]
2022년 06월 01일 [1판 4쇄]

지은이: 문화기획반디 연구개발팀

편집 디자인: 이예슬 | **표지 디자인**: 방혜자

내지 일러스트 · 만화: 임정민, 도지우 | **영상편집**: 전하영

펴낸곳: (주)문화기획반디 | **등록번호**: 제2020-000059호

주 소: 04310 서울특별시 용산구 청파로47길 90, 숙명여자대학교 창업보육센터 202호

전 화: 02) 6951-1008 | **팩 스**: 02) 6951-1007

홈페이지: www.bandirang.com | **이메일**: contact@bandirang.com

블로그: blog.naver.com/bigfoot200 | **인스타그램**: @bandi_rang

ISBN 979-11-92043-02-9

ISBN 979-11-971523-6-8 (세트)